그림으로 이해하는
SQL 서버의
SQL
SERVER 구조

히라야마 오사무 지음
오윤기 감역
김기태 옮김

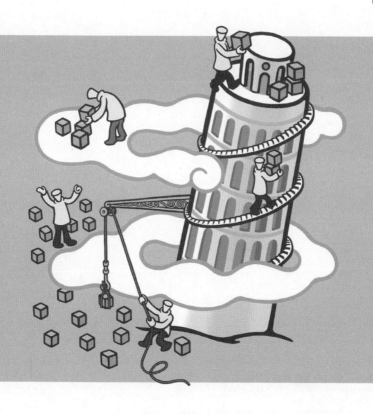

BM (주)도서출판 성안당

絵で見てわかるSQL Serverの仕組み
(E de mite wakaru SQL Server no Shikumi : 5872-3)
© 2020 Osamu Hirayama
Original Japanese edition published by SHOEISHA Co.,Ltd.
Korean translation rights arranged with SHOEISHA Co.,Ltd.
through Eric Yang Agency

Korean translation copyright © 2021 by SUNG AN DANG, Inc.

들어가며

안녕하세요. 일본 마이크로소프트 사의 데이터베이스 관련 기술 지원 팀에서 근무하는 히라야마 오사무입니다.

1994년에 사이베이스(Sybase)의 기술 지원 팀에서 SQL 서버와 처음 인연을 맺은 지도 어느새 26년이 됐습니다. 그 기간의 대부분을(도중에 마이크로소프트로 이적하고 나서도) 기술 지원 엔지니어로서 다양한 종류의 트러블슈팅에 참여했습니다.

그러면서, 특히 미션 크리티컬[*1] 분야에서 이해하기 어렵고 또한 중대한 트러블을 해결하려면 SQL 서버의 기본 동작을 제대로 이해하는 것이 매우 중요하다는 것을 여러 차례 통감했습니다.

한편 SQL 서버를 다루는 책은 얼마 되지 않고, 있다고 해도 일반 입문서나 사용자 입장에서 사용 방법을 위주로 다룬 내용이 많아 SQL 서버의 기본 동작을 충분히 이해할 수 있는 책을 만날 수 없었습니다.

그래서 필자는 이 책을 통해 **SQL 서버의 기본 아키텍처를 체계적으로 소개**하려고 합니다. **SQL 서버를 구성하는 각종 내부 기능의 특성**과 그 기능들이 어떻게 동작하는지 가능한 한 간단하고 알기 쉽게 설명하려고 했습니다.

언뜻 그런 정보는 지금 독자 여러분이 안고 있는 현실의 문제, 가령 '일차 배치 처리를 1시간 이내에 마치고 싶다'는 식의 요구에는 크게 도움되지 않아 보일 것입니다. 확실히 이 책에서도 쿼리의 구체적인 코딩 예와 같이 '당장 도움이 되는' 정보는 그리 많지 않습니다.

[*1] mission critical, 절대 시스템이 다운되어서는 안 되는 하드웨어적 환경에 있는 근간 시스템(역자 주)

그러나 근본적인 동작을 하나하나 이해하고 쌓아가는 것은 복잡한 트러블슈팅이
나 퍼포먼스 튜닝에 직면했을 때 해결책을 이끌어낼 수 있는 매우 중요한 단서가 될
것입니다. 패턴화된 표층적인 대처 방법으로는 도저히 안 되는 트러블을 해결하려
면 **SQL 서버가 왜 그런 동작을 하는지를 추측하는 것이 중요**합니다. 동작을 추측하기
위해서는 **기본적인 내부 기능의 동작에 관한 지식**이 필요합니다. 나아가 여러 가지 기
능의 동작을 조합한 경우도 고려해야 합니다.

이 책에서는 **SQL 서버의 몇 가지 중요한 내부 기능의 동작에 관한 정보를 전달**함으
로써 독자 여러분이 **다양한 상황에서 SQL 서버의 동작을 추측할 때 유용한 재료를 제
공**하는 것을 목표로 했습니다. 그렇다고는 해도 당연히 무턱대고 문턱을 높이려고
의도한 건 아닙니다. 지면이 허락하는 한 친숙하지 않은 용어는 부연 설명을 달았습
니다. 또 SQL 서버의 동작을 쉽게 떠올릴 수 있게끔 어려운 내용에는 도표를 사용
해서 이해를 돕도록 했습니다.

이 책이 SQL 서버의 동작에 흥미를 갖고 있거나 또는 SQL 서버의 동작에 대해 깊
이 있게 배우려는 여러분에게 도움이 될 수 있으면 기쁘겠습니다.

이 책에 대해

이 책은 롱셀러 「그림으로 이해하는 SQL 서버의 내부 구조」(2009년 3월 2일 출간)를 토대로 현재의 SQL 서버 아키텍처를 따라 배우고자 설명과 그림 전체를 전면 수정했을 뿐 아니라 칼럼스토어/인메모리형 오브젝트와 같은 새로운 내용을 추가로 다루었습니다.

'들어가며'에서도 말한 것처럼 이 책에서는 SQL 서버의 편리한 사용법(가령 바로 사용할 수 있는 쿼리 샘플 등)은 소개하지 않았습니다. 대신 (다소 번거롭다고 느낄지 모르지만) SQL 서버를 구성하는 주요 내부 컴포넌트[*2]를 하나하나 소개하는 데 많은 페이지를 할애했습니다.

그대로 사용할 수 있는 스크립트와 툴의 조작 방법을 설명한 것에서 얻을 수 있는 정보와 비교하면 먼 길을 돌아서 간다고 생각할 수도 있습니다.

그러나 이들 컴포넌트의 동작을 이해해야 SQL 서버에서 발생하는 각종 트러블의 배경에 무슨 일이 일어나는지를 알 수 있습니다. 트러블의 본질을 이해할 수 있으면 눈에 보이는 증상에 휘둘리지 않고 정확한 대처를 강구할 수 있습니다. 다시 말해 멀리 돌아서 가는 것 같겠지만, 귀찮아하지 말고 내부의 동작을 이해하는 것은 문제의 본질을 이해하는 지름길입니다.

이 책에는 SQL 서버에서 발생하는 각종 현상에 확신을 갖고 임하며, 보다 적절한 환경에서 SQL 서버를 관리/운용할 수 있도록 필요한 정보를 가능한 한 가득 채웠습니다.

이 책의 구성

이 책에서 소개하는 전체 내용을 테마별로 소개합니다. 크게 5가지 테마로 구성되어 있습니다.

[*2] 이 책에서는 SQL 서버를 구성하는 각 내부 기능을 가리키는 단어로 사용합니다.

내부 컴포넌트의 이해 Part 1

제1장부터 제3장까지는 SQL 서버가 처리를 실행하기 위해 어떻게 컴퓨터의 리소스(프로세서, 디스크 I/O 및 메모리)를 효율적으로 관리하는지를 설명합니다.

다양한 데이터 구조

제4장부터 제7장까지의 각 장에서는 SQL 서버가 관리하는 다양한 오브젝트(데이터베이스와 테이블, 인덱스 등)의 상세한 구조를 소개합니다. 이들에 대한 이해는 적절한 데이터베이스와 오브젝트의 배치 같은 논리 설계와 물리 설계 시의 중요한 지침이 됩니다.

내부 컴포넌트의 이해 Part 2

제8장에서는 앞의 내용에서 이해한 SQL 서버의 동작과 오브젝트 구조를 토대로 SQL 서버가 어떻게 테마를 다루는지를 알아봅니다. 제9장에서는 클라이언트와의 커뮤니케이션에서 빼놓을 수 없는 네트워크 관련 특성을 소개합니다.

운용의 안정화

제10장에서는 비즈니스의 지속성에 필수적인 데이터베이스의 백업과 복원에 대해 살펴봅니다. 또 제11장에서는 전형적인 트러블에 대한 대처 방법과 퍼포먼스 튜닝을 지원하는 툴을 소개합니다.

향후의 전망

제12장에서는 향후의 전망으로 멀티 플랫폼 전개와 클라우드상의 데이터베이스를 소개합니다.

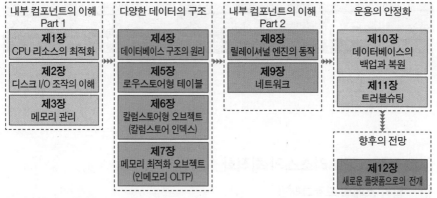

이 책에서 다루는 5가지 테마

　이렇듯 다양한 각도에서 SQL 서버의 동작과 구조를 살펴봅니다. 꽤 여러 방면의 토픽을 다루므로 (그중에는 꽤 번거로운 것도 있지만) 마지막까지 즐기며 읽어주기를 바랍니다.

목차

목
차

목
차

목
차

목
차

제 1 장

CPU 리소스의 최적화

이 장에서는 SQL 서버가 **CPU 리소스**(컴퓨터에 탑재된 SQL 서버를 이용 가능한 프로세서군)를 효율적으로 사용하기 위해 어떤 식으로 고안되어 있는지를 소개한다. 그리고 실제의 CPU 리소스 할당에 관한 구체적인 동작에 대해 살펴본다.

여러분은 SQL 서버가 내부적으로 OS와 같은 기능을 갖고 있다는 이야기를 들은 적이 있을까? 몇몇 서적이나 웹사이트에서 다루듯이 SQL 서버에는 'OS와 같은 기능군'이 내포되어 있다. 이 기능군 중에서 우선 CPU 리소스의 사용 방법이라는 측면에서 역사적 배경, 구체적 동작 그리고 감시 방법(모니터링)을 소개한다.

1.1 ‖ 멀티 스레드 프로그래밍

프로그램 내의 처리 실행 단위 혹은 CPU의 이용 단위를 나타내는 단어에 **스레드**가 있다. 일련의 처리를 단일 스레드만으로 직렬 처리하는 프로그래밍 방법을 **싱글 스레드 프로그래밍**이라고 한다. 반면 동일 어드레스 공간의 메모리를 공유하면서 병렬로 처리하는 방법을 **멀티 스레드 프로그래밍**이라고 한다. 복수의 CPU를 탑재한 컴퓨터에서 각각의 방법을 채용한 프로그램을 실행하면 일반적으로는 멀티 스레드 쪽이 혜택을 받기 쉽다(**그림 1.1**).

그림 1.1   싱글 스레드와 멀티 스레드

원래 SQL 서버는 사이베이스의 제품 'Sybase SQL 서버'라는 이름으로 개발됐지만, 일찍이 데이터베이스 제품을 갖고 있지 않았던 마이크로소프트가 자사의 오퍼레이팅 시스템에서 독점 사용권을 획득하면서 협업이 시작됐다(**그림 1.2**). 당시 마이크로소프트는 자사의 서버용 OS로서 현재의 윈도우 서버의 기원인 윈도우 NT의 극히 초기 버전으로 개발·판매됐다. 최초의 윈도우 NT 버전 SQL 서버가 'Microsoft SQL 서버'라는 이름으로 발매된 무렵(1990년대 초반), 상용 환경에서 사용하는 OS의 주류 중 하나였던 UNIX 오퍼레이팅 시스템[1]에는 멀티 태스크 처리에는 대응했지만 멀티 스레드 처리에는 대응하지 않은 것이 많았다.

---

[1]   현재 널리 이용되고 있는 Linux는 UNIX에서 파생된 운영체제 중의 하나라고 할 수 있다.

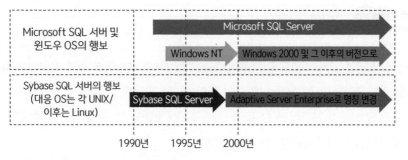

그림 1.2   Sybase SQL 서버와 SQL 서버의 관련 연표

멀티 태스크 처리란 다른 애플리케이션(또는 프로세스)의 처리를 다른 CPU에 할당함으로써 복수의 애플리케이션을 효율적으로 처리할 수 있는 구조이다.

멀티 스레드 처리란 병렬처리의 효율을 높이기 위해 하나의 애플리케이션 내의 조작을 복수의 스레드로 분할하고 각각의 스레드에 대해 다른 CPU를 할당해서 각 스레드를 병렬로 처리함으로써 처리효율을 높이는 구조이다. UNIX상에서 Sybase SQL 서버는 순수한 의미에서 멀티 스레드로 동작하는 것은 불가능했다.

그러나 윈도우 NT에서는 멀티 스레드의 스케줄 관리 기능이 구현되어 있다. 마이크로소프트 SQL 서버는 그 기능을 활용하여 멀티 스레드로 동작하도록 설계되어 있고, 이것은 당시로서는 획기적인 방법이었다. 그 이후 SQL 서버가 중소 규모 시스템용 데이터베이스로 이용되던 기간은 아무런 문제 없이 기능했다. 그러나 SQL 서버 6.5가 발매되고 서서히 대규모 시스템에서 채용이 진행하기 시작한 무렵부터 스케이러빌리티 면에서 불안이 지적되기 시작했다[2]. 그 이유를 윈도우 OS의 스케줄러 동작을 포함해서 생각해보자.

---

[2] 이 시점에서 SQL 서버에 요구된 스케이러빌리티는 기존보다 큰 사이즈의 데이터베이스를 문제없이 관리하는 능력과 보다 많은 클라이언트의 리퀘스트를 효율적으로 처리하는 능력이었다.

앞에서 말한 것처럼 윈도우 서버계 OS는 개발 당초부터 멀티 스레드 처리에 대응하도록 디자인됐다. 때문에 어떤 원인에 의해(예: I/O 대기 등) 어느 스레드가 CPU의 사용을 정지한 경우에는 그 동안 다른 처리에 CPU 사용권을 할당할 수 있기 때문에 컴퓨터 전체의 **스루풋**[*3]은 향상한다.

그러면 전혀 대기 상태 없이 스스로 종료하기까지 CPU를 사용하는 스레드가 발생한 경우는 어떻게 될까(그림 1.3). 그러한 경우에 대비해서 일반적인 멀티 스레드 대응 OS에는 어느 스레드가 CPU를 일정 시간 사용하면 강제적으로 다른 스레드에 CPU 사용권을 양보하는 장치가 구현되어 있다.

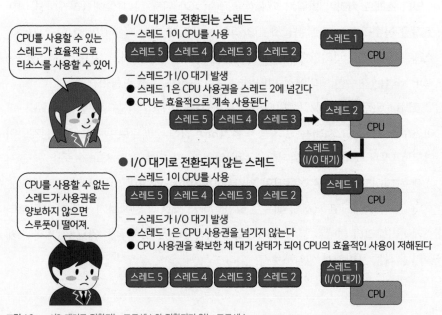

그림 1.3　I/O 대기로 전환되는 프로세스와 전환되지 않는 프로세스

CPU 사용 시간의 계측에는 하드웨어의 타이머(전자회로 기판에 설치된 카운터 기능)를 사용한다. 또한 스레드에 대해 1회당 할당되는 CPU의 사용 가능한 시간 단위를 **타임 슬라이스**라고 한다(그림 1.4).

---

*3　컴퓨터 내에서 일정 시간 내에 실행되는 처리 수를 의미한다.

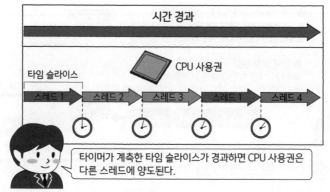

그림 1.4   타임 슬라이스

이와 같이 멀티 스레드 OS의 CPU상에서 실행되는 처리가 대기 상태가 되거나 타임 슬라이스의 상한으로 설정되어 있는 임계값에 달함에 따라 CPU의 사용권을 양보하고 다른 처리가 CPU로 실행되는 것을 문맥 교환이라고 한다(**그림 1.5**). 문맥 교환이 발생하면 그때까지 CPU를 사용하던 처리 정보를(다음에 CPU 사용권을 얻는 경우에 대비해서) 일단 레지스터*⁴ 등에 보존할 필요가 있다.

또한 CPU 사용권을 얻었을 때는 보존된 전회 사용 시의 정보를 로드할 필요가 있다. 이러한 본래 실행해야 할 처리 이외의 작업이 필요하기 때문에 문맥 교환은 부하가 걸리는 동작이라고 할 수 있다(**그림 1.6**). 윈도우에서 이들 일련의 CPU 리소스 관리를 담당하고 있는 컴포넌트가 **윈도우 스케줄러**이다.

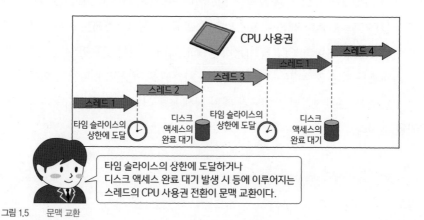

그림 1.5   문맥 교환

---

*4   CPU 내에 여러 개 존재하고 연산 실행 또는 실행 상태 보존 등 몇 가지의 용도에 사용되는 기억매체이다.

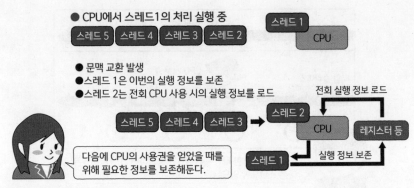

그림 1.6　　문맥 교환의 오버 헤드

1.2 ‖ 윈도우 스케줄러와 SQL 서버

　그러면 윈도우 스케줄러와 SQL 서버의 동작을 생각해보자.

　이미 설명한 바와 같이 SQL 서버는 멀티 스레드로 동작하는 애플리케이션이다. SQL 서버가 동작하면 하나의 **인스턴스**[*5]별로 하나의 프로세스가 윈도우상에 생성된다. 생성된 **SQL 서버 프로세스**는 다양한 작업(예: 쿼리의 실행과 백그라운드 처리)을 처리하기 위해 내부적으로 많은 스레드를 생성한다(**그림 1.7**).

　SQL 서버 프로세스에 의해서 내부적으로 생성된 모든 스레드는 윈도우 스케줄러에 의해서 CPU 리소스의 사용 상황이 관리된다. 즉 SQL 서버 이외의 프로세스, 가령 여러분의 프로그램이 생성한 프로세스에 의해서 작성된 스레드와 마찬가지 취급을 받는 것을 의미한다. CPU를 사용하던 SQL 서버 프로세스의 어느 스레드가 타임 슬라이스를 넘은 경우에는 다른 스레드에 사용권을 양보한다. 또한 CPU를 사용하던 SQL 서버 프로세스의 스레드가 대기 상태에 들어간 경우에도 마찬가지로 사용권을 건넨다.

[*5]　인스턴스란 SQL 서버 서비스 자체를 의미한다. 하나의 컴퓨터에 복수의 SQL 서버 인스턴스를 설치할 수 있고, 각각이 독자의 데이터베이스를 관리할 수 있다.

● SQL 서버 프로세스
— 내부에 다양한 내부 스레드를 생성
— 윈도우 스케줄러의 관리하에서 동작

SQL 서버가 생성한 스레드도 윈도우 스케줄러로 관리된다.

그림 1.7   SQL 서버 프로세스와 스레드

여기에서 SQL 서버가 작성한 각 스레드의 문맥 교환 발생 타이밍의 타당성을 생각해보자.

우선 타임 슬라이스의 경우이다. 사용 가능한 시간을 구분해서 CPU 리소스를 효율적으로 각 스레드 간에서 공유하는 룰은 SQL 서버 프로세스 내의 스레드 처리 내용에 아무런 악영향을 미치지 않으며 당연히 적용되어야 한다.

그러면 대기 시간에 의한 문맥 교환에 관해서는 어떨까. SQL 서버 프로세스 내의 스레드가 윈도우 스케줄러가 판단 가능한 대기 상태(I/O 대기 등)가 된 결과, 문맥 교환이 발생하는 점은 전혀 문제없다. 염려해야 할 점은 SQL 서버 프로세스 내의 스레드가 윈도우 스케줄러가 판단할 수 없는 대기 상태가 된 경우이다.

그러면 윈도우 스케줄러가 판단할 수 없는 대기 상태로는 어떠한 상황을 생각할 수 있는지를 살펴본다.

SQL 서버와 기타 데이터베이스 관리 시스템에서는 저장한 데이터의 일관성을 유지하기 위해 **락** 기능을 갖고 있다. 어느 쿼리가 데이터를 갱신하기 위해서는 우선 목적으로 하는 데이터에 배타적으로 액세스하기 위한 락을 획득할 필요가 있다. 이미 다른 쿼리가 같은 데이터에 락을 획득한 경우에는 그것이 해제되기까지 기다려야 한다(그림 1.8).

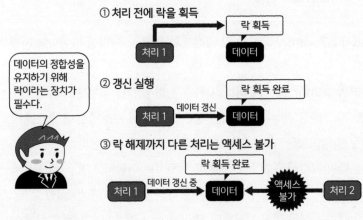

그림 1.8   간단한 락의 개념도

쿼리가 실행될 때는 스레드가 작성되어 필요한 처리가 이루어진다. 때문에 쿼리가 락 해제을 기다린다는 것은 어느 스레드가 다른 스레드가 이미 획득한 락 해제 대기 상태임을 의미한다.

한편 윈도우 스케줄러는 락 해제 대기 상태에 있는 스레드의 상태를 판단할 수 있을까? 데이터베이스 내의 오브젝트에 대한 락 개념은 어디까지나 SQL 서버 내에 한정된 것이다. 때문에 윈도우 스케줄러는 락 획득 대기 상태의 스레드도, 락 획득 완료 스레드도 같은 상태라고 판단한다. 따라서 윈도우 스케줄러에 모든 스레드 관리를 맡기면 락 획득 대기 스레드가 락 획득 완료 스레드보다 먼저 CPU 리소스의 사용권을 할당받게 되는 일이 있다. 락 획득 대기 스레드가 CPU 리소스를 할당받아도 아무것도 처리할 수 없다. 그 결과 CPU 리소스가 낭비적으로 할당되어 시스템의 효율적인 처리를 저해하게 된다(**그림 1.9**).

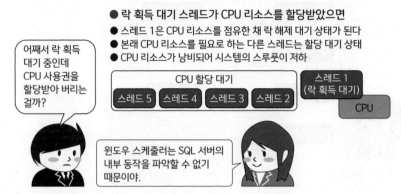

그림 1.9   SQL 서버 내의 락 획득 대기 스레드가 CPU를 할당받는 경우가 있다

윈도우 스케줄러가 판단할 수 없는 대기 상태의 대표적인 예를 또 하나 들어본다. 복수의 CPU 또는 코어가 탑재되어 있는 컴퓨터에서는 SQL 서버는 **병렬처리**를 수행하는 경우가 있다. 병렬처리의 이점은 하나의 쿼리가 복수 스레드에 분할되어 실행됨으로써 퍼포먼스의 향상을 기대할 수 있다는 점이다. 병렬처리되는 경우 쿼리의 다양한 단계에서 필요에 따라서 부모 스레드가 처리에 필요한 수의 자식 스레드를 동작시킨다. 각 자식 스레드에는 쿼리 결과 세트의 일부분을 취득하기 위한 작업이 할당된다. 모든 자식 스레드의 처리가 완료된 단계에서 부모 스레드가 각각의 결과 세트를 병합해서 클라이언트에 건넨다. 대부분의 경우 각각의 자식 스레드는 가장 빨리 처리가 완료되는 자식 스레드부터 응답이 있어도 처리를 먼저 진행할 수 없다. 또한 가장 처리가 느린 자식 스레드의 처리가 완료하기까지 기다려야 한다. 이러한 대기 시간 중의 스레드가 CPU 리소스를 할당받았다고 해도 역시 리소스의 낭비이다.

또한 이러한 대기 상태도 SQL 서버 내부에서 발생한 것이므로 윈도우 스케줄러는 판단할 수 없다(**그림 1.10**).

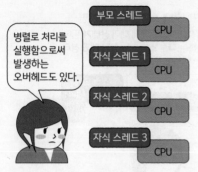

● 부모 스레드가 자식 스레드를 동작
　─ 각각의 자식 스레드도 CPU를
　　사용해서 처리를 실행

● 자식 스레드 1과 자식 스레드 3의 처리가 완료
　─ 자식 스레드 2만 처리를 실행
　─ 부모 스레드는 자식 스레드 2의 결과를 계속 대기

● 할당받은 CPU 리소스는 낭비된다

병렬로 처리를
실행함으로써
발생하는
오버헤드도 있다.

부모 스레드　CPU
자식 스레드 1　CPU
자식 스레드 2　CPU
자식 스레드 3　CPU

부모 스레드　CPU
CPU
자식 스레드 2　CPU
CPU

그림 1.10　　병렬처리의 대기 상태

1.3 ‖ SQL 서버 내의 스케줄러

　이외에도 SQL 서버 내에서 발생하는 대기 상태는 수많이 존재한다. SQL 서버가 비교적 작은 규모로 사용되고 있는 경우는 각각의 대기 시간은 짧아 크게 문제가 되는 일은 없다. 그러나 SQL 서버가 보다 큰 사이즈의 데이터베이스를 관리하고 보다 많은 클라이언트의 리퀘스트를 효율적으로 처리하기 위해서는 모든 스레드의 스케줄러 관리를 윈도우 스케줄러에만 맡길 게 아니라 독자의 컴포넌트를 준비하는 편이 좋다는 판단을 내렸다. 그리고 사이베이스의 SQL 서버를 기본으로 하는 SQL 서버 6.5까지의 소스 코드를 90% 이상 재기록한 SQL 서버 7.0부터 이 컴포넌트를 도입했다. CPU 리소스를 효율적으로 관리하는 이 컴포넌트는 SQL 서버 7.0과 SQL 서버 2000에서는 **UMS**(User Mode Scheduler)이라고 불렀지만 SQL 서버 2005에서는 **SQLOS 스케줄러**라고 이름이 변경됐다.

　그러면 SQL 서버 내의 스케줄러인 SQLOS 스케줄러의 동작에 대해 자세하게 살펴본다.

1.3.1 SQLOS 스케줄러란?

SQLOS 스케줄러의 상세한 설명에 들어가기 전에 한 가지 분명히 밝혀둘 점이 있다. SQLOS 스케줄러는 어디까지나 SQL 서버라는 애플리케이션 내의 컴포넌트라는 점이다. SQL 서버는 윈도우하에서 동작하는 애플리케이션이므로 여전히 윈도우 스케줄러의 지배하에 있다. 윈도우 스케줄러의 지배하에 있으면서 효율적으로 CPU 리소스를 사용케 하는 장치가 SQLOS 스케줄러이다(그림 1.11).

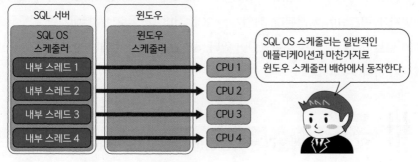

● 윈도우 스케줄러하의 SQL OS 스케줄러

그림 1.11   SQLOS 스케줄러와 윈도우 스케줄러의 관계

1.3.2 SQLOS 스케줄러를 구성하는 컴포넌트

SQLOS 스케줄러의 동작을 이해하기 위해서는 SQLOS 스케줄러를 구성하는 각 컴포넌트를 이해해두는 것이 중요하다. 이에 중요한 컴포넌트의 특징과 동작을 소개한다.

스케줄러

SQL 서버의 동작 시에 CPU 수 또는 코어 수와 같은 수의 **스케줄러**가 작성된다. 다만 SQL 서버의 에디션이나 **Affinity Mask**[6]의 설정에 따라서는 컴퓨터에 탑재되

---

[6] Affinity Mask란 SQL 서버 인스턴스가 사용하는 CPU 수를 제어하기 위한 설정이다. 예를 들어, 8개의 CPU 가 탑재되어 있는 컴퓨터에서 2개의 SQL 서버 인스턴스를 동작시키는 경우 각 워크로드의 부하에 따라서 인스턴스 B에는 2개의 CPU를 할당하고 인스턴스 8에는 6개의 CPU를 할당할 수 있다. 상세한 설정 방법은 다

어 있는 CPU 수 또는 코어 수보다 적은 경우가 있다.

스케줄러는 작업자의 관리를 수행한다. 실제로는 다양한 작업을 수행하기 위한 '은폐' 스케줄러가 존재하지만, SQLOS 스케줄러의 기본적인 동작을 이해할 때 방해가 될지 모르므로 여기서는 상세한 내용은 생략한다. 또한 스케줄러는 한 번에 하나의 작업자만을 CPU 리소스의 할당이 가능한 상태로 한다.

작업자

작업자는 SQL 서버에서 태스크를 실행하기 위해 반드시 필요한 컴포넌트이다. 클라이언트로부터의 리퀘스트는 다양한 단계를 거친 후 최종적으로는 하나 이상의 작업자에 링크되어 처리된다. 작업자는 SQL 서버 내의 오브젝트이지만 윈도우의 관리 오브젝트인 스레드와 링크되어 있다. 하나의 작업자에 대해 반드시 윈도우 스레드가 하나 존재한다.

 칼럼

SQLOS 스케줄러는 비선점형(non-preemptive)?

멀티 스레드 환경에서 CPU 리소스를 관리하는 방법에는 **비선점형(non-preemptive)**, **선점형(preemptive)**의 2종류가 있다.

비선점형에서는 OS는 CPU 리소스의 사용권을 관리하지 않는다. CPU의 사용권은 각 애플리케이션이 다른 애플리케이션으로 자발적으로 양보할 필요가 있다.

선점형은 타임 슬라이스 등의 룰에 기초해서 OS가 각 애플리케이션의 CPU 리소스 사용을 관리한다(일정 시간이 경과하면 다른 애플리케이션으로 사용권을 양보한다).

비선점형은 OS가 CPU 리소스 관리를 수행하지 않는 만큼 그 비용은 줄일 수 있다. 다만 언제까지나 CPU 리소스를 점유하는 애플리케이션이 존재하면 다른 애플리케이션은 동작하지 못해 시스템 전체에 악영향을 미친다.

한편 선점형에서는 애플리케이션의 동작에 의존하지 않고 OS가 CPU 리소스의 사용권을 관리하기 때문에 모든 애플리케이션에 안정적으로 CPU 리소스를 할당할 수 있다. 그런 만큼 OS의 구현이 복잡해지고 비용이 높아진다. 예전에는 문제라고 여겼던 OS가 CPU에 미치는 부하도 오늘날의 CPU 성능의 향상으로 거의 무시할 수 있는 수준이 됐다. 때문에 주요한 OS는 모두 선점형 방식을 채용하고 있다.

음의 마이크로소프트 Docs 사이트를 참조하기 바란다.
▼ affinity mask 서버 구성 옵션
https://docs.microsoft.com/en-us/sql/database-engine/configure-windows/affinity-mask-server-con figuration-option

그러나 SQLOS 스케줄러에는 비선점형 방식이 도입되어 있다. 일단 SQLOS 스케줄러상에서 실행 상태가 된 스레드는 스스로 양보하기까지 스케줄러의 사용권을 거론할 수는 없다(상세한 내용은 뒤에서 설명하겠지만 스케줄러의 사용권을 유지하는 것은 CPU 사용권을 갖는 것과 같은 의미이다). 그것은 처리에 필요한 모든 리소스를 획득한 스레드에 대해 가능한 한 CPU를 할당해서 CPU 가동률을 최대화하려는 데 기인한다. 그렇다고 해도 하나의 스레드가 사용권을 유지하면 당연히 SQL 서버 전체의 스루풋은 저하한다. 때문에 길어도 각 스레드는 수밀리초 동안 스케줄러를 점유한 후에는 다른 스레드에 사용권을 양보하도록 코딩되어 있다. 수밀리초라는 기간은 일상 속에서는 매우 짧아 무엇을 수행하기에는 충분한 길이는 아니다. 그러나 CPU의 이용 시간이라는 관점에서는 어느 통합된 단위의 작업을 완료시킬 수 있다. 이 작업 단위별로 스레드 간에서 CPU의 사용권을 주고받음으로써 CPU를 쓸데없이 대기시키는 기회를 줄여 시스템의 스루풋을 높인다.

또 한 가지 잊어서는 안 되는 것이 SQLOS 스케줄러의 관리 범위 내에서 비선점형이라고 해도 SQL 서버 자체가 윈도우하에서 동작하는 애플리케이션이라는 점이다. 다시 말해 윈도우 스케줄러의 관점에서 본 경우는 SQLOS 스케줄러 배하의 모든 스레드는 선점형으로 동작하고 있음을 의미한다(그림 1.A).

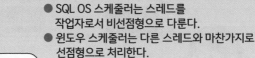

- SQL OS 스케줄러는 스레드를 작업자로서 비선점형으로 다룬다.
- 윈도우 스케줄러는 다른 스레드와 마찬가지로 선점형으로 처리한다.

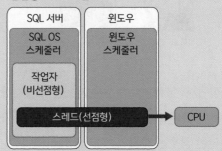

SQL OS 스케줄러에서는 비선점형으로 보이는 작업자라도 윈도우 스케줄러하에서는 선점형으로 동작하고 있다.

그림 1.A   SQLOS 스케줄러와 윈도우 스레드의 관계

작업자 스레드 풀

작업자 스레드 풀은 각 스케줄러에서 사용 가능한 작업자의 수를 관리한다. 작업자의 최대는 **max worker threads**의 설정값에 의존한다.[7] 디폴트값은 255이다. 컴퓨터에 2개 이상의 CPU 또는 코어가 탑재되어 있는 경우 각 스케줄러가 사용할 수 있는 작업자 수는 max worker threads의 설정값을 스케줄러 수로 나눈 값이 된다 (그림 1.12).

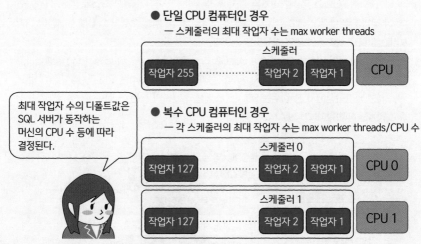

그림 1.12　단일 CPU와 복수 CPU의 작업자 수

만약 작업자 스레드 풀에 사용 가능한 작업자가 존재하지 않을 때는 작업자의 사용 요구가 있으면 최댓값에 달하지 않는 경우는 새로이 작업자를 작성한다. 이미 최댓값에 달한 경우는 사용 요구를 한 클라이언트는 뒤에서 설명하는 워크 리퀘스트 큐에 추가되어 대기 상태가 된다.

러너블 큐(Runnable Queue)

각 스케줄러는 하나의 **러너블 큐**를 갖고 있다. 앞서 말한 것처럼 스케줄러는 하나의 작업자만을 액티브로 한다. 만약 둘 이상의 작업자가 실행 가능한 경우는 러너블

---

[7]　max worker threads의 설정값은 마이크로소프트 SQL 서버 Management Studio에서도 확인할 수 있다. 'SQL 서버의 프로퍼티' 윈도우의 '프로세서' 탭을 선택하면 '작업자 스레드 최댓값'이 표시된다.

큐에 리스트되어 스케줄러가 사용 가능하기를 기다린다.

워크 리퀘스트 큐(Work Request Queue)

각 스케줄러는 작업을 실행하기 위한 작업자를 작업자 스레드 풀에 보관하고 있다. 그러나 많은 처리 리퀘스트가 발생하면 드물게 작업자의 수가 부족할 때가 있다. 작업자가 부족해서 처리를 실행하지 못하는 태스크는 **워크 리퀘스트 큐**에 리스트되어 작업자가 사용 가능해질 때까지 기다린다. 작업자가 부족한 일반적인 원인은 블로킹이나 과도한 병렬처리이다.

I/O 리퀘스트 리스트(I/O Request List)

I/O 리퀘스트를 발행한 작업자는 요구한 I/O가 완료되기까지 **I/O 리퀘스트 리스트**에 추가된다. 'I/O 완료'는 윈도우에서 본 경우 I/O의 완료에 추가해 SQL 서버가 필요한 I/O의 후처리(예를 들면 I/O 처리에 사용한 내부 리소스의 해제 등)까지를 포함한다. 이들이 모두 종료한 시점에서 I/O 리퀘스트가 완료했다고 간주한다.

웨이터 리스트(Waiter List)

작업자의 처리 실행 시에 필요한 SQL 서버 내의 리소스(락이나 **래치**[8])를 획득할 수 없는 경우에 작업자는 **웨이터 리스트**에 추가된다. 웨이터 리스트는 다른 큐나 리스트와 달리 스케줄러가 직접 관리하지 않는다. 웨이터 리스트는 SQL 서버 내의 오브젝트별로 존재한다. 가령, 테이블 A의 어느 행에 대해 복수의 작업자가 액세스해서 락을 경쟁하는 상황이 발생한 경우 웨이터 리스트는 **그림 1.13**과 같이 된다. 락을 유지하고 있던 작업자는 락이 불필요해진 시점에서 락을 해제하는 동시에 웨이터 리스트 앞에 있는 작업자에게 락 획득권을 양보한다.

---

[8] 래치란 데이터베이스의 리소스를 보호하는 것이 목적인 매우 부하가 가벼운 장치이다. 락의 대상이 테이블이나 행과 같은 비교적 큰 사이즈의 논리적 덩어리인 데 대해 래치의 대상은 데이터베이스 내의 각종 관리 정보 등 사이즈가 작은 것이다. 또한 락은 트랜잭션 내의 논리적 정합성을 보호하기 위해 장기간 보관되는 일은 있지만 래치는 SQL 서버가 필요로 하는 기간(페이지의 기록이나 읽기를 수행하는 기간 등)이 종료하면 바로 해제된다.

● 웨이터 리스트
  — 작업자 A는 테이블 A의 행1의 락을 획득하고자 한다
  — 그러나 이미 작업자 X가 락을 유지하고 있다

● 웨이터 리스트
  — 작업자 A는 테이블 A의 행1의 락 웨이터 리스트에 추가된다
  — 작업자 X가 락을 해방하면 리스트의 선두 작업자가 락 획득
  — 리스트의 상위가 모두 처리를 완료하면 작업자 A가 락 획득

웨이터 리스트는 기본적으로 FIFO (First In First Out, 선입선출)로 처리된다.

그림 1.13   웨이터 리스트의 개념도

1.3.3   스케줄러의 동작

그러면 클라이언트로부터 받은 쿼리를 처리할 때 스케줄러와 작업자가 어떻게 동작하는지를 순서대로 확인해보자.[9]

① 클라이언트가 SQL 서버에 접속하면 어느 하나의 스케줄러와 링크된다(그림 1.14).

● 클라이언트와 스케줄러

그림 1.14   ①의 상태

---

[9]   여기서는 스케줄러와 작업자의 동작 자체를 이해하는 것을 우선하므로 필요에 따라서 오브젝트 등의 표기와 설명을 간략화한다. 그 이유는 동작에 관련되는 모든 정보를 엄밀하게 하나하나 설명하면 전체의 흐름을 원활하게 이해하는 데 방해가 되기 때문이다. 간략화한 사상에 관해서는 그 이후의 장에서 각각 자세하게 언급한다.

② 클라이언트는 처리를 실행하기 위해 작업자가 필요하다. 작업자 스루풋에 사용 가능한 작업자가 존재하는지를 확인한다(여기서는 풀 내에 사용 가능한 것이 있다고 한다). 사용 가능한 작업자를 이후의 설명에서 알기 쉽도록 편의상 '작업자 A'라고 한다(그림 1.15).

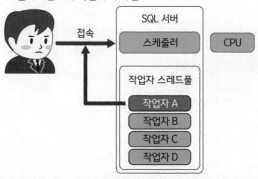

그림 1.15   ②의 상태

③ 처리를 실행하기 위해서는 CPU 리소스를 할당받아야 하기 때문에 작업자 A는 러너블 큐에 추가된다(그림 1.16).

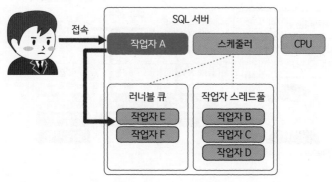

그림 1.16   ③의 상태

④ 러너블 큐의 상위에 있던 모든 작업자가 처리된 후 작업자 A는 실행 상태가 되고 실행 중이라는 정보가 스케줄러에 보관된다(그림 1.17).

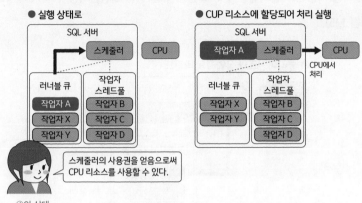

그림 1.17　④의 상태

⑤ 작업자 A가 처리를 진행하면 테이블 X 전체에 배타 락이 필요해지는데, 이미 다른 작업자가 테이블 X에 대한 락을 획득했다. 따라서 테이블 X에 대한 락 리소스의 웨이터 리스트에 추가된다. 또 스케줄러의 사용권을 러너블 큐의 선두 작업자에 넘기고 자신은 대기 상태가 된다(그림 1.18).

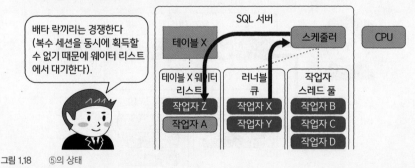

그림 1.18　⑤의 상태

⑥ 일정 시간 경과 후 테이블 X의 배타 락을 획득한 작업자 A는 다시 러너블 큐에 추가된다.

⑦ 상위에 있던 작업자의 처리가 완료되면 작업자 A는 실행 상태가 된다(그림 1.19).

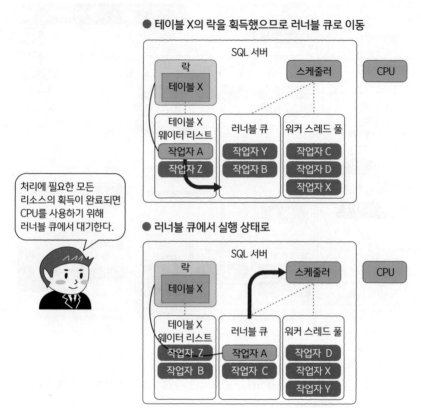

그림 1.19　　⑦의 상태

⑧ 다음에 작업자 A는 데이터 취득을 위해 디스크에 대한 I/O가 필요하다. 때문에 I/O 리퀘스트를 수행한 후에 I/O 리퀘스트 리스트에 등록된다. 그리고 스케줄러 사용권을 러너블 큐의 선두 작업자에 건네고 자신은 대기 상태가 된다(그림 1.20).

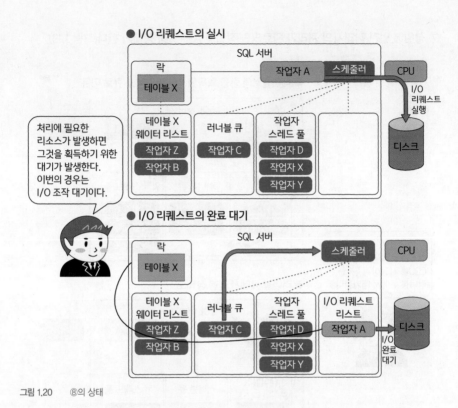

● I/O 리퀘스트의 실시

처리에 필요한 리소스가 발생하면 그것을 획득하기 위한 대기가 발생한다. 이번의 경우는 I/O 조작 대기이다.

● I/O 리퀘스트의 완료 대기

그림 1.20   ⑧의 상태

⑨ 일정 시간 경과 후 I/O 리퀘스트가 완료되면 작업자 A는 처리를 계속하기 위해 러너

블 큐로 이동한다(그림 1.21).

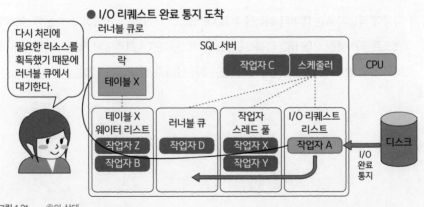

● I/O 리퀘스트 완료 통지 도착

다시 처리에 필요한 리소스를 획득했기 때문에 러너블 큐에서 대기한다.

그림 1.21   ⑨의 상태

⑩ 러너블 큐에서 대기 시간이 지난 후 작업자 A는 실행 상태가 되고 필요한 처리를 계속한다(그림 1.22).

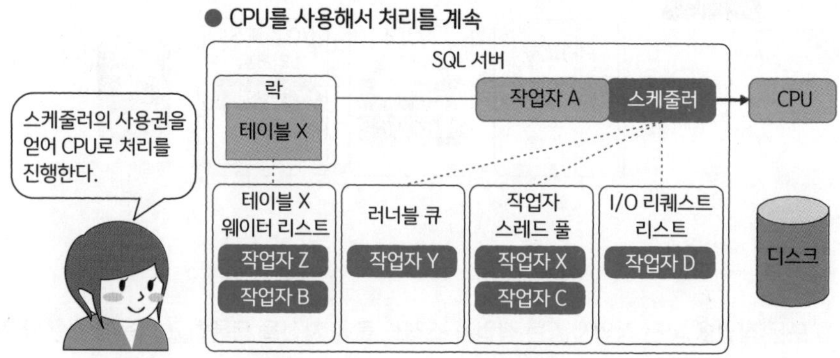

● CPU를 사용해서 처리를 계속

스케줄러의 사용권을 얻어 CPU로 처리를 진행한다.

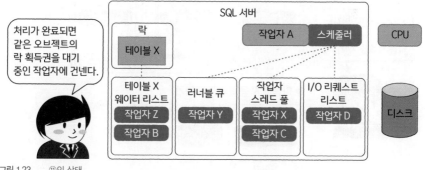

그림 1.22　⑩의 상태

⑪ 작업자 A는 획득한 테이블 X의 락을 해제하고 웨이터 리스트의 선두 작업자에 획득권을 건넨다(그림 1.23).

● 필요한 처리를 완료하면 테이블 X의 락을 해방

처리가 완료되면 같은 오브젝트의 락 획득권을 대기 중인 작업자에 건넨다.

그림 1.23　⑪의 상태

⑫ 작업자 A는 처리 결과를 클라이언트에게 회신한다(그림 1.24).

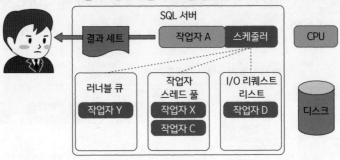

그림 1.24   ⑫의 상태

⑬ 모든 작업을 마친 작업자 A는 작업자 스레드 풀에 자신을 등록하고 다음에 사용될 기
회를 기다린다(그림 1.25).

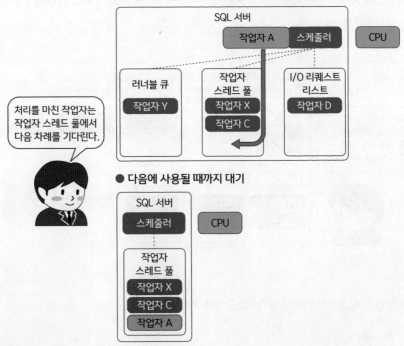

그림 1.25   ⑬의 상태

크게 간략한 내용이지만 작업자(OS 시점에서는 스레드), 스케줄러 동작 흐름의 개요는 이렇다. 실제로는 클라이언트의 리퀘스트를 완료하기까지 작업자는 더 많은 횟수의 리소스 대기 상태와 실행 상태 사이를 오간다. 이런 일련의 동작에서 어떤 리소스 대기 상태가 되면 바로 CPU의 사용권을 다른 사람에게 양보하고, 자신은 리소스를 획득할 때까지 대기 상태가 된다는 점이 포인트이다.

실제로 CPU가 사용 가능한 처리를 효율적으로 실행하는 구조를 SQL 서버가 구현하고 있는 것을 확인하였는가?

1.3.4 SQLOS 스케줄러가 사용하는 기술

지금까지의 설명에서 '왜 러너블 큐와 다른 대기 리스트에 등록되어 있는 작업자는 윈도우 스케줄러에서 실행 상태가 되지 않는 걸까? 하는 의문을 가진 사람은 상당히 예리하다. SQLOS 스케줄러가 관리하는 작업자는 윈도우 스케줄러에서 보면 단순한 스레드이다. 단순한 스레드이므로 보통이라면 SQLOS 스케줄러가 어떤 종류의 대기 리스트에 추가되어 있다고 해도 윈도우 스케줄러는 자신의 룰에 따라서 실행 상태가 되기도 하고 또는 대기 상태가 되기도 한다.

여기서 SQLOS 스케줄러는 사소한 기술을 사용하고 있다. 대기 리스트에 등록되어 있는 작업자는 WaitForSingleObjectEx 함수를 사용해서 대기 상태가 되어 있다. 보통 WaitForSingleObjectEx 함수를 사용할 때는 타임아웃 시간을 설정한다. 이 타임아웃 시간에 INFINITE라는 값을 설정하면 스레드는 무한 대기 상태임을 나타낸다. 설정된 **INFINITE**라는 값이 다른 것으로 변경될 때까지 윈도우 스케줄러는 그 스레드에 대해 전혀 CPU 리소스를 할당하지 않는다(즉, 스레드는 실행 상태가 되지 않는다).

SQLOS 스케줄러는 각 스케줄러에 실행 상태라고 등록된 스레드(작업자) 이외에, 다시 말해 대기 리스트에 등록된 스레드 모두에 대해 타임아웃 시간으로서 INFINITE를 설정하고 있는 것이다. 이로써 SQLOS 스케줄러는 윈도우 스케줄러에서 부적절한 타이밍에 스레드에 CPU 리소스가 할당되는 것을 방지한다. 또한 마찬가지로 자

CPU 리소스의 최적화

신이 필요한 스레드에만 효율적으로 CPU 리소스를 할당할 수 있다(그림 1.26).

● 러너블 큐에서의 예
─ SQLOS 스케줄러는 작업자 A를 실행 상태로 하고 싶으므로 타임아웃 시간에 0을 설정한다
─ 그 외 작업자의 타임아웃 시간은 INFINITE인 채로 둔다
─ 윈도우 스케줄러는 작업자 A에 CPU 리소스를 할당한다

그림 1.26   대기 리스트의 스레드

1.4 ‖ SQLOS 스케줄러를 모니터링한다

SQLOS 스케줄러의 동작 상태는 **동적 관리 뷰**[10] sys.dm_os_schedulers를 참조해서 확인할 수 있다. 참조 결과로 얻어진 정보를 토대로 SQL 서버가 내부적으로 어떤 상태에 있었는지를 알 수 있다. 또한 잠재적인 문제에 관해서도 조기에 발견하기도 한다.

1.4.1 동적 관리 뷰의 참조

동적 관리 뷰 sys.dm_os_schedulers를 참조하려면 쿼리 툴(sqlcmd, SQL 서버

---

[10] 동적 관리 뷰(DMV : Dynamic Management View)는 SQL 서버의 다양한 정보를 확인하기 위해 준비된 시스템 뷰이다. SQLOS 스케줄러뿐 아니라 메모리의 사용 상황이나 데이터베이스 파일 액세스 정보 등 다양한 정보를 얻을 수 있다. 다음의 마이크로소프트 Docs 사이트에서 상세한 내용을 확인할 수 있으므로 꼭 효율적인 시스템 운용에 활용하기 바란다.
▼ 시스템 동적 관리 뷰
https://docs.microsoft.com/ko-kr/sql/relational-databases/system-dynamic-management-views/sys-dm-os-schedulers-transact-sql

Management Studio 등)에서 SQL 서버의 인스턴스에 로그인해서 다음의 쿼리를 실행한다.

```
SELECT * FROM sys.dm_os_schedulers
```

이 쿼리의 결과로 얻어지는 정보 중에서 대표적인 것을 소개한다.

runnable_tasks_count

러너블 큐에 리스트되어 있는 작업자의 수를 의미한다. 이 값이 항상 높은 경우는 CPU 리소스를 기다리고 있는 작업자가 항상 존재하게 된다. 때문에 요구되는 작업량(실행되고 있는 쿼리의 수 등)에 대해 CPU의 처리 능력이 따라가지 못하는 것으로 추측할 수 있다.

current_workers_count

커맨드를 실행한 시점에서 스케줄러가 저장하고 있는 작업자의 수이다. SQLOS 스케줄러는 필요에 따라서 작업자를 작성하기 때문에 반드시 스케줄러가 관리 가능한 최대 작업자 수를 항상 유지하고 있는 것은 아니다.

work_queue_count

워크 리퀘스트 큐에 리스트되어 있는 처리의 수이다. 여기에 나타난 수만큼의 처리가, 그 실행에 필요한 작업자가 비기를 기다리고 있음을 의미한다. 이 값이 항상 높은 경우는 실제로 작업자의 수가 부족하기도 하지만 대부분의 경우는 다른 잠재적인 문제가 있음을 시사한다. 가령, 많은 작업자가 장시간 잠금 획득 대기 상태에 있거나 과잉된 수가 병렬처리된 경우 등을 생각할 수 있다.

동적 관리 뷰가 출력하는 정보의 상세는 다음의 마이크로소프트 Docs 사이트를 참조하기 바란다.

▼ dm_os_schedulers(스케줄러, 러너블 큐, 워크 리퀘스트 큐, I/O 리퀘스트 리스트 관련 정보)

https://docs.microsoft.com/ko-kr/sql/relational-databases/system-dynamin
-management-views/sys-dm-os_schedulers-transact-sql

▼ dm_os_workers(작업자 관련 정보)

https://docs.microsoft.com/ko-kr/sql/relational-databases/system-dynamin
-management-views/sys-dm-os_workers-transact-sql

▼ sys.dm_os_threads(작업자와 링크된 윈도우가 관리하는 스레드 관련 정보)

https://docs.microsoft.com/ko-kr/sql/relational-databases/system-dynamin
-management-views/sys-dm-os_thread-transact-sql

1.5 ‖ 제1장 정리

다음 질문에 대답하시오.

 왜 SQL 서버는 독자의 스케줄 관리 기능을 구현할 필요가 있었을까?

매우 간단하지만, 그 답은 SQL 서버가 CPU를 효과적으로 사용하기 위한 개념의 기초이며, 이 장에서 이해해야 할 포인트이다. 어떤가? 필자가 잘 설명했다면, 이해했을 거라고 생각하는데, 대답은 다음과 같은 내용이 된다.

A SQL 서버 내의 작업자(스레드)에는 윈도우 OS가 갖고 있는 스케줄러가 이해하지 못하는 대기 상태가 수많이 존재한다. 때문에 모든 스케줄 관리를 윈도우 스케줄러에 맡겨 버리면 귀중한 CPU 리소스를 쓸데없이 낭비하게 되기 때문이다.

모든 것은 CPU를 보다 효율적으로 사용해서 큰 사이즈의 데이터베이스를 원활하게 관리하여 보다 많은 클라이언트의 요구에 신속하게 대처하기 위함이다. SQLOS 스케줄러를 구현함으로써 지금까지는 주로 중소 규모 사이트에서 사용했던 SQL 서버는 엔터프라이즈 영역에서도 사용 가능한 스케일러빌리티를 갖게 됐다.

사실 처음으로 독자의 스케줄러를 구현한 SQL 서버 7.0에서는 SQL 서버 6.5에서는 전무했던 대규모 유저에 침투하기 시작했고, SQL 서버 2005 이후 수많은 엔터프라이즈 커스터머에 채용되기에 이른다.

이 장에서는 스케줄러의 필요성, 스케줄러의 기본 동작, 스케줄러의 상황 확인 방법 등에 대해 소개했다. 언뜻 독자 여러분이 직면한 구체적인 문제(퍼포먼스가 나쁘다! 등)와는 거리가 먼 내용이라고 여길 수 있다. 그러나 모든 쿼리는 최종적으로는 작업자로서 스케줄러 관리하에 관리된다.

이 사실을 염두에 두고 SQL 서버의 동작을 풀어가면, 지금까지 포기했던 문제를 해결할 수 있는 새로운 접근 방법 중 하나가 되지 않을까 생각한다. 그러한 상황에서 도움이 된다면 기쁘겠다.

다음 장에서는 SQL 서버와 데이터베이스의 읽기/쓰기 조작과 관련한 내용을 소개한다. 물리 디스크에의 액세스 패턴과 I/O에 사용하고 있는 API 같은 깊은 내용을 소개하겠다.

 칼럼

SQLOS 스케줄러의 발전

CPU 리소스를 효율적으로 활용하기 위해 다양하게 구현되어 있는 SQLOS 스케줄러는 꾸준히 기능이 업그레이드되고 있다(업그레이드 내용은 오류에 대한 수정이기도 하고 하드웨어 성능 향상에 따른 기능 업데이트이기도 하다).

SQL 서버 2019에서는 SQLOS 스케줄러에 큰 변화가 있었다. SQL 서버 2019의 전 버전인 SQL 서버는 스케줄러에 할당되어 있는 작업자 수를 감시하고, 그 수를 가장 적은 스케줄러에 새로운 작업자를 할당해서 스케줄러 간의 부하 균형을 맞춘다. 다만, 스케줄러의 부하는 단순히 작업자 수만으로 판단하는 것이 어려운 것도 사실이다.

같은 수가 할당되어 있다고 해도 단시간에 종료하는 태스크 작업자가 많으면 장시간 걸리는 태스크 작업자가 다수 할당된 스케줄러보다 모든 태스크를 완료하는 시간이 더 짧다. 한편 장시간 걸리는 태스크가 할당된 스케줄러에는 여러 개의 처리해야 할 태스크가 남아 있게 된다.

시스템 전체적으로 이 상황을 보면 처리 부하가 높은 스케줄러가 존재하는 한편 아이들 상태(처리해야 할 태스크가 없는)인 스케줄러도 존재해서 효율적으로 CPU 리소스가 사용된다고 할 수 없다(그림 1.B).

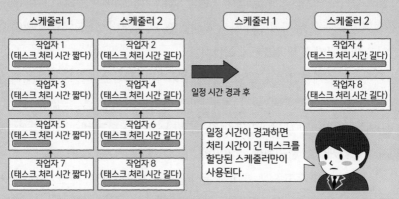

그림 1.B   태스크의 처리 시간에 따라서 스케줄러의 부하는 다르다

이것은 한 번 작업자가 스케줄러에 할당되면 종료할 때까지 같은 스케줄상에서 관리되는 사양에 기인한다. SQL 서버 2019부터는 같은 NUMA 노드(제3장에서 설명한다)에 아이들 상태인 스케줄러가 존재하는 경우 다른 스케줄러의 러너블 큐의 작업자를 이동시켜 바로 실행할 수 있도록 사양이 변경됐다(그림 1.C). 이로써 기존보다 CPU 리소스를 보다 효율적으로 사용할 수 있다.

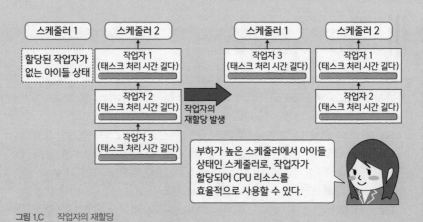

그림 1.C   작업자의 재할당

제 2 장

디스크 I/O 조작의 이해

앞 장에서는 SQL 서버가 CPU를 효율적으로 사용하기 위해 내부에 저장하고 있는 SQLOS 스케줄러에 대해 소개했다. 이 장에서는 SQLOS 스케줄러에 의해 관리되는 동작 중 하나인 데이터 파일과 트랜잭션 로그 파일 같은 물리 파일에 대한 디스크 I/O (입출력) 조작에 대해 자세하게 살펴본다. SQL 서버가 관리하는 데이터베이스와 물리 파일부터 I/O를 수행하는 내부 컴포넌트, 액세스에 사용하는 API, 나아가 모니터링(감시) 방법까지 소개한다. SQL 서버가 실행하는 I/O 조작을 앞 장과 마찬가지로 논리적이고 물리적인 시점에서 살펴본다.

2.1 ║ SQL 서버가 관리하는
데이터베이스의 실체

　유저 애플리케이션이 비교적 큰 양의 데이터를 장기적으로 보관해야 하는 경우에는 어떤 방법이 현실적일까? 아마 대다수의 경우는 파일을 작성해서 보존할 필요가 있는 데이터를 디스크 등의 기억 미디어에 기록하는 방법을 선택할 것이다. SQL 서버도 예외는 아니다. SQL 서버는 장기적으로 방대한 데이터를 보관 관리하는 데이터베이스 관리 시스템이다. 또한 SQL 서버는 윈도우라는 오퍼레이팅 시스템의 시점에서 보면 거의 모든 점에서 일반적인 유저 애플리케이션과 다르지 않다.

　그러면, 데이터베이스의 실체란 도대체 어떤 것일까? 그것은 윈도우가 관리하는 폴더에 작성된 파일이다(익스플로러에도, 극히 보통의 파일로 표시된다). 데이터베이스는 **데이터 파일**과 **트랜잭션 로그 파일**이라는 2종류의 관리 파일로 구성되어 있다(이 책에서는 이 2가지 파일을 총칭해서 **데이터베이스 파일**이라고 한다).

● 데이터베이스는 물리적으로는 데이터 파일과 로그 파일로 구성된다.

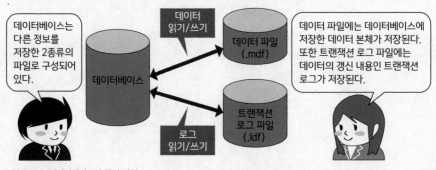

데이터베이스는 다른 정보를 저장한 2종류의 파일로 구성되어 있다.

데이터베이스

데이터 읽기/쓰기

데이터 파일 (.mdf)

로그 읽기/쓰기

트랜잭션 로그 파일 (.ldf)

데이터 파일에는 데이터베이스에 저장한 데이터 본체가 저장된다. 또한 트랜잭션 로그 파일에는 데이터의 갱신 내용인 트랜잭션 로그가 저장된다.

그림 2.1　　데이터베이스와 물리 파일

　데이터베이스를 배치한 폴더에는 데이터 파일(확장자가 .mdf 또는 .ndf)과 트랜잭션 로그 파일(확장자가 .ldf)이 저장되어 있다. 지금부터는 각각의 파일에 대해 자세하게 살펴보자.

2.1.1 데이터 파일(확장자 .mdf, .ndf)

사용자가 참조/삽입/갱신/삭제하는 데이터 본체가 저장되어 있다. SQL 서버는 데이터 파일을 8KB의 블록으로 분할해서 사용하고 있다.

분할한 8KB의 블록은 **페이지**라는 논리적 단위로 관리된다. 또한 페이지는 SQL 서버가 물리 디스크에서 읽어들인 데이터를 처리할 때 또는 물리 디스크에 데이터를 쓸 때 최소의 논리적 단위이기도 하다(**그림 2.2**).

● 데이터 파일은 8KB로 구분된 블록

그림 2.2   데이터베이스와 8KB 블록

하나의 데이터베이스에 대해 하나의 데이터 파일을 지정하는 것도 여러 개의 데이터 파일을 할당하는 것도 가능하다. 일반적으로 여러 개의 **스핀들**[*1]을 가진 디스크 장치에 데이터베이스를 배치하는 경우는 데이터 파일을 여러 개로 분할하는 편이 물리 액세스 속도가 빨라진다(**그림 2.3**).

[*1]   여기에서의 스핀들이란 회전바퀴를 유지하는 디스크 장치를 의미한다. 디스크가 복수의 스핀들을 유지하는 경우 각각 독자적으로 액세스를 할 수 있다. 때문에 단일 스핀들밖에 유지하지 않는 디스크와 비교하면 일반적으로 I/O 속도가 빠르다.

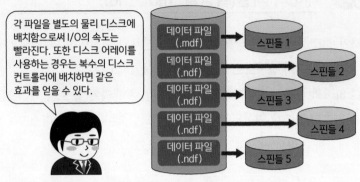

● 데이터 파일을 다른 스핀들에 배치

각 파일을 별도의 물리 디스크에 배치함으로써 I/O의 속도는 빨라진다. 또한 디스크 어레이를 사용하는 경우는 복수의 디스크 컨트롤러에 배치하면 같은 효과를 얻을 수 있다.

데이터 파일 (.mdf)
데이터 파일 (.ndf)
데이터 파일 (.ndf)
데이터 파일 (.ndf)
데이터 파일 (.ndf)

스핀들 1
스핀들 2
스핀들 3
스핀들 4
스핀들 5

그림 2.3   복수 데이터 파일과 복수 스핀들

2.1.2 트랜잭션 로그 파일(확장자 .ldf)

SQL 서버가 관리하는 데이터에 대해 실행한 갱신 내용을 기록한다. SQL 서버가 관리하는 데이터가 변경되면 우선 데이터 자체를 갱신하기 전에 변경 내용의 이력을 모두 물리 디스크에 존재하는 트랜잭션 로그인 파일에 적는다. 변경과 관련된 트랜잭션 로그가 모두 바르게 적히면 데이터 변경 처리를 수행한다. 이 동작은 **미리 쓰기 로그**(Write Ahead Logging, WAL)라 불리며 SQL 서버가 트랜잭션[*2]과 데이터의 관계를 유지하는 데 매우 중요한 의미를 갖고 있다. 미리 쓰기 동작 덕분에 트랜잭션 처리 도중에 전원이 꺼지는 경우에도 데이터의 상태를 확실하게 파악할 수 있다(그림 2.4).

[*2]   밀접하게 관련된 일련의 조작을 나타내며, 이들의 일련의 조작이 모두 실행됨으로써 논리적인 작업 단위로서의 의미를 갖는다.

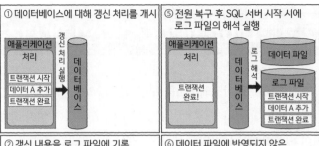
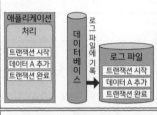
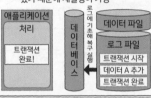
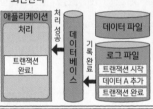
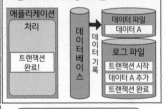
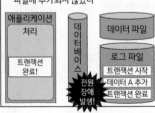

그림 2.4 　전원 장애와 미리 쓰기 로그

2.2 ‖ 데이터베이스 파일 액세스 패턴

SQL 서버가 데이터베이스를 구성하는 물리 파일에 액세스할 때는 몇 가지의 특징적인 패턴이 있다. 대표적인 시나리오를 예로 들어 어떤 종류의 액세스가 SQL 서버의 데이터베이스 파일에 대해 발생하는지를 생각해보자.

2.2.1 데이터 파일

온라인 트랜잭션 처리(OLTP) 시스템의 경우

OLTP[*3] 시스템에서는 수많은 클라이언트가 각각 매우 작은 범위의 데이터를 참조 또는 갱신한다. 또한 각 클라이언트가 필요로 하는 데이터의 종류와 분포 범위는 제각각이기 때문에 데이터 파일에 저장된 데이터가 파일 내의 다양한 장소에 점재해 있을 가능성이 높다. 그 결과 데이터 파일에 액세스하는 것은 파일 전체에 랜덤으로 발생하는 경향이 높아진다(그림 2.5).

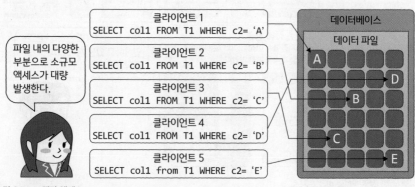

그림 2.5   랜덤 액세스

[*3]   OLTP에서는 다수의 클라이언트가 액세스를 하고 각각이 필요로 하는 소규모 데이터의 조작을 수행한다. 때문에 OLTP의 특징은 유사한 소규모 트랜잭션이 다수 발생한다는 점이다.

데이터 웨어하우스(DWH)의 경우

주요 용도가 축적한 데이터를 분석하는 일인 데이터 웨어하우스(DWH)[*4]인 경우 소수의 클라이언트가 대규모 기록을 수행한다. 클라이언트가 필요로 하는 데이터는 '명세 정보의 과거 10년분'과 같이 일정한 연속성을 가진 데이터인 경우가 많다. 테이블의 디자인에 따라서도 다르지만 많은 경우는 데이터 파일에 순차 액세스하는 경향이 강하다고 할 수 있다(그림 2.6).

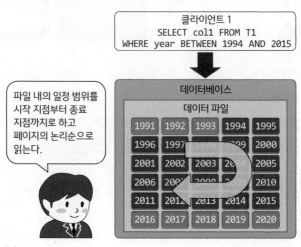

그림 2.6   순차 액세스

2.2.2   트랜잭션 로그 파일

미리 쓰기 로그의 동작에 관해서는 앞에서 소개했다. 로그 파일에 갱신 내용을 기록할 때는 반드시 시계열로 진행된다. 복수의 갱신 처리가 데이터베이스에서 실행되고 있는 경우에도 각각의 내용이 변경된 순서대로 디스크상의 트랜잭션 로그 파일에 기록된다. 다시 말해 디스크에 기록하는 포인트는 항상 1부분이다. 따라서 디스크 장치에 여러 개의 스핀들이 있어도 혜택을 받을 수는 없다(그림 2.7).

[*4]   DWH에서는 데이터베이스에 축적된 방대한 데이터를 경영 전략의 의사 결정을 위해 다양한 시점에서 분석하는 데 사용한다.

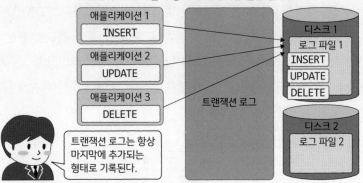

그림 2.7 　로그 파일의 갱신 포인트

또한 항상 전회의 디스크 기록이 종료된 지점부터 다음의 기록을 시작한다. 때문에 각각의 데이터베이스에 로그 파일 전용의 스핀들을 준비하면 헤드가 기록 시작 포인트까지 이동하는 시간을 매회 절약할 수 있다(그림 2.8).

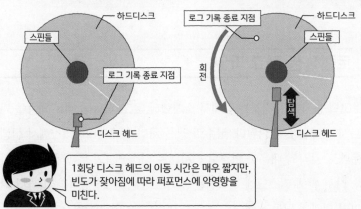

그림 2.8 　로그 전용 디스크와 비교

2.3 ‖ SQL 서버가 수행하는 I/O의 특징적 동작

여기서는 SQL 서버가 I/O를 효율적으로 수행하기 위해 도입한 주요 동작을 소개한다. 모든 동작은 다른 컴포넌트의 동작(메모리 관리와 데이터베이스 설정 등)과 어떤 식으로든 관련이 있기 때문에, 여기에 대해서도 조금 설명을 추가한다. 또한 깊이 이해해야 할 컴포넌트에 대해서는 이후의 장에서 다시 한 번 자세하게 다룬다.

2.3.1 미리 읽기(Read-Ahead)

기본적으로는 데이터 파일에서 읽어들이기는 쿼리가 필요로 한 만큼의 데이터를 취득할 때마다 수행한다. 이에 추가해 SQL 서버는 장래에 필요할 것으로 예측되는 데이터에 관해서는 실제 읽기 요구가 발생하기 전에 사전에 물리상의 디스크에 존재하는 데이터 파일로부터 메모리에 데이터를 읽어들이는 일이 있다(SQL 서버가 데이터를 읽어들이는 메모리 영역을 **버퍼 캐시**라고 한다).

이 동작은 **미리 읽기(Read-Ahead)**라고 하며, 실제로 읽어들이기 요구가 발생했을 때의 I/O 오버헤드를 완화하게끔 돼 있다(**그림 2.9**). 한 번에 수행하는 미리 읽기 조작량은 SQL 서버의 에디션에 따라서 차이가 있다. Standard Edition의 경우 최대 수는 128페이지이지만, Enterprise Edition은 1,024페이지까지 읽어들일 수 있다.

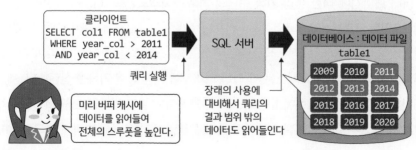

그림 2.9   미리 읽기

SQL 서버가 관리하는 데이터가 변경되면 우선 앞에서 말한 미리 쓰기 로그 조작이 실행된다. 이어서 버퍼 캐시상의 데이터가 갱신된다. 이 시점의 갱신 조작은 **논리 기록**이라고 부른다(아직 물리 디스크상의 데이터는 갱신되지 않았다).

버퍼 캐시상의 갱신된 데이터는 임의의 타이밍에 물리 디스크에 기록된다(기록되는 수단에는 몇 가지 종류가 있다). 기록 조작은 앞서 말한 논리 기록에 대해 **물리 기록**이라고 한다(그림 2.10).

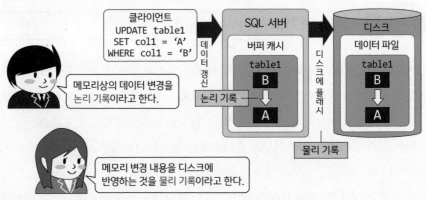

그림 2.10　논리 기록과 물리 기록

또한 논리 기록이 이미 실행되어 있고 아직 물리 기록이 실행되지 않은 버퍼 캐시상의 데이터는 **더티 페이지**(dirty page)라고 한다.

더티 페이지에 대한 물리 기록 수단의 하나가 **체크포인트**이다. SQL 서버 내에는 **체크포인트 프로세스**라 불리는 내부 컴포넌트가 있고, 버퍼 캐시에 읽어들인 각 데이터베이스의 데이터를 정기적으로 스캔하고 있다. 스캔을 할 때 더티 페이지가 발견되면 체크포인트 프로세스는 각 더티 페이지에 대해 물리 기록을 실행한다. 체크포인트 프로세스는 한 번에 16개까지 더티 페이지의 물리 기록을 요구하며, 기본적으로 더티 페이지가 없어질 때까지 비동기로 물리 기록 요구를 반복한다(그림 2.11).

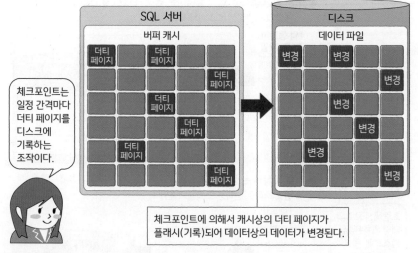

체크포인트는 일정 간격마다 더티 페이지를 디스크에 기록하는 조작이다.

체크포인트에 의해서 캐시상의 더티 페이지가 플래시(기록)되어 데이터상의 데이터가 변경된다.

그림 2.11   체크포인트

2.3.3 집중 기록(Eager Write)

집중 기록 동작도 더티 페이지의 물리 기록 수단 중 하나이다. 보통의 경우 미리 쓰기 로그 동작에서 설명한 것처럼 데이터의 갱신에 관한 동작은 모두 로그 파일에 기록된다. 데이터의 보전성과 트랜잭션의 일관성을 높이기 위해 매우 효과적인 동작이지만, 한편으로 퍼포먼스에 좋지 않은 영향을 미치는 경우도 있다.

가령, 다른 데이터 소스(메인프레임상의 데이터베이스 등)에서 텍스트 파일로 출력된 대량의 데이터를 SQL 서버상의 데이터베이스에 입력하는 경우를 생각해보자.

입력해야 하는 모든 데이터에 대해 미리 쓰기 로그를 실행하면 대량의 트랜잭션 로그 기록이 발생한다. 트랜잭션 로그 파일에 기록하는 것이 장애가 되어 스루풋이 현저히 저하되어 로그 파일의 사이즈가 커질 가능성이 있다.

이러한 경우에 대비해서 **일괄 조작**이라고 하는 선택지가 마련되어 있다. 대량 데이터의 입력을 일괄 조작으로 취급하면 개별 데이터의 갱신 로그는 기록되지 않고 최소한의 정보만 로그 파일에 기록된다(**그림 2.12**).

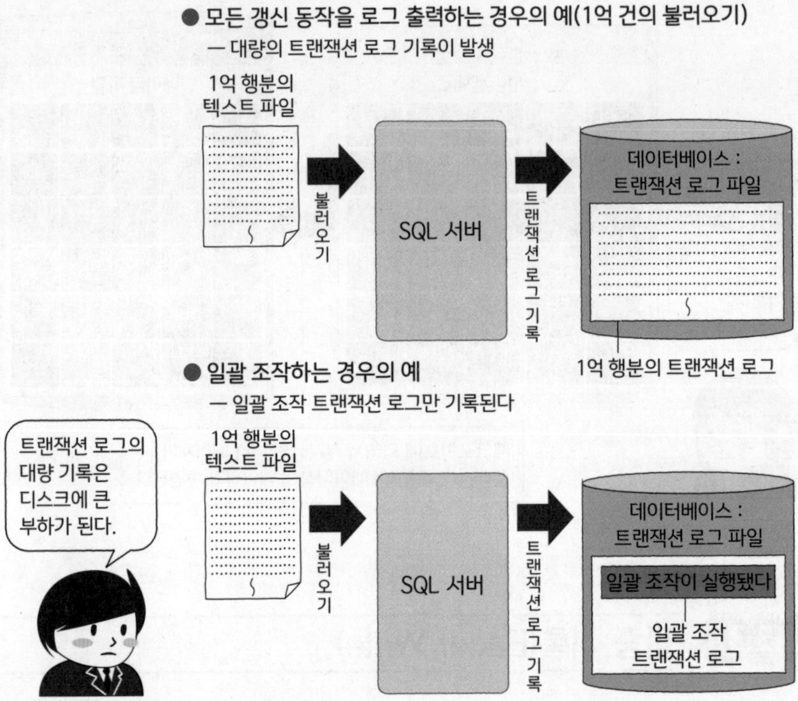

● 모든 갱신 동작을 로그 출력하는 경우의 예(1억 건의 불러오기)
― 대량의 트랜잭션 로그 기록이 발생

1억 행분의
텍스트 파일

불러오기

SQL 서버

트랜잭션 로그 기록

데이터베이스 :
트랜잭션 로그 파일

1억 행분의 트랜잭션 로그

● 일괄 조작하는 경우의 예
― 일괄 조작 트랜잭션 로그만 기록된다

트랜잭션 로그의 대량 기록은 디스크에 큰 부하가 된다.

1억 행분의
텍스트 파일

불러오기

SQL 서버

트랜잭션 로그 기록

데이터베이스 :
트랜잭션 로그 파일

일괄 조작이 실행됐다

일괄 조작
트랜잭션 로그

그림 2.12   로그와 일괄 조작

일괄 조작을 실행하면 대량의 더티 페이지가 버퍼 캐시상에 발생한다. 집중 기록은 그 데이터를 물리 기록하기 위해 준비된 동작이다. 대량의 데이터를 데이터 파일에 효율적으로 기록하기 위해서는 새로운 데이터를 저장하는 데 필요한 페이지를 물리 디스크상의 데이터 파일에 작성하는 동작과 버퍼 캐시상의 더티 페이지에 따라서 물리 기록을 수행하는 동작을 병렬로 실행한다.

2.3.4 지연 기록(Lazy Write)

더티 페이지의 물리 기록을 수행하는 세 번째의 동작은 **지연 기록**이다. 지연 기록을 수행하기 위해 SQL 서버에는 **지연 기록기**(Lazy Writer)라고 하는 내부 컴포넌트가 준비되어 있다.

지연 라이터의 가장 중요한 임무는 버퍼 캐시에 항상 일정량의 빈 페이지를 마련해두는 것이다. 디스크에서 읽어들인 데이터는 반드시 버퍼 캐시상에 저장된다.

데이터가 새로이 디스크에서 읽히면 저장하기 위한 빈 페이지가 버퍼 캐시상에 필요하다. 그러나 디스크에서 읽어들일 때마다 빈 페이지를 찾아 매번 버퍼 캐시를 스캔하는 일은 비효율적일뿐더러 퍼포먼스에도 악영향을 미친다.

때문에 미리 사용 가능한 빈 페이지를 **프리 리스트**라 불리는 링크 리스트에 등록해둔다. 이처럼 준비해두면 디스크에서 데이터를 읽어들이면 프리 리스트에 등록되어 있는 빈 페이지에 저장하기만 하면 된다(그림 2.13).

그림 2.13   프리 리스트

프리 리스트에 등록되어 있는 빈 페이지의 수가 임계값[5]을 밑돌면 장래의 데이터 읽어들이기에 대비할 목적으로 지연 라이터는 참조 빈도가 낮은 버퍼 캐시상의 페이지를 초기화해서 프리 리스트에 추가한다.

만약 이 페이지가 더티 페이지인 경우는 초기화하기 전에 물리 디스크에 내용이 기록된다. 이 동작을 **지연 기록**이라고 한다. 지연 라이터 동작의 자세한 내용은 제3장에서 메모리 관리에 대해 언급할 때 소개하겠다.

---

[5]   버퍼 캐시의 크기에 따라 정해진다.

2.4 ‖ SQL 서버가 사용하는 I/O용 API

지금까지 몇 번 소개했지만, SQL 서버는 윈도우 오퍼레이팅 시스템의 관리하에서 동작하는 애플리케이션이다. 따라서 I/O를 실행할 때는 (개발자라면 친숙한) **Win32 API**[6]를 사용하고 있다. Win32 API는 마이크로소프트의 웹사이트에 있는 매뉴얼에서 자세한 동작을 확인할 수 있으며 당연히 여러분이 작성하는 애플리케이션에서도 사용 가능하다.

여기서는 SQL 서버가 다양한 I/O 조작별로 어떤 종류의 API를 사용하는지를 소개한다. 또한 각 API가 어떤 이유에서 사용되는지 그 배경도 함께 설명한다.

2.4.1 데이터 파일 및 트랜잭션 로그 파일의 오픈

애플리케이션이 파일을 사용하려면 먼저 목적하는 파일을 오픈할 필요가 있다. 지금부터는 SQL 서버가 데이터베이스를 구성하는 파일을 오픈할 때의 동작을 소개한다.

CreateFile 함수

SQL 서버는 관리하고 있는 데이터베이스의 데이터 파일(확장자가 .mdf 또는 .ndf)과 트랜잭션 로그 파일(확장자가 .ldf)을 오픈할 때 CreateFile 함수를 사용한다. 데이터베이스에 자동 종료라는 옵션이 설정되어 있지 않은 경우는 SQL 서버는 시작 시에 데이터베이스 파일을 오픈한다.

또한 CreaterFile 함수를 실행할 때는 반드시 FILE_FLAG_WRITETHROUGH 및 FILE_FLAG_NO_BUFFERING 스위치를 지정한다. 이들 스위치를 지정하는 이유는 매우 중요하기 때문에 칼럼 '라이트 스루 조작'에서 자세하게 설명한다.

---

*6 윈도우 오퍼레이팅 시스템과 그 배하에서 동작하는 애플리케이션의 가교 역할을 하는 기능군이다. 예를 들면, 윈도우 오퍼레이팅 시스템 내의 폴더에 저장된 파일을 애플리케이션에서 읽어들이려면 Win32 API의 하나인 ReadFile을 호출해야 한다.

라이트 스루 조작

본문에서 설명한 것처럼 SQL 서버는 관리하고 있는 데이터베이스의 데이터 파일 Win32 API과 트랜잭션 로그 파일(확장자가 .ldf)을 오픈할 때 Win32 API인 CreaterFile 함수를 사용하고 있다.

CreaterFile 함수는 SQL 서버가 필요로 하는 파일 조작을 위해 FILE_FLAG_WRITETHROUGH 플러그와 FILE_FLAG_NO_BUFFERING 플러그를 모두 사용하고 있다. 이 2개의 플러그가 지정되면 파일에 기록 동작을 할 때 물리 디스크까지의 사이에 존재하는 기록 속도를 높이기 위한 캐시를 사용하지 않는다.

이 동작은 **포스 유닛 액세스(FUA: Force Unit Access)**라 불린다. 보통 OS와 디스크 컨트롤러는 I/O 요구에 대한 리스폰스를 높이기 위해 개별로 캐시를 갖고 있는 경우가 대부분이다. 일반적인 애플리케이션의 경우 기록 동작의 완료란 그러한 캐시 기록을 완료하는 것을 의미하는 일이 적지 않다(이 조작은 **라이트백(write-back)**이라 불린다). 확실히 물리 디스크에 기록이 완료될 때까지 기다리는 것보다 그 앞에 있는 캐시로 처리하는 편이 퍼포먼스가 훨씬 빠르다. 그러면 왜 SQL 서버는 굳이 물리 디스크에 기록할 때까지 대기하는 걸까?

그 이유를 캐시 기록 리스크 관점에서 생각해본다. 가령, SQL 서버가 체크포인트의 실행에 의해 버퍼 캐시의 데이터를 디스크 캐시에 적는다고 하자. 그 후 디스크 캐시에서 물리 디스크로 데이터를 적을 때 장애가 발생하면 어떻게 될까? 재동작을 해서 디스크는 복구됐다고 해도 디스크 캐시상에 존재한 데이터는 이미 소실됐다.

또한 물리 디스크상에는 오래된 데이터가 존재한다. 그 후 데이터가 재차 버퍼 캐시에 읽혔을 때 SQL 서버는 기록 완료됐다고 인식했음에도 불구하고 오래된 상태의 데이터가 읽히기 때문에 데이터가 일치하지 않는 문제가 발생한다(그림 2.A).

데이터베이스 관리 시스템인 SQL 서버는 데이터가 불확실한 상태가 되는 것을 최대한 회피할 필요가 있다. 그러기 위해 모든 기록 조작은 캐시가 아니라 물리 디스크까지 데이터가 적힌 시점에서 완료라고 간주한다. 이것은 일반적으로는 라이트 스루(write-through)라 불리는 동작이다. 또한 라이트 스루 조작은 SQL 서버의 데이터 갱신 처리의 기본인 미리 쓰기 로 그 조작을 확실하기 수행하기 위해서도 매우 중요하다.

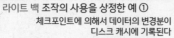

라이트 백 조작의 사용을 상정한 예 ①
체크포인트에 의해서 데이터의 변경분이
디스크 캐시에 기록된다

체크포인트에 의한 물리 디스크 기록을 실시

라이트 백 조작의 사용을 상정한 예 ⑤
재차 읽어들이기가 발생하면 오래된 데이터가
읽혀 불일치가 발생한다

'X'로 갱신되었어야 할 데이터가 'Y'로 읽힌다

라이트 백 조작의 사용을 상정한 예 ②
디스크 캐시에 기록이 정상적으로 종류

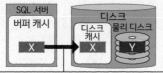

SQL 서버는 기록 결과를 '정상 종료'라고 인식

라이트 스루 조작 예 ①
체크포인트에 의해서 데이터의 변경분이
물리 디스크에 직접 기록된다

체크포인트에 의한 물리 디스크 기록을 실시

라이트 백 조작의 사용을 상정한 예 ③
디스크 캐시에서 물리 디스크로 기록 시에 기록 시에
장애 발생

라이트 스루 조작 예 ②
물리 디스크 기록이 완료된 시점에서 정상 종료라고 간주하기 때문에
SQL 서버의 인식과 디스크상의 데이터는 일치

SQL 서버의 인식과 디스크상의 데이터는 일치

라이트 백 조작의 사용을 상정한 예 ④
디스크의 재기동으로 복구돼도 캐시의 데이터는
소실되어 디스크의 데이터는 오래된 상태

데이터는 갱신되지 않았다

SQL 서버는 기록 조작의
퍼포먼스보다 확실성을
우선한다.

그림 2.A　　디스크 캐시 사용과 장애 시의 리스크

2.4.2 데이터 파일 및 트랜잭션 로그 파일에서 읽어들이기

파일에서 읽어들이는 데는 2종류의 API가 사용된다. 사용되는 API의 종류와 용도는 SQL 서버의 버전에 따라서 다르다.

ReadFileScatter 함수

SQL 서버 7.0 이후 버전에서는 데이터베이스에 저장되어 있는 데이터를 디스크 상의 파일로부터 버퍼 캐시로 읽어들일 때 ReadFileScatter 함수를 사용한다. 한편 SQL 서버 6.5 이전 버전에서는 ReadFile 함수가 사용됐다. ReadFileScatter 함수의 장점은 파일에서 읽어들인 데이터를 연속되지 않은 여러 개의 메모리 블록에 할당할 수 있다는 점이다. SQL 서버가 실제로 동작하는 가운데 파일로부터 읽어들인 일련의 데이터를 연속된 상태에서는 버퍼 캐시에 배치할 수 없는 일이 많다. 다시 말해, 여러 개의 작은 사이즈의 버퍼 캐시상 페이지에 대해 파일에서 읽어들인 일련의 데이터를 분할해서 배치할 필요가 있다는 얘기이다.

그런 경우, ReadFile 함수를 사용하면 파일에서 전송된 데이터에 관해 SQL 서버 자신이 재배열과 분배 등의 처리를 수행할 필요가 있다. 이에 반해 ReadFileScatter 함수에서는 분배할 곳의 메모리 영역이 되는 메모리 블록을 여러 개 지정하기만 하면 되므로 SQL 서버가 실행하는 처리를 간소화할 수 있다(**그림 2.14**).

버전에 따라서 ReadFileScatter 함수의 사용 가능 여부는 SQL 서버가 개발된 시기와 관련이 있다. 유감스럽게 ReadFileScatter 함수는 윈도우 NT 4.0 SP2 이후에 제공된 API이므로 그보다 앞서 발매된 SQL 서버 6.5에서는 사용하지 않는다.

ReadFile 함수

SQL 서버 6.5 이전 버전에서는 파일에서 읽어들이기를 하는 처리 전반에 사용됐다. SQL 서버 7.0 이후에는 주로 백업 관련 처리를 실행할 때 사용된다.

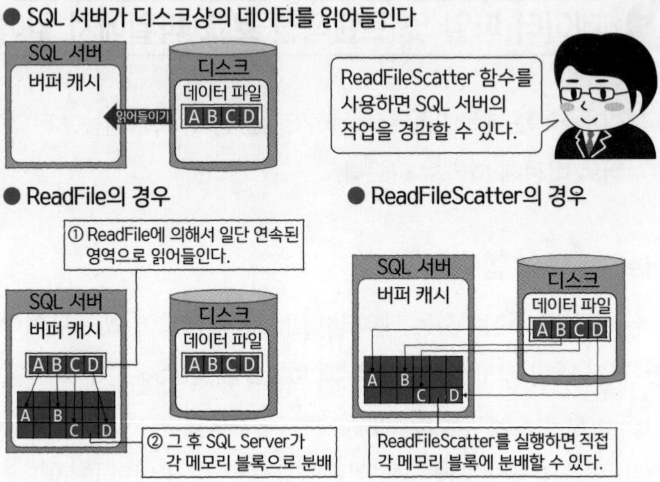

● SQL 서버가 디스크상의 데이터를 읽어들인다

SQL 서버
버퍼 캐시

읽어들이기

디스크
데이터 파일
A B C D

ReadFileScatter 함수를 사용하면 SQL 서버의 작업을 경감할 수 있다.

● ReadFile의 경우

① ReadFile에 의해서 일단 연속된 영역으로 읽어들인다.

SQL 서버
버퍼 캐시
A B C D

A B
C D

디스크
데이터 파일
A B C D

② 그 후 SQL Server가 각 메모리 블록으로 분배

● ReadFileScatter의 경우

SQL 서버
버퍼 캐시

A B
C D

디스크
데이터 파일
A B C D

ReadFileScatter를 실행하면 직접 각 메모리 블록에 분배할 수 있다.

그림 2.14   복수 메모리 블록에 배치

2.4.3 데이터 파일 및 트랜잭션 로그 파일에 기록

데이터 파일 및 트랜잭션 로그 파일에 기록할 때도 2종류의 API가 사용된다. 또한 읽어들이기와 마찬가지로 사용되는 API의 종류와 용도는 SQL 서버의 버전에 따라 다르다.

WriteFileGather 함수

SQL 서버 7.0 이후에는 SQL 서버의 버퍼 캐시에 존재하는 데이터를 파일에 적을 때 WriteFileGather 함수가 사용된다. WriteFileGather 함수의 장점은 연속되지 않은 여러 개의 메모리 블록을 한 번의 명령 실행으로 디스크에 적을 수 있다는 점이다. 이 이점을 체크포인트의 동작을 예로 들어 생각해보자.

체크포인트가 활성화되면 최대 16개의 더티 페이지가 물리 디스크상의 파일에 기록된다는 것은 앞에서 말한 대로이다. 이때 16개의 페이지가 버퍼 캐시상의 연속된 영역에 존재하면 적을 때 하나의 메모리 블록으로 조작할 수 있다. 그러나 작은 경우라도 수십MB, 큰 경우는 수십GB가 되는 버퍼 캐시상에 8KB 사이즈의 16개의

더티 페이지가 연속해서 배치될 가능성은 매우 낮을 것이다.

버퍼 캐시상의 다양한 장소에 산재해 있는 16개의 페이지를 디스크에 적어넣고자 할 때 WriteFileGather 함수를 사용할 수 없는 경우 각 페이지분, 다시 말해 16회에 걸쳐서 WriteFileGather 함수를 실행하거나 사전에 16개의 페이지를 메모리상에서 연속된 상태로 배치하고 나서 WriteFileGather 함수를 실행할 필요가 있다. 굳이 말할 것도 없지만, 이들 처리는 매우 큰 오버헤드가 된다.

그래서 WriteFileGather 함수를 사용하면 비효율적인 처리에서 해제된다(**그림 2.15**). 다만, 유감스럽게 WriteFileGather 함수도 ReadFileScatter 함수와 마찬가지로 윈도우 NT 4.0 SP2 이후에 제공된 API이므로 그보다 이전에 발매된 SQL 서버 6.5에서는 사용되지 않았다.

● WriteFil의 경우

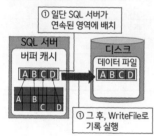

① 일단 SQL 서버가 연속된 영역에 배치

SQL 서버
버퍼 캐시
A B C D

디스크
데이터 파일
A B C D

① 그 후, WriteFile로 기록 실행

● WriteFileGather의 경우

SQL 서버
버퍼 캐시

디스크
데이터 파일
A B C D

WriteFileGather를 실행하면 직접 각 메모리 블록을 디스크에 적어넣는다.

WriteFileGather 함수에서도 마찬가지로 SQL 서버의 부하를 줄일 수 있다.

그림 2.15   복수 메모리 블록에서의 기록

WriteFile 함수

SQL 서버 6.5 이전 버전에서는 디스크에 쓰기 처리 전반에서 사용됐다. SQL 서버 7.0 이후에서는 주로 미리 쓰기 로그 실행과 백업 관련 동작을 실행할 때 사용된다.

2.5 ║ 디스크 구성

여기서는 데이터베이스 파일의 배치 장소로 일반적인 RAID[7] 시스템에 대해 각각의 장점과 단점에 대해 생각해본다(표 2.1).

표 2.1   RAID의 종류와 특징

RAID 레벨	RAID 0	RAID 1	RAID 5	RAID 10
신뢰성	낮다	높다	중간	높다
디스크 유효성	100%	50% 이하	드라이브 수 − 1	50% 이하
랜덤 읽기	우수	가능	우수	우수
랜덤 쓰기	우수	가능	가능	양호
순차 읽기	우수	가능	양호	우수
순차 쓰기	우수	가능	가능	양호
비용	낮다	중간	중간	높다

2.5.1   RAID 0

간단한 스트라이핑[8]인 RAID 0은 저렴한 가격으로 구성할 수 있고 또한 빠른 접근이 가능하다(그림 2.16). 그러나 데이터 복사본이 없어 데이터의 안전을 보장할

RAID 0은 여러 개의 디스크를 가상적으로 한 대의 디스크로 이용한다.

그림 2.16   RAID 0

---

[7]   RAID(Redundant Arrays of Inexpensive Disks)는 여러 개의 하드디스크를 조합해서 가상적인 대규모 하드디스크로서 관리·사용하는 기술이다.

[8]   여러 대의 하드디스크를 가상적으로 한 대의 하드디스크로 관리함으로써 데이터의 분산 배치를 가능케 하는 기술이다. 이로써 데이터의 읽기/쓰기 속도를 높일 수 있다.

수 없는 구조이다. 그 결과 하드웨어 장애가 발생한 경우 디스크 시스템 자체에서 데이터 복구가 불가능하기 때문에 중요한 데이터를 배치할 때는 적합하지 않은 구성이다.

2.5.2 RAID 1

하나 이상의 카피(미러)를 작성하는 RAID 1은 확실한 여유도를 확보할 수 있다(그림 2.17). 그러나 데이터 저장을 위해 사용할 수 있는 크기는 실제 디스크 사이즈의 50% 이하이다.

RAID 1은 여러 개의 디스크를 준비해서 데이터를 미러(카피)한다.

그림 2.17　RAID 1

2.5.3 RAID 5

오류를 보정하는 장치인 패리티를 사용한 블록 레벨의 스트라이핑을 사용해서 가용성[9]을 확보한 RAID 5는 가장 일반적으로 사용되는 RAID 레벨이라고 할 수 있다(그림 2.18). 그러나 패리티 조작이 오버헤드가 되어 모든 쓰기 조작의 퍼포먼스에 나쁜 영향을 미친다[10]. 또한 복수 디스크에서 장애가 발생하면 복구가 힘들다.

---

[9]　가용성 또는 고가용성이란 애플리케이션이나 컴퓨터(디스크 등의 주변기기도 포함)의 가동률 또는 내장애성을 가리킨다. 가용성이 높다는 것은 내장애성과 가동률이 높다는 얘기이다.

[10]　RAID 5의 디스크에 쓰기를 수행하는 경우에는 패리티를 재작성한다. 패리티의 재작성에는 디스크로부터 패리티 데이터의 읽어들이기, 패리티 연산 실시, 패리티 디스크에 쓰기가 필요하다. 실제로는 데이터 쓰기 이외에도 시행된다. 이런 일련의 조작이 오버헤드가 된다.

RAID 5

RAID 5는 복수의 디스크에 데이터를 분산한다. 또한 데이터에서 패리티 (오류 정정 부호)를 생성하여 데이터와 함께 적어둠으로써 내장애성을 높인다.

그림 2.18   RAID 5

2.5.4 RAID 10

미러된 디스크를 스트라이핑해서 사용하는 RAID 10은 퍼포먼스와 높은 가용성을 양립할 수 있다(그림 2.19). 그러나 스토리지로서 사용 가능한 크기가 실제 디스크 사이즈의 50% 이하이기 때문에 비용이 중복되는 결점이 있다.

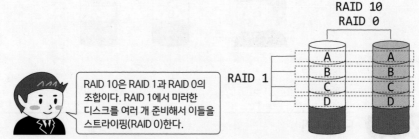

RAID 10은 RAID 1과 RAID 0의 조합이다. RAID 1에서 미러한 디스크를 여러 개 준비해서 이들을 스트라이핑(RAID 0)한다.

그림 2.19   RAID 10

퍼포먼스와 신뢰성을 고려하면 데이터베이스 파일을 배치하는 데 가장 적합한 구성은 RAID 10이라고 할 수 있다. 만약 데이터베이스를 읽어들이는 전용으로 하고 쓰기 퍼포먼스에 대한 요구가 높지 않은 경우에는 RAID 5도 선택지 중 하나가 될 수 있다.

2.6 ‖ 모니터링

SQL 서버의 데이터베이스 파일을 배치한 디스크가 문제없이 동작하고 있는지, 장애가 되고 있지 않은지를 확인하는 방법을 몇 가지 소개한다.

2.6.1 퍼포먼스 모니터

SQL 서버의 데이터베이스 파일을 배치한 물리 디스크의 PhysicalDisk 오브젝트를 감시하기 바란다.

Avg.Disk sec/Read 카운터

1회의 읽기에 드는 시간의 평균값을 나타낸다. 20ms 이상의 값을 나타낸다면 디스크의 액세스 속도에 문제가 있다고 볼 수 있다.

Avg.Disk sec/Write 카운터

1회의 기록에 드는 시간의 평균값을 나타낸다. 20ms 이상의 값을 나타낸다면 디스크의 액세스 속도에 문제가 있다고 볼 수 있다.

2.6.2 동적 관리 뷰의 참조

쿼리 툴(sqlcmd, SQL 서버 매니지먼트 스튜디오)에서 다음의 스테이트먼트를 실행하기 바란다.

```
SELECT * FROM sys.dm_os_wait_stats ORDER BY wait_time_ms DESC
```

wait_time_ms 열의 상위 행으로 출력되는 데이터의 wait_type열의 값이 ASYNC_

IO_COMPLETION, IO_COMPLETION, LOGMGR, WRITELOG, PAGEIOLATCH_SH, PAGEIOLATCH_UP, PAGEIOLATCH_EX, PAGEIOLATCH_DT, PAGEIOLATCH_NL, PAGEIOLATCH_KP 중 어느 하나이면 디스크의 액세스 속도에 문제가 있을 가능성이 있다.

2.7 ║ 제2장 정리

이 장에서는 굳이 평소 거론되지 않는 I/O의 물리적인 동작에 중점을 두고 설명했다. 미리 너무 많은 것을 생각하지 말고 설치만 한 상태에서도 SQL 서버는 상응하는 퍼포먼스를 발휘한다. 그러나 구체적인 구조를 이해한 후 적절한 환경을 정비하면 SQL 서버는 좀 더 좋은 퍼포먼스를 발휘하게 된다. 여기에 추가해 보다 큰 사이즈의 데이터베이스도 원활하게 관리할 수 있다.

SQL 서버의 성능을 제대로 이끌어내려면 이러한 기초적인 아키텍처의 이해가 중요하다. 이 장에서 소개한 SQL 서버와 디스크나 파일과의 관계 설명이 데이터베이스의 설계를 수행할 때나 퍼포먼스에 관한 트러블슈팅 시에 아이디어의 힌트가 된다면 기쁘겠다.

다음 장에서는 SQL 서버의 메모리 사용 방법에 대해 소개한다.

제 3 장

메모리 관리

다른 애플리케이션과 마찬가지로 SQL 서버도 보다 좋은 퍼포먼스를 얻기 위해 다양한 목적으로 메모리를 사용한다. 그 용도는 디스크 I/O의 오버헤드를 경감하기 위한 버퍼이기도 하고 결과 세트를 정렬하기 위한 작업 영역이기도 하고 또한 컴파일된 **쿼리 실행 플랜**[1]을 재이용하기 위한 저장 영역이기도 하다. 이 장에서는 SQL 서버의 메모리 사용 방법과 관리 방법에 대해 설명한다.

[1]   쿼리를 효율적으로 실행하기 위한 처리 순서

3.1 ║ SQL 서버와 가상 어드레스 공간

한때와 비교하면 메모리의 가격은 낮아졌다고는 해도 일반적으로는 컴퓨터에 탑재되는 메모리 용량은 디스크 크기보다 작은 것이 대다수이다. 또한 SQL 서버를 사용할 수 있는 메모리 크기는 플랫폼 아키텍처(X86, X64 또는 IA64 등[*2])의 제한을 받는 경우도 있다. 이러한 한정된 리소스인 메모리를 효율적으로 사용하는 것은 보다 좋은 퍼포먼스를 얻기 위해 매우 중요한 테마가 되고 있다. 이 장에서는 윈도우 오퍼레이팅 시스템과 SQL 서버의 관계, SQL 서버의 메모리 획득 방법 같은 다소 물리적인 시점에서 SQL 서버의 동작을 소개한다. 또 SQL 서버 메모리 사용 방법의 상세와 메모리에 관련된 내부 컴포넌트, 메모리 사용 상황의 모니터링 방법에 대해서도 소개한다.

먼저 몇 가지 애플리케이션 중 하나로 SQL 서버가 어떤 형태로 윈도우 오퍼레이팅 시스템 및 메모리와 관계되어 있는지를 확인해보자.

윈도우 오퍼레이팅 시스템의 관리하에 동작하는 프로세스(애플리케이션)는 각각 **가상 어드레스 공간**을 유지하고 있다. 대다수의 경우는 컴퓨터에 탑재되어 있는 메모리의 크기적인 제약으로 인해 전 프로세스의 가상 어드레스 공간을 그대로 물리 메모리상에 전개하는 것은 힘들다. 따라서 윈도우 오퍼레이팅 시스템이 각 프로세스의 가상 어드레스 공간을 관리하고 필요에 따라서 물리 메모리로 전개하거나 또는 **페이지 파일**[*3]에 적어넣는다.

각 프로세스는 가상 어드레스 공간으로서 X86 버전 윈도우의 경우는 최대 4GB, X64 버전, IA64 버전의 경우는 최대 16TB까지의 사이즈를 유지할 수 있다. 실제로는 각각 절반의 사이즈를 시스템(커널)이 점유하기 때문에 애플리케이션을 자유롭게 사용할 수 있는 사이즈는 보통 X86 버전의 경우에 최대 2GB[*4], X64 버전은 8TB, IA64 버전은 최대 7TB가 된다(**그림 3.1**).

[*2] 모두 마이크로프로세서의 아키텍처를 나타낸다. X86은 32비트 명령 세트를 사용하여 표준에서는 4GB의 가상 어드레스 공간을 사용할 수 있다. 한편 X64 및 IA64는 63비트 명령 세트를 사용하여 보다 광대한 사이즈의 가상 어드레스 공간을 사용할 수 있다. IA64 버전 SQL 서버는 SQL 서버 2017 이후는 발매되지 않고 있다.

[*3] 사용되지 않은 메모리 영역을 하드디스크에 일시적으로 보관하기 위한 파일이다.

[*4] 윈도우와 애플리케이션의 설정 방법에 따라서는 최대 3GB까지 사용 가능하다.

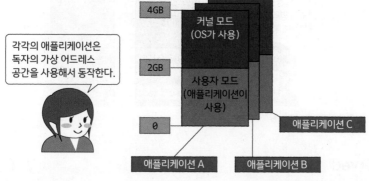

● 각 애플리케이션이 독자의 가상 어드레스 공간을 갖고 있다
(다음 예는 X86 사이즈를 나타낸다).

그림 3.1   가상 어드레스 공간

3.2 ‖ SQL 서버와 가상 어드레스 공간의 관리

SQL 서버가 효율적으로 메모리를 사용하기 위해 어떤 조작을 실시하는지를 메모리 조작에 사용하는 API 등과 관련지어 소개한다.

3.2.1 가상 어드레스 공간의 관리

프로세스에 할당된 가상 어드레스 공간의 모든 영역은 다음 중 어느 하나의 상태에 있다. 각각의 상태를 SQL 서버의 사용 상황에 적용해서 확인해보자.

Committed

가상 어드레스 공간 내에서 실제로 사용되고 있는 영역이다. 이 영역에 대해서는 윈도우 오퍼레이팅 시스템이 물리 메모리(또는 페이지 파일)의 영역을 할당하고 있다(그림 3.2).

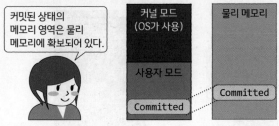

● 가상 어드레스 공간의 Committed 상태에 있는 영역은 물리 메모리로 확보되어 있다.

커밋된 상태의 메모리 영역은 물리 메모리에 확보되어 있다.

그림 3.2   가상 어드레스 공간과 물리 메모리

Reserved

나중의 사용에 대비해서 가상 어드레스 공간의 영역이 예약된 상태이다. 이 상태에서는 물리 메모리는 전혀 할당되어 있지 않다.

그런데 SQL 서버의 메모리 사이즈로 설정한 값보다 태스크 매니저 등에서 확인했을 때 SQL 서버의 메모리 사용량이 적어 보인 적이 있을 것이다. 그 한 요인은 SQL 서버가 실행 시에 필요최소한의 영역만을 커밋된(Committed) 상태로 하고 나머지 부분을 예약된(Reserved) 상태로 하고 있기 때문이다. 메모리 할당 동작에서 커밋된(Committed) 상태로 하려면 보다 많은 시간이 필요하다. 때문에 우선 필요최소한의 사이즈만을 Committed로 설정하고 나머지 부분은 필요할 때 적당히 Reserved에서 Committed로 변경하는 방법이 채용되고 있다(**그림 3.3**).

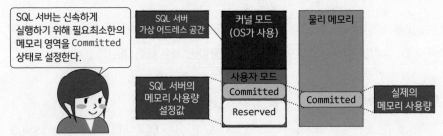

● SQL 서버 동작 시에는 필요최소한의 크기만 Committed 상태가 된다.

SQL 서버는 신속하게 실행하기 위해 필요최소한의 메모리 영역을 Committed 상태로 설정한다.

그림 3.3   SQL 서버 동작 시의 메모리 상태

Free

Free한 상태에 있는 영역에는 문자 그대로 자유로운 메모리 할당이 가능하다. 프로세스는 자기자신에게 필요한 용도로 이 영역을 사용할 수 있다. 다만 원칙적으로 SQL 서버는 컴퓨터에 탑재되어 있는 크기보다 큰 크기의 가상 어드레스 공간을 사용하지 않는다. 따라서 2GB 사용 가능해도 물리 메모리의 사이즈에 따라서는 실제는 많은 영역이 Free인 채 남아 있는 일도 있다(**그림 3.4**).

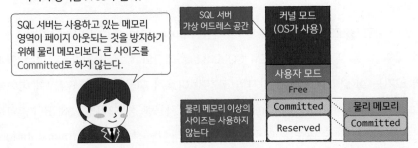

그림 3.4   가상 어드레스 공간 내의 Free 영역

3.2.2   VirtualAlloc 함수

SQL 서버가 가상 어드레스 공간의 영역을 조작할 때는 Win32 API인 **VirtualAlloc 함수**를 사용한다. VirtualAlloc 함수를 MEM_RESERVE 플래그와 함께 사용하면 지정된 가상 어드레스 공간 내의 영역은 Reserved 상태가 된다.

MEM_COMMIT 플래그와 함께 사용한 경우에는 지정된 영역의 상태는 Committed가 된다(**그림 3.5**).

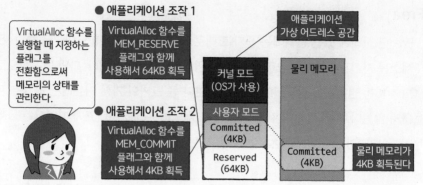

그림 3.5   VirtualAlloc 함수

또한 MEM_RESERVE 플래그를 지정한 경우에는 확보하는 영역의 크기는 64KB
의 배수만 허가된다. 한편 MEM_COMMIT 플래그와 함께 지정할 수 있는 영역
의 크기는 4KB의 배수이다. 양자의 크기가 다르기 때문에, 가령 64KB의 영역을
Reserved로 한 후 4KB만을 Committed로 해서 사용한 경우 나머지 60KB의 영역은
확보한 채 사용하지 않는다. 이것은 가상 어드레스 공간의 단편화(fragmentation)
를 발생시켜 메모리의 효율적인 사용을 저해하기(나중에 연속된 메모리 영역의 획
득이 힘들다) 때문에 애플리케이션을 작성할 때는 주의가 필요하다(그림 3.6).

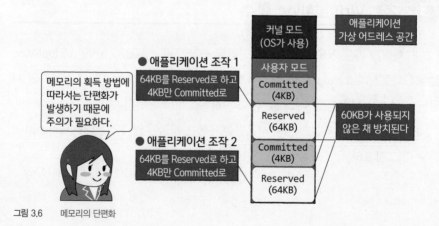

그림 3.6   메모리의 단편화

3.2.3 페이징 함수

모든 프로세스가 자기자신의 가상 어드레스 공간을 물리 메모리에 전개하는 것은 물리적인 메모리 크기의 제약으로 인해 힘들다는 점은 이미 설명한 대로이다. 가상 어드레스 공간(또는 그 실현을 위해 필요한 가상 기억 영역이라는 개념)과 물리 메모리의 크기 간에 있는 갭을 메우기 위해 윈도우 오퍼레이팅 시스템에서는 **페이징(paging)**이라 불리는 수단이 채용되고 있다.

페이징에서는 물리 메모리가 부족한 경우 오퍼레이팅 시스템에 의해서 그 시점에서 불필요하다고 판단된 메모리상의 데이터가 페이지 단위로 하드디스크상의 페이지 파일에 기록된다. 페이지 파일에 기록된 영역은 다른 데이터를 물리 메모리상에 읽어들이기 위해 사용된다. 또한 일단 페이지 파일에 기록한 데이터도 다시 필요하면 페이지 파일에서 물리 메모리로 읽어들인다(**그림 3.7**).

① 애플리케이션 A가 물리 메모리를 점유하고 있는 상황으로 애플리케이션 B가 메모리 획득 요구를 실행

② 애플리케이션 A의 일부가 페이지 파일로 이동되어 애플리케이션 B의 필요분이 획득된다.

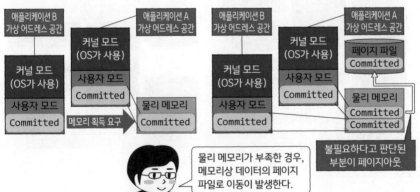

물리 메모리가 부족한 경우, 메모리상 데이터의 페이지 파일로 이동이 발생한다.

그림 3.7   페이징

이것은 가상 기억 영역을 실현하기 위해 필요한 동작이기는 하지만, 퍼포먼스에 악영향을 미치는 것도 사실이다. 가령, SQL 서버가 사용하고 있는 메모리 영역이 페

이징 대상이 된 경우로 생각해보자.

SQL 서버는 데이터를 효율적으로 처리하기 위해 디스크에서 읽어들인 데이터를 메모리에 저장하고 있다. 이 메모리가 페이징의 대상이 되어 페이지 파일에 기록되어 버리면 모처럼 메모리상에 저장되어야 할 데이터에 액세스하고자 할 때 페이지 파일에서(즉 물리 디스크에서) 읽어들이게 된다. 따라서 SQL 서버가 데이터를 메모리상에 저장함으로써 얻을 수 있는 퍼포먼스상의 이점이 사라진다(**그림 3.8**).

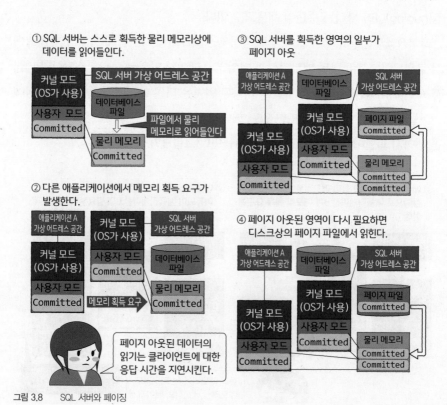

그림 3.8   SQL 서버와 페이징

이러한 경우의 대처 방법으로 SQL 서버가 사용하는 메모리의 대부분을 물리 메모리로부터 페이지 파일에 적는 것을 제어하는 수단이 준비되어 있다. **메모리의 페이지 잠금**(Lock Pages in Memory) 특권을 SQL 서버의 실행 어카운트에 추가하면 페이징의 대상이 되는 것을 피할 수 있다. 그러나 SQL 서버가 사용하는 메모리를 물리 메모리상에 상주시킴으로써 다른 프로세스의 메모리 획득에 악영향을 미칠 가능성도 있기 때문에 신중하게 대처해야 한다.

또한 '메모리의 페이지 잠금(Lock Pages in Memory)' 특유의 구체적인 추가 방법에 관해서는 다음의 마이크로소프트 Docs 사이트에서 확인할 수 있다.

▼ Lock Pages in Memory 옵션의 유효화(windows)

https://docs.microsoft.com/ko-kr/sql/database-engine/configure-windows/
enable-the-lock-pages-in-memory-option-windows

3.3 ‖ 물리 메모리 사이즈와 SQL 서버의 메모리 사용량

SQL 서버의 메모리 사용량은 디폴트 설정인 경우 고정값으로 상한이 결정되어 있는 게 아니라 동적으로 관리되도록 설정되어 있다. 동적 관리의 경우 SQL 서버가 사용하는 메모리 사이즈는 대략 '물리 메모리 사이즈-5MB'까지 확장된다. 이 동작에 익숙하지 않은 사용자로부터 'SQL 서버가 **메모리 리크(Memory leak, 메모리 누수)**[5] 되어 있다'라는 문의가 기술 지원에 들어오는 일이 있지만 이것은 바른 동작이다.

또한 **max server memory** 구성 변수를 사용해서 SQL 서버의 메모리 사용량의 상한을 설정할 수도 있다. 다른 프로세스와의 균형으로 SQL 서버에 일정량 이상의 메모리를 사용시키고 싶지 않은 경우는 다음의 커맨드를 쿼리 툴(sqlcmd, SQL 서버 매니지먼트 스튜디오, 애저 데이터 스튜디오 등)로 실행함으로써 제한할 수 있다.

메모리 관리

```
EXEC sp_configure 'max server memory', 1024   -- 최댓값을 MB 단위로 지정
GO
RECONFIGURE
GO
```

---

[5] 메모리를 해방하지 않아 필요하지 않는 메모리를 계속 확보하고 있는 것
https://docs.microsoft.com/ko-kr/sql/database-engine/configure-windows/enable-the-lock-pages-in-memory-option-windows

3.4 ‖ NUMA

NUMA는 Non-Uniform Memory Architecture의 약칭으로, 공유 메모리 아키텍처의 한 형태이다. 여기서는 NUMA를 소개하기에 앞서 우선 NUMA 이외의 공유 메모리 아키텍처에 관해 생각해보자.

대다수의 경우 소규모 SMP(Symmetric Multiprocessing: 대칭형 멀티 프로세싱) 컴퓨터에 구현되어 있는 공유 메모리 아키텍처에서는 컴퓨터에 탑재되어 있는 모든 CPU가 메모리와 메모리 액세스에 사용하는 버스[*6]를 공유하고 있다(그림 3.9).

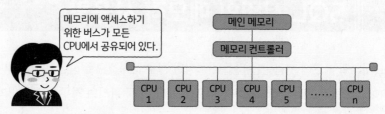

● 모든 CPU가 컨트롤러와 버스를 공유

그림 3.9   SMP 아키텍처의 메모리와 버스

3.4.1 SMP 아키텍처의 메모리와 버스

하나의 CPU가 메모리 액세스를 위해 버스를 점유하면 다른 CPU는 버스가 해제될 때까지 메모리 액세스를 할 수 없다. 때문에 내장되어 있는 CPU의 수가 늘수록 버스의 해제 대기 시간이 길어질 가능성이 있다. 또한 CPU 수의 증가에 의해 버스도 물리적으로 길어지기 때문에 그에 수반하여 메모리에 도달할 때까지 시간이 걸린다. 그 결과 컴퓨터의 스케일러빌리티가 훼손될 수 있다.

그 문제에 대처하기 위해 구현된 것이 NUMA 아키텍처이다. 모든 CPU가 버스와 메모리를 공유하는 게 아니라 소수의 CPU가 그룹이 되고 각각의 그룹이 독자의 버스와 메모리를 저장한다. 각 그룹이 저장하는 메모리는 로컬 메모리라고 부른다. 로

---

*6   CPU와 메모리 간에서 데이터를 교환하는 경로

컬 메모리를 사용함으로써 우선 버스당 CPU 수가 제어되고 버스 해제 대기 시간이 줄어든다. 또한 물리적 버스의 길이도 짧아진다(**그림 3.10**).

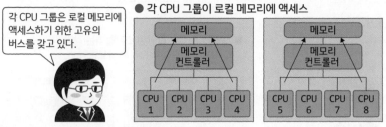

각 CPU 그룹은 로컬 메모리에 액세스하기 위한 고유의 버스를 갖고 있다.

● 각 CPU 그룹이 로컬 메모리에 액세스

그림 3.10   NUMA 아키텍처(로컬 메모리에 액세스)

또한 각 CPU 그룹은 다른 그룹이 저장한 메모리(**리모트 메모리**라고 한다)에도 액세스할 수 있다. 그러나 로컬 메모리에 액세스하는 경우와 비교하면 액세스 경로가 복잡해서 퍼포먼스는 크게 낮아진다(약 4배의 시간이 걸린다고도 한다). 때문에 NUMA 아키텍처를 효과적으로 활용하기 위해서는 애플리케이션도 각 CPU 그룹과 로컬 메모리의 관계를 배려할 필요가 있다(**그림 3.11**).

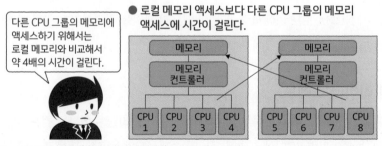

다른 CPU 그룹의 메모리에 액세스하기 위해서는 로컬 메모리와 비교해서 약 4배의 시간이 걸린다.

● 로컬 메모리 액세스보다 다른 CPU 그룹의 메모리 액세스에 시간이 걸린다.

그림 3.11   NUMA 아키텍처(리모트 메모리에 액세스)

SQL 서버가 NUMA 아키텍처에 처음 대응한 것은 SQL 서버 2000 SP4이지만 그 대응 내용은 매우 한정적이었다. 또한 그 기능을 유효화하기 위해서는 **트레이스 플래그**[*7]를 설정해야 하는 등 번잡한 작업이 필요했다.

한편 SQL 서버 2005 이후의 경우는 NUMA 아키텍처를 탑재한 하드웨어에 설치하면 자동으로 검지하여 자기자신의 NUMA 대응 기능을 유효화한다.

*7   SQL 서버에 특정 동작을 강제하기 위한 스위치

또한 각 CPU 그룹을 **NUMA 노드**[8]이라는 관리 대상으로 인식한다. 메모리를 필요로 하는 처리가 실행되면 그 스레드가 처리하는 스케줄러와 링크된 CPU NUMA 노드의 로컬 메모리에 필요한 영역이 확보된다(**그림 3.12**).

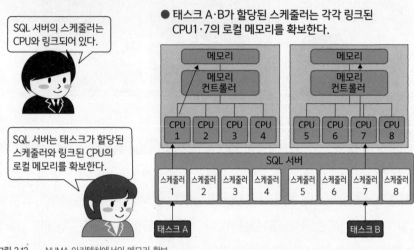

그림 3.12　　NUMA 아키텍처에서의 메모리 확보

또한 각 NUMA 노드 내에서 가능한 한 메모리 관리를 완결시키기 위해 아래의 컴포넌트가 모든 NUMA 노드에 할당되어 있다.

지연 라이터 스레드

이미 제2장에서 소개했듯이 SQL 서버의 메모리 관리를 수행하는 컴포넌트의 하나이다. 보통이라면 SQL 서버 내에 하나만 존재하지만 NUMA 대응 기능이 유효화되면 각 NUMA 노드에 I/O 지연 라이터 스레드가 준비된다.

I/O 완료 포트 스레드

I/O 완료 포트 스레드는 제1장에서 소개한 SQLOS 스케줄러가 네트워크 I/O와 디스크 I/O의 상황을 적절하게 판단할 수 있도록 다양한 동작을 수행히고 있다. 예로는 I/O 리퀘스트 리스트에 추가되어 있는 작업자에 I/O가 완료됐음을 알리는 것

---

*8　노드란 소수의 CPU군과 그들이 사용하는 로컬 메모리 그룹을 말한다.

을 들 수 있다. 보통이라면 SQL 서버에 하나만 존재하지만 NUMA 대응 기능이 유효화되면 각 NUMA 노드에 I/O 완료 포트 스레드가 준비된다.

이들 내부 컴포넌트가 각 NUMA 노드에 할당되는 동시에 각각의 NUMA 노드에 할당된 작업자가 가능한 한 로컬 메모리를 사용하도록 디자인되어 있다. 그 결과 NUMA 아키텍처를 구현한 하드웨어상에서 SQL 서버가 효율적으로 동작하는 것이 가능하다.

3.4.2 소프트 NUMA

SQL 서버에는 NUMA 아키텍처를 구현하지 않은 하드웨어상에서도 그 이점의 일부를 사용할 수 있는 기능이 준비되어 있다. 그것은 하드웨어가 아니라 소프트웨어의 기능으로 구현된다는 의미를 담아 소프트 NUMA라고 불린다(하드 RAID와 소프트 RAID의 명칭 관계와 비슷하다). 비NUMA 노드에 설정해서 그룹화해서 관리할 수 있다.

당연히 비NUMA 기종에서는 하나의 메모리와 하나의 버스를 모든 NUMA 노드에서 공유하기 때문에 로컬 메모리의 장점을 누릴 수 없다. 다시 말해 버스 해제 대기 시간 발생과 물리적인 버스 길이 문제는 남아 있다.

그러나 각 NUMA 노드에는 지연 라이터 스레드와 I/O 완료 포트 스레드가 준비되어 있다. 때문에 각 컴포넌트의 부하가 매우 높은 환경이라면 소프트 NUMA를 도입함으로써 퍼포먼스를 개선할 수 있다(**그림 3.13**). 각 컴포넌트의 부하 상황을 확인하는 방법은 뒤의 3.7에서 소개한다.

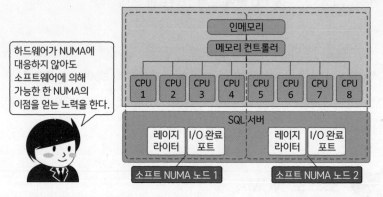

그림 3.13　소프트 NUMA의 아키텍처

　소프트 NUMA의 설정 방법을 간단하게 소개해둔다. 자세한 내용은 다음의 마이크로소프트 Docs 사이트를 참조하기 바란다.

▼ 소프트 NUMA(SQL 서버)

https://docs.microsoft.com/ko-kr/sql/database-engine/configure-windows/soft-numa-sql-server

　다음 예에서는 4개의 CPU(또는 코어)가 탑재된 컴퓨터에서 각각의 CPU에 대해 NUMA 노드를 할당하고 있다.

① 쿼리 툴에서 다음의 쿼리를 실행한다.

```
ALTER SERVER CONFIGURATION
SET PROCESS AFFINITY CPU=0 TO 3
GO
```

② 레지스트리 에디터(regedit.exe)를 실행해서 표 3.1에 나타내는 키를 추가한다. 이에 의해서 모든 CPU에 대해 소프트 NUMA 노드가 할당된다.

표 3.1　레지스트리 에디터에서 추가할 수 있는 키

키	종류	값의 이름	값 데이터
HKEY_LOCAL_MACHINE\SOFTWARE\Microsoft\Microsoft SQL 서버\150\NodeConfiguration\Node0	DWORD	CPUMask	0x01
HKEY_LOCAL_MACHINE\SOFTWARE\MicrosoftE\Microsoft SQL 서버\150\NodeConfiguration\Node1	DWORD	CPUMask	0x02
HKEY_LOCAL_MACHINE\SOFTWARE\Microsoft\Microsoft SQL 서버\150\NodeConfiguration\Node2	DWORD	CPUMask	0x04
HKEY_LOCAL_MACHINE\SOFTWARE\Microsoft\Microsoft SQL 서버\150\NodeConfiguration\Node3	DWORD	CPUMask	0x08

3.5 ‖ SQL 서버 프로세스 내부의 메모리 관리 방법

지금부터는 SQL 서버와 윈도우 오퍼레이팅 시스템의 메모리 관리 동작에서의 관련성과 플랫폼 아키텍처에 관한 내용을 토대로 하면서 SQL 서버 자체의 메모리 관리 방법에 대해 소개한다. 구체적으로는 SQL 서버의 메모리 리소스 할당, 메모리에 관련된 내부 컴포넌트의 상세, 메모리 사용 상황의 모니터링 등의 내용을 다룬다.

SQL 서버는 자기자신의 메모리 영역을 효율적으로 사용하기 위해 **워크스페이스**라 불리는 영역을 할당해서 관리한다. 워크스페이스는 다양한 용도별로 준비되는 영역이다. 워크스페이스의 사이즈 조정, 획득 및 내부 컴포넌트 할당 등의 메모리 관리 작업은 **메모리 매니저**라 불리는 컴포넌트가 담당한다.

3.5.1 메모리 매니저

SQL 서버 프로세스의 내부에서는 유저의 요구와 내부 컴포넌트 등의 다양한 태스크가 실행되고 있다. 각 태스크는 다양한 처리를 실행하기 위해 메모리를 획득할 필요가 있다.

예를 들면, 컴파일된 쿼리 실행 플랜을 메모리상에 배치하는 영역이 필요하다. 또는 클라이언트의 요구로 결과 세트의 정렬이 필요한 경우는 그 작업 영역이 메모리상에 필요하다(이러한 용도 외에도 수많은 메모리를 필요로 하는 작업이 있다).

메모리 매니지먼트는 태스크에서 메모리 획득 요구를 받으면 워크스페이스에서 메모리를 할당한다(**그림 3.14**).

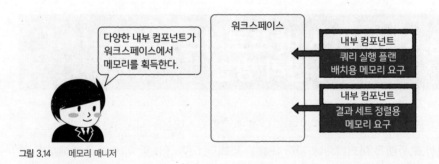

그림 3.14   메모리 매니저

3.5.2 워크스페이스의 내부 구조

워크스페이스 내에는 **Fixed Size Block Allocator**라 불리는 컴포넌트가 존재한다. Fixed Size Block Allocator는 미리 몇 가지 사이즈의 메모리 영역을 준비해둠으로써 메모리를 필요로 하는 컴포넌트에 신속하게 건네는 장치이다. Fixed Size Block Allocator가 준비해두는 메모리 영역의 사이즈는 8KB, 16KB, 32KB, 128KB 4종류이다(**그림 3.15**).

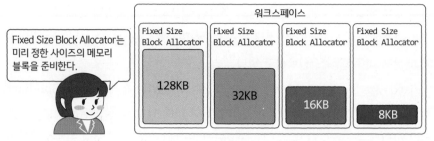

그림 3.15   Fixed Size Block Allocator

만약 요구된 메모리의 사이즈가 이들 4종류와 일치하지 않는 경우는 그 사이즈를 포함하는 가장 작은 메모리 블록이 할당된다. 가령 10KB의 메모리 획득 요구가 있은 경우는 16KB의 Fixed Size Block Allocator가 메모리를 할당한다(**그림 3.16**).

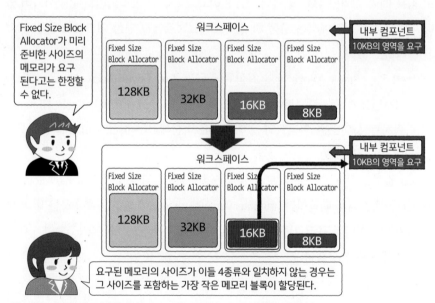

그림 3.16   요구된 메모리의 사이즈가 8KB, 16KB, 32KB, 128KB와 일치하지 않는 경우

이 동작은 본래 필요한 사이즈보다 큰 사이즈의 메모리를 할당하는 일이 있기 때문에 언뜻 불편하게 생각된다. 그러나 여분의 메모리 할당을 방지하려면 메모리 획득 요구를 받을 때마다 각 요구에 맞는 사이즈의 메모리 블록을 할당하기 위한 처

리를 실행해야 해서 CPU 리소스 등의 부하를 발생시킨다. 시스템 전체의 스루풋이라는 관점에서 양자를 비교한 경우 Fixed Size Block Allocator를 사용하는 편이 낫기 때문에 이쪽 방식을 선택하고 있다.

Fixed Size Block Allocator는 계층 구조로 되어 있다. 개개의 Fixed Size Block Allocator가 관리하는 사이즈의 메모리 블록이 비어 있지 않는 경우는 계층 구조상 보다 상위의 Fixed Size Block Allocator로부터 메모리를 획득하고 그중에서 할당을 수행한다.

그러면 최상위의 Fixed Size Block Allocator는 어디에서 메모리를 획득할까?

워크스페이스는 **프래그먼트(예약 영역)**로서 **프래그먼트 매니저**라 불리는 컴포넌트에 의해서 관리된다. 예약 영역의 사이즈는 아키텍처에 따라서 다르다. 32bit 버전의 경우 예약 영역은 4MB의 사이즈로 관리되고 수많은 프래그먼트로 구성되어 있다. 한편 64bit 버전에서는 보통 하나의 프래그먼트에서 가상 어드레스 공간 전체를 관리하고 있다.

Fixed Size Block Allocator의 최상위에 있는 **Top Level Block Allocator**라 불리는 컴포넌트가 프래그먼트에서 메모리를 획득한다. Top Level Block Allocator가 획득하는 사이즈는 고정되어 있어 32bit 버전에서는 4MB, 64bit 버전에서는 128MB이다(**그림 3.17**).

이와 같이 모든 사이즈의 메모리 할당은 최종적으로 Top Level Block Allocator가 프래그먼트에서 획득한다. max server memory 구성 변수는 후술하는 버퍼 풀의 사이즈가 아니라 프래그먼트 전체(SQL 서버가 획득하는 모든 메모리)의 사이즈를 억제하기 위해 사용된다.

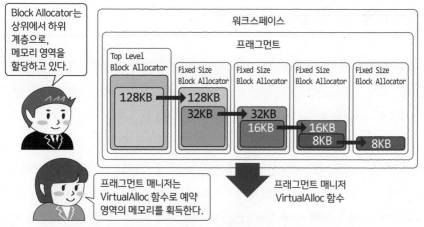

말풍선: Block Allocator는 상위에서 하위 계층으로, 메모리 영역을 할당하고 있다.

워크스페이스

프래그먼트

Top Level Block Allocator
128KB

Fixed Size Block Allocator
128KB
32KB

Fixed Size Block Allocator
32KB
16KB

Fixed Size Block Allocator
16KB
8KB

Fixed Size Block Allocator
8KB

말풍선: 프래그먼트 매니저는 VirtualAlloc 함수로 예약 영역의 메모리를 획득한다.

프래그먼트 매니저
VirtualAlloc 함수

그림 3.17   워크스페이스 내의 프래그먼트는 프래그먼트 매니저가 관리하고 있다.

3.6 ‖ 메모리의 용도

각 컴포넌트는 메모리 매니저를 사용해서 획득한 메모리 영역을 8KB 단위로 구분해서 사용한다(**그림 3.18**). 8KB의 각 메모리 블록은 페이지라 불린다(8KB 단위의 페이지는 후술하는 데이터베이스의 구조와 일치한다). 지금부터는 SQL 서버 내의 다양한 메모리 용도에 대해 소개한다.

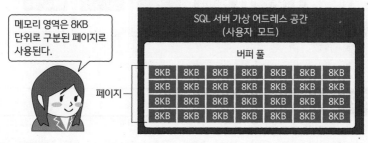

말풍선: 메모리 영역은 8KB 단위로 구분된 페이지로 사용된다.

SQL 서버 가상 어드레스 공간
(사용자 모드)

버퍼 풀

페이지

8KB	8KB	8KB	8KB	8KB	8KB	8KB
8KB	8KB	8KB	8KB	8KB	8KB	8KB
8KB	8KB	8KB	8KB	8KB	8KB	8KB
8KB	8KB	8KB	8KB	8KB	8KB	8KB

그림 3.18   버퍼 풀

메모리 관리

3.6.1 버퍼 풀(버퍼 캐시)

버퍼 풀(버퍼 캐시)은 대다수의 경우 SQL 서버가 확보한 메모리의 가장 많은 부분을 차지하는 영역으로, 데이터베이스의 데이터 페이지와 인덱스 페이지(제5장 참조)를 디스크에서 읽어들여 캐시하기 위해 사용된다.

SQL 서버가 데이터를 조작하는 경우 버퍼 풀에 읽어들인 데이터를 사용한다. 그때 조작 대상 데이터를 취득하기 위해 매회 버퍼 풀 전체를 스캔하는 것은 아무리 고속 액세스가 가능한 메모리상의 조작이라고는 해도 큰 오버헤드가 된다. 때문에 SQL 서버는 버퍼 풀에 데이터베이스를 배치할 때 해시 알고리즘을 사용한다.

각 데이터베이스가 가진 고유의 값을 토대로 해시값[*9]이 생성되고 **해시 버킷**이라 불리는 페이지에 저장된다. 해시값은 버퍼 풀상의 페이지 포인터와 함께 저장된다. 때문에 해시 버킷 내의 해시값에 액세스하면 실제 페이지의 위치를 확인할 수 있다. 이로써 적은 액세스 횟수에 목적하는 버퍼 풀상의 데이터에 액세스할 수 있다(그림 3.19).

해시 버킷은 액세스 속도를 높이는 데 중요한 장치이다.

● 각 페이지가 갖고 있는 고유의 관리 정보를 토대로 해시값을 생성
― 각 페이지의 위치와 해시값을 해시 버킷이 보관해서 인덱스와 같은 역할을 한다.

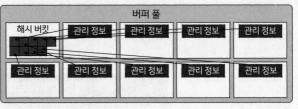

그림 3.19　해시 버킷

3.6.2 플랜 캐시

클라이언트가 실행한 쿼리는 SQL 서버 내에서 최적의 형태로 처리되도록 컴파일되어 쿼리 실행 플랜으로 변환된다. 이 컴파일 시간의 오버헤드를 완화시키는 아키텍처가 **플랜 캐시**이다.

[*9] 주어진 문자열에서 고정폭의 유사 난수를 생성하는 연산 수법을 해시 함수라 한다. 그리고 해시 함수에 의해서 생성된 값은 해시값 또는 단순히 해시라고 한다.

한 번 컴파일된 쿼리 실행 플랜은 같은 쿼리가 재차 실행됐을 때를 대비해서 플랜 캐시에 보존된다. 2회째 실행 시에는 재차 컴파일되는 게 아니라 플랜 캐시상의 쿼리 실행 플랜을 재이용한다. 그 결과 컴파일 시간만큼의 퍼포먼스가 향상되어 컴파일에 의한 CPU 부하를 줄일 수 있다(그림 3.20).

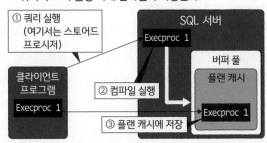

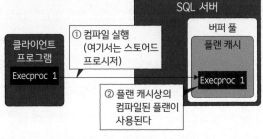

그림 3.20   쿼리 플랜의 재이용

3.6.3   쿼리 워크스페이스

쿼리 워크스페이스는 각 쿼리가 결과 세트를 정렬할 필요가 있는 경우에 사용된다. 일정 사이즈 이상의 데이터 정렬이 필요한 경우와 같이 쿼리 워크스페이스가 아니라 tempdb 데이터베이스[*10]가 사용되는 일도 있다.

---

*10 SQL 서버의 다양한 작업 영역으로 사용되는 시스템 데이터베이스이다. SQL 서버가 데이터의 정렬 등에서 사용하거나 유저의 일시 테이블 저장 영역 등 다방면의 용도로 활용된다.

3.6.4 최적화

클라이언트가 요구한 쿼리를 실행하기 위해 SQL 서버는 쿼리 실행 플랜을 생성한다. 그때에도 버퍼 풀상의 메모리가 사용된다.

3.6.5 글로벌

지금까지 등장하지 않은 다양한 메모리를 필요로 하는 용도에 대해서는 **글로벌 영역**에서 관리하고 있다. 구체적으로는 락용 메모리, 레플리케이션 작업용 메모리, 쿼리 텍스트 저장용 메모리 등이다.

3.6.6 지연 라이터 스레드

제2장에서는 지연 기록으로서 디스크 I/O의 관점에서 다루었지만, 이번 장에서는 자세하게 지연 라이터의 동작을 확인해보자. **지연 라이터**의 역할은 임계값보다 많은 수의 프리 페이지를 항상 워크스페이스 내에 확보해두는 것이다. 임계값은 SQL 서버에 의해서 동적으로 설정된다. 또한 **프리 페이지**란 디스크에서 읽어들인 데이터를 저장하거나 또는 내부 처리용 영역 등의 용도로 사용할 수 있는 미사용 페이지를 의미한다. 그러면 일정 수의 프리 페이지를 확보하기 위한 알고리즘을 확인해보자.

① 지연 라이터는 정기적으로 다음의 사항을 확인한다(보통은 1초 간격으로 반복되지만 프리 페이지가 적은 상황이 이어지는 경우는 확인 빈도가 잦아진다).
- 윈도우 오퍼레이팅 시스템의 메모리 사용 상황
- 버퍼 풀로서 커밋되어 있는 사이즈
- 프리 페이지의 수

② 프리 페이지의 수가 임계값을 밑돌 때 SQL 서버의 메모리 최댓값(max server memory)으로 설정된 값보다 작은(예약되어 있지만 커밋되어 있지 않다) 경우는 새로운 메모리 영역을 커밋해서 버퍼 풀에 페이지를 추가한다. 추가한 페이지가 프리 페이지로 인식된다(그림 3.21).

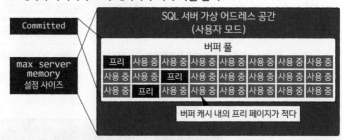

① 레이지 라이터가 프리 페이지 수의 부족을 감지

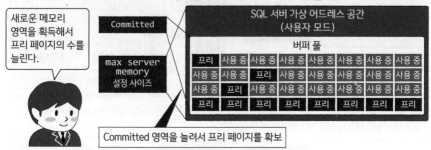

② 새로운 메모리 영역을 Commit해서 프리 페이지를 확보

새로운 메모리 영역을 획득해서 프리 페이지의 수를 늘린다.

Committed 영역을 늘려서 프리 페이지를 확보

그림 3.21   max server memory에 도달하지 않은 경우의 프리 페이지 확보

③ SQL 서버의 메모리 사이즈가 이미 최댓값에 달해 있고, 더욱이 프리 페이지가 임계값을 밑도는 경우 지연 라이터는 프리 페이지를 확보하기 위해 버퍼 풀 내의 페이지 상황을 확인하기 시작한다.

④ 지연 라이터는 주로 아래와 같은 페이지를 해제해서 프리 페이지로 한다(그림 3.22).
  • 래치되어 있지 않은 페이지
    래치(리소스 보호)되어 있는 페이지는 그 시점에서 액세스가 이루어지고 있기 때문에 해제할 수 없다.

3

① 레이지 라이터가 프리 페이지 수의 부족을 감지

버퍼 캐시 내의 프리 페이지가 적다.

② 레이지 라이터는 사용되고 있는 페이지 내의 해제해도 좋은 페이지를
확보
· 래치되어 있지 않았다.
· 더티가 아니다.
· 일정 시간 참조하지 않았다.

프리 페이지 확보를 위해
레이지 라이터가 해제하는 것은
다음의 페이지이다.

· 래치되어 있지 않았다.
· 더티가 아니다.
· 일정 시간 참조하지 않았다.

③ 레이지 라이터는 해제 가능한 페이지에 필요한 대처를 해서
프리 페이지로 한다.

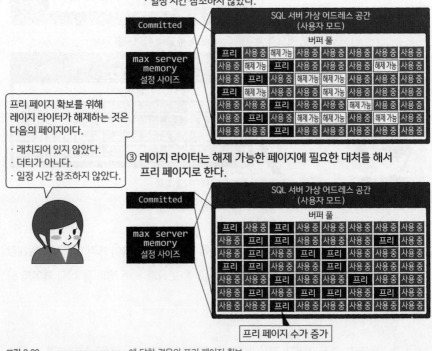

프리 페이지 수가 증가

그림 3.22   max server memory에 달한 경우의 프리 페이지 확보

• 더티가 아닌 페이지

더티 페이지란 버퍼 캐시 내의 페이지 내용을 변경했지만 아직 디스크에 변

경 내용이 반영되지 않은 상태를 가리킨다. 지연 라이터는 더티 페이지의 디스크에 기록을 요구하고 기록이 완료되어 더티가 아니게 된 시점에서 페이지를 해제한다.

- **일정 시간 참조하지 않은 페이지**

  각 페이지는 참조 카운트를 갖고 있고, 그 페이지가 참조되지 않은 채 시간이 경과하면 참조 카운트는 줄어든다. 참조 카운트 수가 일정 값을 밑돌면 일정 시간 참조되지 않았다고 판단해서 그 페이지를 해제한다.

3.6.7 체크포인트 프로세스

정기적인 체크포인트 프로세스의 역할은 일정 간격마다 버퍼 풀상의 더티 페이지[*11]를 디스크상 각 데이터베이스의 물리 데이터 파일에 적어넣는 것이다. 한편 ALTER DATABASE 스테이트먼트의 실행 시와 SQL 서버를 종료시키는 경우 또는 직접 체크포인트 스테이트먼트를 실행했을 때 등에도 체크포인트는 실행된다(그림 3.23).

① **데이터 캐시상의 더티 페이지를 디스크에 플래시**

② **플래시 후에는 데이터 캐시상의 페이지는 클린이 된다.**

체크포인트에 의해서 더티 페이지는 디스크에 그 내용을 적어넣는다.

그림 3.23　체크포인트

---

*11　버퍼 풀에 읽어들인 후에 변경된 내용이 디스크상에 반영되지 않은 페이지

체크포인트 프로세스는 더티 페이지를 디스크에 **플래시**[12]할 뿐, 특별히 프리 리스트에 페이지를 추가하는 작업을 하지 않는다. 때문에 직접적으로 버퍼 풀상의 빈 페이지를 증가시키는 것은 아니다. 그러나 버퍼 풀상의 페이지와 물리 데이터 파일의 내용을 일치시켜 페이지를 '클린' 상태로 되돌린다. 그 결과 나중에 지연 라이터가 버퍼 풀의 빔을 확보할 때 디스크의 플래시 수가 감소하여 처리 부하를 줄인다.

3.7 ‖ 모니터링

SQL 서버의 메모리 사용 상황을 확인하는 대표적인 방법을 소개한다.

3.7.1 DBCC 커맨드

다음의 **DBCC** 커맨드를 쿼리 툴(sqlcmd, SQL 서버 매니지먼트 스튜디오 등)로 실행하면 커맨드 실행 시에 SQL 서버가 사용한 메모리 상태의 스냅 숏이 출력된다.

```
DBCC MEMORYSTATUS
GO
```

이 커맨드의 출력 결과에서는 다방면에 걸친 정보를 목록 표시 형식으로 입수할 수 있기 때문에 트러블슈팅이나 퍼포먼스 튜닝 초기 단계에서 메모리 사용 상황을 파악하는 데 적합하다. 다만 정보의 출력 형식이 보통의 쿼리 결과와 다르기 때문에 결과를 일시 테이블 등에 입력할 수 없다. 따라서 출력 결과에서 필요한 정보를 검색할 때나 결과를 집계해서 리포트할 때 다소 시간이 걸린다.

후술하는 sys.dm_os_memory_clerks 동적 관리 뷰로 동등한 정보를 얻을 수 있기 때문에 결과의 집계가 필요한 경우는 대신 사용할 수도 있으므로 양자를 용도에 맞게 구분해서 사용하면 된다.

DBCC MEMORYSTATUS가 출력하는 정보는 커맨드 실행 시점의 스냅 숏인 것

---

*12 버퍼의 데이터를 디스크에 적어넣는 것

은 앞에서 설명했지만 정기적(1분 간격 등)으로 이 커맨드에 의한 정보를 수집함으로써 접속성을 갖게 한 정보로도 이용할 수 있다.

출력되는 내용은 (너무도) 다방면에 걸쳐 있기 때문에 여기서는 주요 정보에 압축해서 소개한다. 자세한 각 항목의 해설은 마이크로소프트 서포트 온라인에서 확인할 수 있다[13].

한편 이 커맨드는 SQL 서버의 버전에 따라서 출력 내용에 차이기 있다(역시 새로운 버전이 보다 더 많은 정보를 얻을 수 있다). 출력 결과는 아래와 같다.

Memory Manager 섹션

SQL 서버 인스턴스 전체의 메모리 사용 상황이 출력되어 있다(표 3.2).

표 3.2   Memory Manager 섹션

Memory Manager	KB
VM Reserved	30952992
VM Committed	606480
Locked Pages Allocated	0
Large Page Allocated	0
Emergency Memory	1024
Emergency Memory In Use	16
Target Committed	7828056
Current Committed	606480
Pages Allocated	469968
Pages Reserved	0
Pages Free	15096
Pages In Use	536872
Page Alloc Potential	10047552
NUMA Growth Phage	0
Last OOM Factor	0
Last OS Error	0

*13   http://support.microsoft.com/kb/907877/ko

VM Reserved에는 Reserved 상태로 확보하고 있는 가상 어드레스 공간 내의 메모리 사이즈가 표시된다. 마찬가지로 **VM Committed**는 Committed 상태에서 확보하고 있는 메모리의 사이즈이다. Reserved 및 Committed 상태에 관해서는 이미 자세하게 소개했으므로 여기서는 생략한다. 덧붙이면 커맨드의 샘플 출력은 32GB RAM을 탑재한 컴퓨터로 SQL 서버 실행 직후에 수집했다. SQL 서버의 메모리는 동적 관리(특히 max server memory도 min server memory도 지정하지 않았다)로 돼 있다. **VM Reserved**의 사이즈에 주목해야 하는데, 물리 메모리의 사이즈와 거의 같은 약 30GB가 Reserved가 돼 있는 것을 확인할 수 있다. 다시 말해 SQL 서버는 필요가 있고 또한 가능하면 거의 모든 물리 메모리를 사용하려고 한다는 것을 알 수 있다.

Memory node Id=X 섹션

NUMA 노드별 메모리 사용 상황이 출력된다(표 3.3). NUMA 노드(소프트 NUMA도 포함)가 여럿 존재하면 출력 결과도 같은 수만큼 존재한다. 각 NUMA 노드 각 항목의 사용량을 합한 것이 앞서 말한 Memory Manager 섹션의 각 항목과 일치한다.

표 3.3   Memory node Id=X 섹션

Memory Manager	KB
VM Reserved	31395616
VM Committed	599868
Locked Pages Allocated	0
Pages Allocated	468904
Pages Free	9200
Target Committed	8459016
Current Committed	599872
Foreign Committed	0
Away Committed	0
Taken Away Committed	0

MEMORYCLERK_XXXX, CACHESTORE_XXX, USERSTORE_XXX, OBJECTSTORE_XXX 섹션

메모리의 용도별로 사용 상황이 출력된다(표 3.4). 이 예는 SQL CLR[14]에서 사용되고 있는 영역의 정보이다.

표 3.4   MEMORYCLERK_XXXX, CACHESTORE_XXX, USERSTORE_XXX, OBJECTSTORE_XXX 섹션

MEMORYCLERK_SQLCLR (node 0)	KB
VM Reserved	6300608
VM Committed	788
Locked Pages Allocated	0
SM Reserved	0
SM Committed	0
Pages Allocated	11296

Procedure Cache 섹션

쿼리 실행 플랜 캐시로 사용되는 영역에 관한 정보가 출력된다(표 3.5).

TotalProcs는 플랜 캐시상에 존재하는 오브젝트의 합을 나타낸다. sys.dm_exec_cached_plans 동적 관리 뷰의 행 수와 일치한다.

TotalPages는 플랜 캐시의 합계 페이지 수를 나타낸다(1페이지의 사이즈는 8KB 이다).

InUsePages는 처리 실행 중인 플랜이 사용하고 있는 페이지 수를 나타낸다.

표 3.5   Procedure Cache 섹션

Procedure Cache	Value
TotalProcs	107
TotalPages	2793
InUsePages	0

---

*14   SQL 서버 내에서 Microsoft.NET 공통 언어 런타임(CLR)을 호스트하는 기술

윈도우 오퍼레이팅 시스템에 부속된 퍼포먼스 모니터에도 메모리의 상황을 확인할 수 있는 유용한 정보가 수많이 있다.

시스템 전체의 메모리 상황 확인

Memory 오브젝트

• Available Bytes 카운터

시스템 전체 물리 메모리의 빈 용량을 확인할 수 있다. 정상적으로 10MB를 밑도는 경우는 몇 가지 애플리케이션을 다른 컴퓨터로 동작시키도록 한다. 가능하면 최대 사용량에 제한을 두는 등의 작업이 필요하다.

SQL 서버 내부의 메모리 사용 상황 확인

SQL 서버 : Buffer Manager 오브젝트

• Pages Life Expectancy 카운터

이 카운터는 버퍼 풀에 읽어들인 데이터가 메모리상에 유지되는 평균 초 수를 나타낸다. 카운터가 나타내는 값이 작은 경우는 읽어들인 데이터가 차례로 메모리에서 추출되는 것을 나타내기 때문에 버퍼 풀의 사이즈가 불충분할 가능성이 있다. 일반적으로 300초 이하인 경우는 대책(메모리 사이즈의 확장 등)이 필요하다.

• SQL Cache Hit Ratio 카운터

쿼리에 의해서 요구된 데이터가 버퍼 풀상에 이미 존재하는(버퍼 풀에 이미 읽어들인) 비율을 나타낸다. 60초 이상에 걸쳐서 90% 이하가 되는 상황이 자주 발생하는 경우는 문제 해석 및 처리가 필요하다.

• Lazy Writes/sec 카운터

버퍼 풀에 빈 용량을 만들기 위해 지연 라이터가 더티 페이지의 기록을 수행한 1초당의 횟수를 나타낸다. 이 카운터가 높은 값을 정상적으로 나타내는 경우는[15] 데이터를 전개하기 위해 충분한 영역을 버퍼 풀에 확보할 수 없어 메모리 지연 라이

---

[15] 일반적으로는 20~30 이하가 권장된다.

터가 고부하인 것으로 추측된다.

SQL 서버 : Memory Manager 오브젝트

• Memory Grants Pending 카운터

쿼리를 실행하기 위해 워크스페이스 메모리를 획득하지 못해 대기하고 있는 수
를 나타낸다. 정상적으로 1보다 큰 값을 나타내는 경우는 메모리 획득을 위한 대기
가 빈번하게 발생하기 때문에 쿼리의 튜닝이나 메모리 사이즈의 확장으로 대처해
야 한다.

3.7.3 동적 관리 뷰

동적 관리 뷰를 사용해서 메모리 사용 상황을 확인하기 위한 자세한 스냅 숏을
수집할 수 있다. 메모리에 관한 정보를 확인할 때 가장 사용 빈도가 높은 동적 관리
뷰는 다음의 것이다.

▼ sys.dm_os_memory_clerks

https://docs.microsoft.com/ko-kr/sql/relational-databases/system-dynamic-
management-views/sys-dm-os-memory-clerks-transact-sql

예를 들면, 다음과 같은 쿼리를 실행함으로써 다양한 용도로 SQL 서버가 할당된
메모리를 각각 사이즈라는 관점에서 상위 10항목을 출력할 수 있다.

```
SELECT TOP 10 type, sum(pages_kb) AS [메모리 클럭*16에 할당된 메모리 사이즈(KB)]
FROM sys.dm_os_memory_clerks
GROUP BY type
ORDER BY sum(pages_kb) DESC
```

메
모
리
관
리

*16 메모리의 용도

3.8 | 제3장 정리

이번 장에서는 우선 하드웨어와 오퍼레이팅 시스템의 관점에서 SQL 서버의 메모리 사용 방법에 대해 소개했다. 나아가 스스로가 획득한 메모리 영역을 SQL 서버가 어떤 용도로 사용하는지를 다루었다.

이들 내용을 이해함으로써, 가령 SQL 서버가 메모리를 대량을 점유하고 있는 상황이 발생한 경우 어떠한 용도로 메모리가 사용되는지를 쉽게 이해할 수 있다. 이에 추가해 그것이 정상인 상태인지, 처리가 필요한 장애인지 판단을 내릴 수 있다.

반드시 이 장에서 소개한 DBCC MEMORYSTATUS 커맨드와 퍼포먼스 카운터, 동적 관리 뷰를 일상적으로 사용해서 여러분이 사용하는 SQL 서버의 메모리 사용 상황을 파악하자.

그러면, 마지막으로 다음 2가지 질문에 대답해보자.

Q1 SQL 서버가 의도한 양보다 많은 메모리를 사용하는 경우, 그 이유는 무엇인가?

Q2 SQL 서버가 의도한 양보다 적은 메모리를 사용한 경우, 그 이유는 무엇인가?

모두 간단한 질문이지만 각각에 대한 해답을 뒷받침하는 지식으로 SQL 서버의 작동 방식을 알아두는 것은 중요하다. 이 장에서 소개한 SQL 서버의 메모리 리소스 할당 방법과 메모리 조작에 관련된 내부 컴포넌트, 메모리 관련 리소스의 모니터링 방법을 머릿속에 넣어두면, 위의 간단한 질문뿐 아니라 실제 트러블슈팅이나 환경 설정에도 도움이 된다.

A1 SQL 서버는 명시적으로 max server memory 구성 변수에 최댓값을 설정하지 않으면 가능한 한 물리 메모리를 확보한다(대략적인 물리 메모리 사이즈는 5MB). 때문에 예상 외로 큰 사이즈를 획득한 경우가 있다.

A2 SQL 서버는 실행 시에 모든 메모리 영역을 커밋하는 것은 아니므로 max server memory 구성 변수에 지정한 값보다 작은 사이즈로 하거나 메모리를 사용하지 않는 일이 있다.

메
모
리

관
리

제 4 장

데이터베이스 구조의 원리

앞 장까지 SQL 서버의 동작 이해에 반드시 필요한 CPU, 디스크, 메모리와의 관련에 대해 언급했다. 이들 내용을 이해하면 장애가 발생했을 때 SQL 서버 내부에서 발생한 문제인지 윈도우 또는 하드웨어의 문제인지를 구분할 수 있다.

이후의 장에서는 지금까지 배운 내용을 참고하면서 SQL 서버의 내부에 초점을 두고 설명한다. 이 장에서는 먼저 모든 오브젝트의 '그릇'이라고도 할 수 있는 데이터베이스의 구조에 대해 자세하게 소개한다.

데이터베이스의 내용 구조를 살펴보기 전에 데이터베이스를 구성하는 파일에 대해 간단하게 짚고 넘어간다. SQL 서버가 관리하는 데이터베이스는 적어도 하나의 데이터 파일과 하나의 트랜잭션 로그 파일로 구성되어 있다.

I/O 조작의 분산 등을 목적으로 복수의 데이터 파일로 구성된 데이터베이스를 정의할 수도 있다. 이러한 구성의 특징 중 하나로 첫 번째의 데이터 파일은 디폴트로는 확장자가 .mdf로 설정되어 있고, 데이터베이스의 관리에 필요한 시스템 오브젝트가 저장되어 있다.

그러면 데이터 파일과 트랜잭션 로그 파일 각각의 구성에 대해 자세히 살펴보자.

4.1 ‖ 데이터 파일

4.1.1 페이지와 익스텐트

데이터베이스를 구성하는 데이터 파일(문자대로 데이터 자체를 저장하는 파일)은 내부적으로 **페이지**라고 하는 8KB의 논리 단위로 구분되어 사용된다. 페이지는 테이블 등의 오브젝트에 저장된 데이터의 참조와 변경 시 최소 논리 I/O 단위로 사용된다.

또한 오브젝트에 새로운 영역을 할당해야 하는 경우에는 페이지가 아니라 **익스텐트**라는 단위가 사용된다. 익스텐트는 8KB의 페이지가 8개로 구성되어 있다. 테이블에 할당된 모든 페이지에 빈 용량이 없어지면 테이블에는 새로운 익스텐트가 할당된다(그림 4.1).

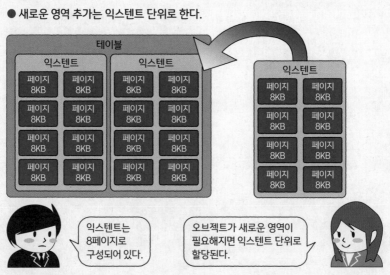

그림 4.1　익스텐트의 추가

익스텐트에는 하나의 오브젝트에 8페이지 모두를 점유하는 **단일 익스텐트**와 복수의 오브젝트에서 공유하는 **혼합 익스텐트** 2종류가 있다.

SQL 서버 2014까지의 디폴트 동작으로서 오브젝트가 구성된 초기에는 혼합 익스텐트를 할당했다. 그 이유는 디스크의 효율적인 이용 때문이다.

만약 오브젝트의 사이즈가 1페이지보다 커지지 않는데 단일 익스텐트를 할당한 경우 나머지 7페이지(56KB)는 사용되지 않고 낭비된다.

낭비되는 디스크 영역을 가능한 한 줄이기 위해 신규로 작성된 오브젝트에는 우선 혼합 익스텐트가 할당되고, 그 사이즈가 1페이지를 넘는 단계에서 단일 익스텐트가 할당된다.

한편 SQL 서버 2016 이후에는 오브젝트 작성 시부터 단일 익스텐트를 할당하는 것이 디폴트의 동작이 됐다. 변경 이유는 오브젝트에 혼합 익스텐트 내 페이지를 할당할 때 생기는 오버헤드 때문이다. 단일 익스텐트의 경우 모든 페이지가 하나의 오브젝트에 링크되어 있기 때문에 단순하게 그 안의 페이지를 할당하면 된다(그림 4.2).

혼합 익스텐트의 경우는 우선 혼합 익스텐트의 유무를 검색하여 그 안의 빈 페이지 유무를 확인한 후에 할당한다. 때문에 단일 익스텐트와 비교하면 작업량이 많아 할당이 빈번한 경우에는 처리 시간이 지연되는 경우가 있다.

때문에 SQL 서버 2016 이후에는 디스크의 효율적인 사용보다 퍼포먼스를 우선하여 디폴트 조작으로 오브젝트에 처음부터 단일 익스텐트를 할당하는 구조로 변경됐다.

다만 SQL 서버 2016 이후여도 ALTER DATABASE 스테이트먼트에서, MIXED_PAGE_ALLOCATION 옵션을 지정해서 디폴트의 동작을 변경할 수 있다(리스트 4.1).

● 단일 익스텐트에서는 모든 페이지가 같은 오브젝트에 속하는
　모든 단일 익스텐트는 테이블 A에 소속

단일 익스텐트는
관리 정보에
액세스하는 비율을
줄일 수 있다.

● 혼합 익스텐트에서는 익스텐트 내의 페이지가 복수의 오브젝트에 속한다.

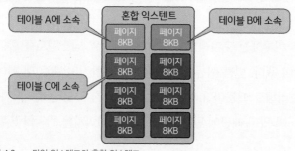

혼합 익스텐트는
디스크 영역을
효율적으로
사용할 수 있다.

그림 4.2　　단일 익스텐트와 혼합 익스텐트

리스트 4.1　　혼합 익스텐트 할당 설정

```
-- 혼합 익스텐트 할당을 무효화(디폴트 설정)
ALTER DATABASE AdventureWorks2012
SET MIXED_PAGE_ALLOCATION OFF;
GO

-- 혼합 익스텐트 할당을 유효화
ALTER DATABASE AdventureWorks2012
SET MIXED_PAGE_ALLOCATION ON;
GO
```

또한 SQL 서버 2014 이전의 버전도 추적 플래그 1118을 지정하면 SQL 서버 2016 이후와 같은 동작을 하도록 변경할 수 있다(**리스트 4.2**).

```
-- 혼합 익스텐트 할당을 무효화(SQL 서버 2014 이전 버전)
DBCC TRACEON (1118, 1)
```

4.1.3 페이지의 종류

데이터 파일 내의 페이지는 다음 중 어느 쪽인가를 저장하는 용도로 사용된다(후술하는 관리 정보 저장용 페이지는 제외)

- **IN_ROW_DATA** : 데이터 또는 인덱스를 저장
- **LOB_DATA** : 라지 오브젝트(text, ntext, image, xml, varchar(max), nvarchar (max), varbinary(max))를 저장
- **ROW_OVERFLOW_DATA** : 페이지 상한인 8KB를 넘는 가변 길이 칼럼의 데이터를 저장(**그림 4.3**).

① 테이블 A
(col1 int, col2 varchar(2,000))
알기 쉽도록 헤더 정보 등의 길이는
고려하지 않는다.

② varchar 칼럼을
보다 큰 사이즈의 데이터로 갱신
UPDATE 테이블 A SET col2 = 2,000바이트
분의 데이터를 where col1 = 1

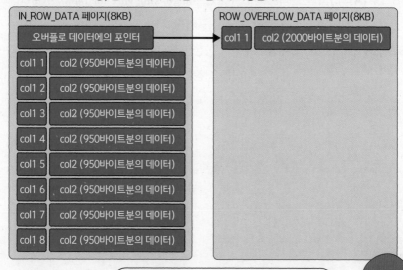

IN_ROW_DATA 페이지(8KB)
col1 1 col2 (950바이트분의 데이터)
col1 2 col2 (950바이트분의 데이터)
col1 3 col2 (950바이트분의 데이터)
col1 4 col2 (950바이트분의 데이터)
col1 5 col2 (950바이트분의 데이터)
col1 6 col2 (950바이트분의 데이터)
col1 7 col2 (950바이트분의 데이터)
col1 8 col2 (950바이트분의 데이터)

7,600바이트 이상이 사용되고 있다.

2,000바이트 이상의 데이터는 저장할 수 없다.

③ 오버플로가 발생한 데이터는 ROW_OVERFLOW_DATA로
다른 페이지에 저장, 원래의 페이지에는 포인터가 저장된다.

ROW_OVERFLOW_DATA 페이지에 존재하는 데이터가
보다 작은 값으로 갱신되면 IN_ROW_DATA 페이지에
돌려주는 일이 있다.

그림 4.3　　ROW_OVERFLOW_DATA의 구조

4.1.4 페이지의 배치

데이터 파일 내 대부분의 페이지는 데이터와 인덱스 키를 저장하는 데 사용되지만 극히 소수의 관리 정보만을 저장한 페이지가 있다. 그들은 데이터베이스를 효율적으로 관리하기 위해 데이터베이스의 할당 정보를 보관하고 있다. 여기서는 이들의 역할과 저장한 정보를 소개한다.

GAM(Global Allocation Map)

8KB의 페이지 내 각 비트가 익스텐트의 상황을 나타낸다. 만약 비트의 값이 1을 나타내는 경우는 대응하는 데이터베이스 내의 익스텐트가 할당되어 있지 않았음을 나타낸다. 단일 익스텐트에 할당되면 비트의 값은 0으로 설정된다(그림 4.4). 1개의 GAM 페이지에서 64,000익스텐트분(4GB)의 상태를 관리할 수 있다. SQL 서버가 오브젝트에 익스텐트를 새로 할당하는 경우에는 이 페이지를 참조해서 효율적으로 미사용 페이지의 익스텐트를 찾아낼 수 있다.

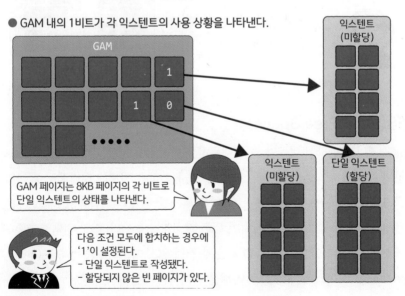

● GAM 내의 1비트가 각 익스텐트의 사용 상황을 나타낸다.

GAM

익스텐트
(미할당)

익스텐트
(미할당)

단일 익스텐트
(할당)

GAM 페이지는 8KB 페이지의 각 비트로 단일 익스텐트의 상태를 나타낸다.

다음 조건 모두에 합치하는 경우에 '1'이 설정된다.
- 단일 익스텐트로 작성됐다.
- 할당되지 않은 빈 페이지가 있다.

그림 4.4   GAM(Global Allocation Map)

SGAM(Shared Global Allocation Map)

이것은 혼합 익스텐트의 상황을 나타내는 페이지이다. GAM과 마찬가지로 8KB 분의 각 비트가 대응하는 익스텐트의 상황을 나타낸다. 1이 설정되어 있는 경우는 혼합 익스텐트로 할당되어 빈 페이지가 존재하는 것을 나타낸다. 0인 경우는 빈 페이지가 존재하지 않지만 혼합 익스텐트로 할당되어 있지 않음을 나타낸다(그림 4.5).

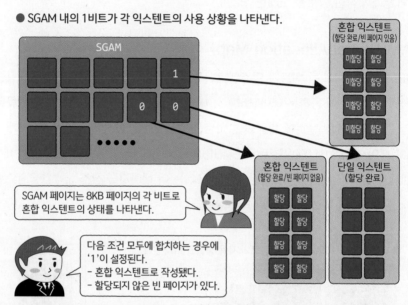

그림 4.5　　SGAM(Shared Global Allocation Map)

PFS(Page Free Space)

8KB 페이지의 각 바이트가 각각 대응하는 페이지의 상황을 나타내고 8,000페이지분의 정보를 저장한다. 페이지의 사용/미사용 같은 정보에 추가해서 페이지 사용률(0, 1~50, 51~80, 81~95, 96~100%)도 확인할 수 있다(그림 4.6). PFS의 정보를 사용해서 새로운 데이터를 저장하기 위한 페이지를 찾는다. 다만 인덱스 페이지는 인덱스 키 값에 따라 저장해야 할 장소가 결정된다. 따라서 PFS는 히프(heap)[1]나 Text/Image 데이터의 저장 장소 검색을 위해서만 사용된다.

*1　클러스터화 인덱스(제5장)가 작성되어 있지 않은 테이블의 데이터 페이지

● PFS 내의 1바이트가 각 페이지의 사용 상황을 나타낸다.

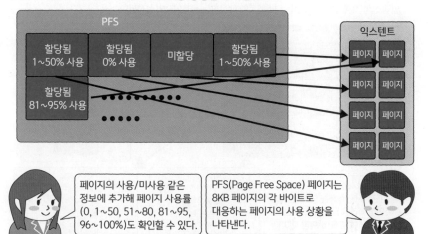

그림 4.6   PFS(Page Free Space)

IAM(Index Allocation Map)

클러스터화 인덱스, 비클러스터화 인덱스(제5장) 및 히프와 각각의 오브젝트에 사용되는 익스텐트를 링크하기 위해 사용되는 8KB의 페이지이다(**그림 4.7**). 1개의 IAM으로 64,000익스텐트분(4GB)의 정보를 관리할 수 있다. 인덱스 등의 사이즈가 4GB를 넘는 경우는 2개째 IAM이 할당된다. 쌍방의 IAM은 상호의 링크 정보를 갖고 있다.

데이터베이스 구조의 원리

● IAM의 1비트가 각 익스텐트의 상황을 나타낸다.
인덱스/히프에 할당되어 있는 익스텐트에 대응하는 비트에 1이 설정된다.

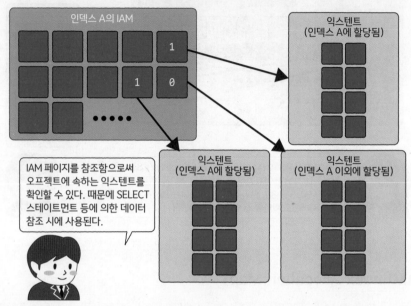

그림 4.7   IAM(Index Allocation Mao)

4.2 ‖ 트랜잭션 로그 파일

트랜잭션 로그는 SQL 서버가 관리하는 오브젝트로는 예외적으로 8KB라는 페이지 단위가 사용되지 않는다. 트랜잭션 로그 레코드의 사이즈는 실행된 오퍼레이션에 따라서 4~60KB의 범위에서 변화한다.

4.2.1 가상 로그 파일

SQL 서버는 트랜잭션 로그 파일을 다시 여러 개의 **가상 로그 파일**이라 불리는 단위로 분할해서 사용한다(**그림 4.8**). 트랜잭션 로그 파일 내의 각 가상 로그 파일을 최소 단위로 해서 영역의 '사용 중', '미사용' 같은 스테이터스가 관리된다. 또한 로그 파일의 축소와 확장 등도 가상 로그 파일을 하나의 단위로 해서 실행된다.

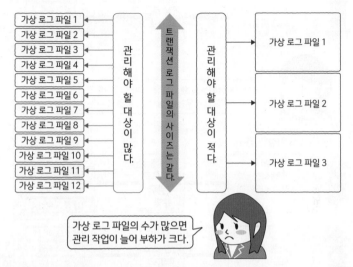

그림 4.8　작은 가상 로그 파일

　가상 로그 파일의 사이즈는 SQL 서버에 의해서 결정되기 때문에 유저가 직접 변경하는 등의 관리는 불가능하다. 일반적으로 데이터베이스를 작성한 단계에서 트랜잭션 로그 파일에 작은 사이즈를 지정하면 작은 사이즈의 가상 로그 파일이 할당된다(**그림 4.9**). 반대로 큰 사이즈의 트랜잭션 로그 파일은 큰 사이즈의 가상 로그 파일로 분할된다.

　또한 트랜잭션 로그 파일의 확장 사이즈로서 작은 값이 지정된 경우 파일의 확장이 발생할 때마다 작은 사이즈의 가상 로그 파일이 추가된다. 작은 가상 로그 파일로 분할된 로그 파일에 트랜잭션 로그가 축적되고, 그 결과 확장이 반복됐다고 하자. 결과적으로 로그 파일은 매우 많은 수의(작은 사이즈의) 가상 로그 파일로 구성된다.

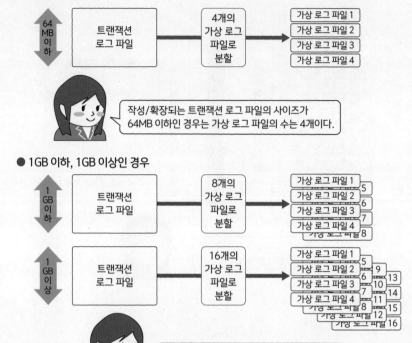

그림 4.9 트랜잭션 로그 파일 사이즈와 가상 로그 파일 수

SQL 서버는 다수의 가상 로그 파일의 관리(스테이터스의 업데이트 등)가 필요하며, 그에 따른 오버헤드는 퍼포먼스에 악영향을 미치는 경우가 있다.

그러한 상황을 피하기 의해 데이터베이스를 정의하는 단계에서 필요 최대한으로 생각되는 사이즈를 트랜잭션 로그 파일에 할당할 것은 권장한다.

4.3 ‖ 데이터베이스 파일 내의 액세스 수법

데이터베이스 내의 각 오브젝트에 액세스하는 방법과 순서는 **쿼리 옵티마이저**라 불리는 컴포넌트가 결정한다(쿼리 옵티마이저의 동작에 대해서는 제8장에서 설명한다). 옵티마이저에 따라서 가장 효율적으로 데이터에 액세스하기 위한 수단(최적의 인덱스 선택과 테이블의 결합 방법/순서 등)을 결정하고, 그 결정에 기초한 순서대로 테이블 등에 저장된 데이터를 취득한다.

쿼리 옵티마이저의 동작 자체도 매우 흥미롭지만, 여기서는 우선 쿼리 옵티마이저가 데이터에 액세스하는 수단을 결정한 후에 어떤 알고리즘으로 실제의 데이터를 취득하는지를 소개한다.

인덱스가 사용되는 경우 각 인덱스 페이지는 동일 계층의 앞 페이지와 다음 페이지의 포인터를 각각 갖고 있다. 또한 인덱스의 각 계층도 링크 리스트로 링크되어 있다. 때문에, 가령 목적하는 데이터를 취득하기 위해 인덱스를 스캔해야 하는 경우 매우 심플한 알고리즘으로 데이터를 취득할 수 있다. 스캔 시작 페이지를 인덱스 페이지 계층의 상위에서 하위로 링크 리스트를 사용해서 특정한다. 다음으로 앞 페이지 또는 다음 페이지의 포인터를 사용해서 스캔 시작 페이지부터 스캔 종료 지점까지 이동하면서 데이터를 취득하면 된다(**그림 4.10**).

4

데
이
터
베
이
스

구
조
의

원
리

① 하위 페이지 ID 링크 체인을 사용해서 리프 페이지에 도달

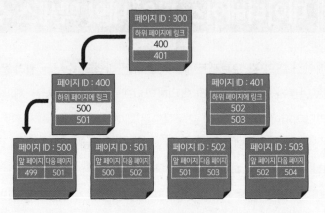

② 앞 페이지/다음 페이지 링크 체인을 사용해서 리프 페이지를 스캔

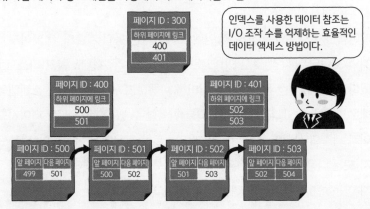

인덱스를 사용한 데이터 참조는 I/O 조작 수를 억제하는 효율적인 데이터 액세스 방법이다.

그림 4.10   인덱스 스캔

　인덱스가 사용되지 않는 경우 히프 테이블의 각 데이터 페이지는 앞 페이지 및 다음 페이지의 포인터를 갖고 있지 않다. 때문에 개별 데이터 페이지만으로는 상호의 관련성을 전혀 파악할 수 없다(그림 4.11).

◆ 소방 분야

강좌명	수강료	학습일	강사
[쌍기사 평생연장반] 소방설비기사 전기 x 기계 동시 대비	549,000원	합격할때까지	공하성
소방설비기사 필기+실기+기출문제풀이	370,000원	170일	공하성
소방설비기사 필기	180,000원	100일	공하성
소방설비기사 실기 이론+기출문제풀이	280,000원	180일	공하성
소방설비산업기사 필기+실기	280,000원	130일	공하성
소방설비산업기사 필기	130,000원	100일	공하성
소방설비산업기사 실기+기출문제풀이	200,000원	100일	공하성
소방시설관리사 1차+2차 대비 평생연장반	850,000원	합격할때까지	공하성
소방공무원 소방관계법규 문제풀이	89,000원	60일	공하성
화재감식평가기사·산업기사	240,000원	120일	김인범

◆ 위험물·화학 분야

강좌명	수강료	학습일	강사
위험물기능장 필기+실기	280,000원	180일	현성호,박병호
위험물산업기사 필기+실기	245,000원	150일	박수경
위험물산업기사 필기+실기[대학생 패스]	270,000원	최대4년	현성호
위험물산업기사 필기+실기+과년도	350,000원	180일	현성호
위험물기능사 필기+실기[프리패스]	270,000원	365일	현성호
화학분석기사 실기(필답형+작업형)	200,000원	60일	박수경
화학분석기능사 실기(필답형+작업형)	80,000원	60일	박수경

● 각 페이지의 앞 페이지/다음 페이지 정보에는 0이 저장되어 있다
(페이지 간의 관련성을 파악할 수 없다).

히프 페이지에는 데이터의 관련성을 나타내는
앞 페이지, 다음 페이지의 정보는 없다.

그림 4.11　히프의 데이터 페이지

　그러면 그런 상황에서 테이블 내의 전 건을 스캔할 필요가 있는 경우 어떤 순서를 생각할 수 있을까?

　히프를 구성하고 있는 각 데이터 페이지에는 정보가 없기 때문에 관리 정보를 저장하고 있는 페이지를 의지하는 수밖에 달리 방법이 없다. 이 경우는 앞서 말한 IAM이 효과를 발휘한다. IAM의 각 비트를 확인하면 히프가 사용되고 있는 모든 익스텐트를 알 수 있다. 다음은 각 익스텐트에 저장되어 있는 데이터 페이지를 순차 참조해서 익스텐트 내의 페이지를 스캔한다. 하나의 익스텐트 내 모든 페이지의 스캔이 종료하면 IAM의 정보에 기초해서 다음 익스텐트로 이동하고, 각 데이터 페이지에 액세스하는 동작을 반복해서 히프 테이블을 스캔할 수 있다(**그림 4.12**).

데
이
터
베
이
스
구
조
의
원
리

① IAM의 비트가 True(1)로 설정되어 있는 익스텐트 내의 페이지를 스캔

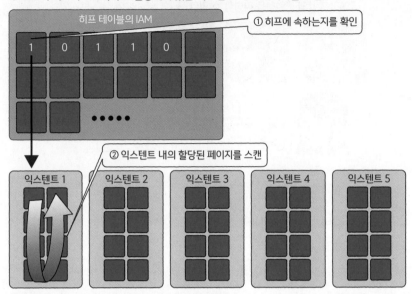

② IAM의 모든 비트를 확인해서 True(1)로 설정되어 있는 익스텐트 내의 페이지 스캔을 반복한다.

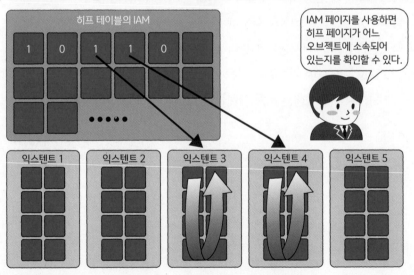

그림 4.12   IAM 스캔

4.4 ‖ 데이터베이스 파일의 관리

데이터베이스 파일에는 관리를 쉽게 하기 위해 준비된 수많은 프로퍼티를 설정할 수 있다. 프로퍼티군 중에서 가장 일반적인 것 중 하나에 **자동 확장**이 있다. 데이터 파일과 로그 파일이 가득 찼을 때 자동으로 파일 사이즈를 확장해주는 편리한 기능이지만, 설정 내용에 따라서는 생각지 않은 문제를 초래하기 때문에 소개한다.

4.4.1 원인 불명의 데이터베이스 확장 실패

각 데이터베이스 파일의 자동 확장 프로퍼티를 디폴트 상태로 설정해서 운용한 결과 디스크의 빈 용량은 충분한데도 다음과 같은 오류가 일어나서 대처하기 곤란한 경우가 있다.

> 에러 : 1105
> 중요도 레벨 : 17
> 메시지 : 'Default' 파일 그룹이 가득 찼으므로 데이터베이스 'db1'에 오브젝트 'table1'의 영역을 할당하지 못했습니다.

사실 데이터베이스의 각 파일을 자동 확장하는 처리에는 내부적인 타임아웃 값이 설정되어 있다. 그 값은 30초이며 변경은 불가능하다. 또한 실제로 디스크의 빈 용량이 부족해 파일의 자동 확장이 실패한 경우도 빈 용량이 충분히 남아 있는데도 불구하고 타임아웃이 발생한 경우도 같은 오류가 일어난다(출력되는 메시지에도 개선 여지가 있다).

또한 이 문제는 어느 시점까지는 문제없이 운용되던 시스템에서 갑자기 문제가 일어나는 경향이 있다. 이것은 각 데이터베이스 파일 확장 사이즈의 설정에 원인이 있다. 디폴트 설정에서는 파일의 확장 사이즈는 '10%'로 돼 있다. 100MB의 데이터 파일이 용량 부족에 의해서 확장될 때는 10MB가 추가된다. 그런 작은 사이즈의 경우는 '10%'라는 값은 언뜻 무해한 것처럼 보이지만, 가령 그것이 쌓여서 500GB에 달한 데이터베이스 파일은 어떨까?

500GB의 10%라고 하면 50GB이다. 디스크의 속도에 따라 다르기도 하지만 50GB의 파일 확장을 30초 이내에 완료하는 것은 대다수의 경우에는 실패한다. 따라서 드라이브에 100GB의 빈 용량이 있어도 확상 실패 메시지가 돌아오는 결과가 된다.

4.4.2 SQL 서버 2005 이후 개선된 사항

데이터베이스 파일 확장에 관해 너무 많은 문의가 있어 SQL 서버 2005부터 몇 가지 점을 개선했기에 소개한다.

제로잉의 회피

SQL 서버 2000까지는 데이터베이스를 작성할 때나 데이터베이스 파일을 확장할 때 반드시 그 파일 내를 제로로 메우고 포맷했다. 이 동작은 **제로잉(Zeroing)**이라고 한다(그림 4.13). 당연히 제로잉은 파일의 사이즈가 커지면 커질수록 긴 시간이 필요하다. SQL 서버 2005부터는 서비스 실행 어카운트에 볼륨의 보수 태스크(SE_MANAGE_VOLUMN_NAME) 특권을 부여함으로써 데이터베이스 작성과 확장 시의 제로잉을 피할 수 있게 됐다. 이로써 파일 확장 처리의 퍼포먼스가 비약적으로 향상했다.

'볼륨의 보수 태스크' 권한을 SQL 서버의 서비스 어카운트에 부여하지 않은 경우 데이터 파일의 작성과 확장 시에 제로잉에 의해 초기화된다.

.mdf 파일
```
00000000000000
00000000000000
00000000000000
00000000000000
00000000000000
00000000000000
00000000000000
00000000000000
00000000000000
00000000000000
```

제로잉에 의한 초기화에는 시간이 걸리기 때문에 큰 사이즈의 확장 시 등에 걸림돌이 되는 일이 있다.

그림 4.13   파일의 제로잉

디폴트 설정의 재검토

SQL 서버 2000까지는 10%로 설정되었던 파일의 자동 확장 프로퍼티가 10MB로 변경됐다. 이로써 자동 확장 프로퍼티에 주의하지 않은 사용자가 뜻하지 않게 용량 부족 오류에 직면하게 된다.

이상적인 설정

데이터 파일 확장 실패에 대처하는 몇 가지 방법이 SOL 서버 2005에서 도입됐지만, 실제 운용 환경에서 일상적으로 데이터 파일의 자동 확장이 빈번하게 발생하는 것은 바람직하지 않다. 자동 확장이 반복되는 배경에는 데이터베이스에 추가되는 데이터의 증가율을 제대로 파악하지 못했기 때문인데, 그것은 시스템의 안정 운용을 위협하는 요인이 된다. 따라서 항상 시스템이 필요한 파일 용량을 정확하게 파악하고 파일 확장이 필요한 경우는 계획적으로 수동으로 실행하는 것이 이상적이다. 자동 확장은 어디까지나 긴급 상황에 대비하는 방법으로 사용할 것을 권한다.

4.5 ║ 데이터의 효율적인 저장 방법

일반적으로 데이터베이스에 축적되는 데이터는 날로 늘어난다. 증가하는 데이터에 대한 근본적인 대처 방법으로 데이터의 운용 방침 확립과 오래된 데이터의 아카이브 등이 필수이다. 그러나 그런 대처의 필요성을 가능한 한 낮추는 효율적인 데이터 저장 방법이 SQL 서버 2005 이후에 차츰 구현되고 있다.

4.5.1 NTFS 파일 압축의 사용

SQL 서버 2005부터 데이터베이스 파일 안에서 읽어들이기 전용으로 설정된 파일 그룹을 NTFS[2] 파일에 압축할 수 있게 됐다. NTFS 파일을 압축하려면 익스플로러나 compact 커맨드를 사용한다. 다만 다음의 점에 주의해야 한다.

---

[2] NT File System의 약자로, 윈도우 오퍼레이팅 시스템의 표준으로 사용하는 파일 시스템

- 압축하는 파일 그룹에 읽기 **전용(READ_ONLY)** 프로퍼티를 설정할 필요가 있다.
- 프라이머리 파일 그룹(.mdf 파일이 포함되어 있다)과 로그 파일은 압축할 수 없다.
- 다만 읽기 전용 데이터베이스에서는 프라이머리 파일 그룹도 압축할 수 있다.

4.5.2 vardecimal형

vardecimal형은 decimal형의 저장 영역을 보다 효율적으로 사용하기 위해 SQL 서버 2005 SP2 이후에 구현된 기능이다. decimal형 열은 모든 행에서 테이블의 정의 시에 설정된 영역을 확보한다. 그러나 저장되는 수치에는 크게 편차가 있는 경우도 많아 10자릿수분을 준비한 경우라도 행 전체 중 80% 이상이 5자릿수 이하인 일도 적지 않다.

만약 테이블의 사이즈가 거대해진 경우 사용되지 않는 자릿수분의 영역을 확보하지 않으면 디스크 사용량을 크게 줄일 수 있다. 그런 경우에 vardecimal형은 매우 효과적이다. vardecimal형을 사용하면 실제의 값에 추가해서 2바이트만 사용된다. 이로써 효율적인 실수 데이터의 저장이 가능하다.

- Enterprise, Developer, Evaluation 각 에디션에서 사용 가능
- 데이터형으로서 테이블 정의 시에 지정하는 게 아니라 데이터베이스의 프로퍼티로 설정한다.
- CPU의 사용률이 증가할 가능성이 있다.
- 시스템 데이터베이스(master, msdb, model, tempdb)에는 vardecimal를 설정할 수 없다.

4.5.3 데이터 압축

SQL 서버 2008 이후에서는 테이블별로 데이터를 압축하는 것이 가능하다. 테이블 내의 페이지 단위 또는 행 단위로 데이터를 압축할 수 있다. 이로써 필요한 스

토리지의 사이즈를 절약할 수 있는 동시에 I/O 수를 줄여 퍼포먼스 향상을 기대할 수 있다.

4.5.4 백업 압축

SQL 서버 2008 이후에는 데이터베이스의 백업을 취득할 때 백업 파일을 압축하는 것이 가능하다. 이로써 백업 파일의 사이즈 축소 및 I/O 수의 삭감에 의한 백업/복원 시간이 단축된다.

4.6 ∥ 제4장 정리

이 장에서는 데이터베이스 구조의 상세, 관리상의 주의사항, 데이터의 효율적인 저장 방법에 대해 소개했다. 데이터베이스를 구성하는 데이터 파일의 내부 구조는 8KB의 페이지 구성을 기본으로 얼마나 심플하게 관리하느냐를 추구한 결과가 현재의 형태라고 할 수 있다. 한편으로 로그 파일에서는 8KB 페이지의 개념을 사용하지 않고 트랜잭션 로그 역할을 최대한 발휘하는 아키텍처가 도입되어 있는 점은 SQL 서버 디자인의 유연성을 나타내는 것이기도 하다.

칼럼

하이브리드 버퍼 풀

하드웨어의 발전으로 영속 메모리(PMEM이라고도 부른다)를 사용할 수 있는 컴퓨터가 시장에 등장했다. 영속 메모리는 비휘발성 메모리의 일종으로 시스템의 전원이 끊겨도 메모리의 내용을 유지할 수 있다는 점이 특징이다. 영속 메모리의 액세스 속도는 통상의 하드디스크보다 고속인 SSD(Solid State Drive : 반도체 소자 메모리를 사용한 기억매체)를 한층 웃돈다. 때문에 파일을 영속 메모리에 배치하면 지금까지 이상으로 I/O 속도가 향상될 것으로 기대된다. SQL 서버 2019에서는 **하이브리드 버퍼 풀** 기능에 의해서 영속 메모리를 사용한 퍼포먼스의 이점을 얻을 수 있다. 하이브리드 버퍼 풀이란 데이터 파일이 영속 메모리에 배치되어 있는 경우는 데이터 파일에서 읽어들인 데이터를 SQL 서버의 버퍼 풀에 일단 배치하지 않고 직접 조작할 수 있게 하는 기능이다(그림 4.A와 그림 4.B).

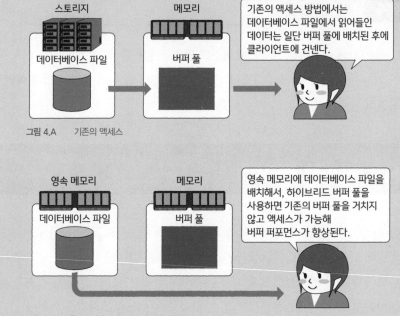

그림 4.A   기존의 액세스

그림 4.B   하이브리드 버퍼 풀에 의한 액세스

이 기능에 의해서 디스크에서 읽어들인 데이터를 SQL 서버의 메모리 영역에 배치할 때 발생하는 오버헤드를 없앨 수 있고, 특히 쿼리 초회 실행 시(메모리상에 데이터가 존재하지 않는 경우)의 퍼포먼스 향상으로도 이어진다[3].

마찬가지로 트랜잭션 로그 파일의 일부를 영속 메모리에 배치하여 갱신 계열 처리의 로그 기록 퍼포먼스를 개선할 수도 있다[4].

---

*3 ▼ 하이브리드 버퍼 풀
    https://docs.microsoft.com/ko-kr/sql/database-engine/configure-windows/hybrid-buffer-pool

*4 ▼ 영속화된 로그 버퍼를 데이터베이스에 추가한다
    https://docs.microsoft.com/ko-kr/sql/relational-databases/databases/add-persisted-log-buffer? view =sql-server-ver15

제 5 장

로우스토어(Rowstore)형 테이블

'데이터베이스는 8KB의 페이지라는 논리 단위로 분할되어 관리되고 있다'.

지금까지 여러 번 반복해서 등장한 말이지만, 이 장 역시 이 한 문장으로 시작하고 싶다. 8KB의 페이지군을 효율적으로 조작해서 사용자의 요구에 얼마나 신속하게 대응하느냐가 SQL의 심플하면서도 가장 중요한 명제이다.

앞 장에서는 데이터베이스 레벨의 구조에 관해 소개했지만 이 장에서는 한발 더 상세한 레벨로 들어간다. 구체적으로는 테이블, 인덱스 그리고 저장되어 있는 데이터 자체의 구조에 대해 확인한다. 또 이 장에서는 데이터를 테이블의 행별로 저장하는 로우스토어형 테이블에 대해 살펴보고, 열별로 저장하는 칼럼스토어방식에 관해서는 다음 장에서 자세히 설명한다.

5.1 ║ 테이블과 오브젝트 ID

　사용자 입장에서 봤을 때 테이블을 가장 심플하게 표현하면 행과 열의 집합체라고 할 수 있지 않을까? SQL 서버뿐만 아니라 릴레이셔널 데이터베이스의 테이블을 작성할 때나 테이블에 대한 쿼리를 기술할 때는 행과 열을 의식해야 한다. SQL 서버의 경우 8KB의 페이지를 구사해서 행과 열로 구성된 테이블에 액세스하는 기능이 구현되어 있다.

　전혀 예비지식이 없는 상태에서는 8KB의 페이지를 조합해서 테이블을 표현하는 수단을 상상하는 것이 어려울 수도 있다. 먼저 구체적인 구현 방법을 확인하자.

　8KB의 각 페이지에는 행과 열을 표현하기 위해 필요한 정보가 저장되어 있지만 그 정보만으로는 원활히 기능하지 않는다. 왜냐하면 각 페이지에 행과 열의 데이터가 있어도 각 페이지가 어느 테이블에 소속해 있는지를 SQL 서버는 이해할 수 없기 때문이다.

　테이블과 페이지의 연관성이 명확하지 않으면 당연히 테이블에 대해 실행되는 쿼리는 적절한 페이지에서 데이터를 취득할 수 없다. 그런 이유에서 페이지가 테이블에 소속하는 한 덩어리의 존재임을 나타낼 필요가 있다. 이를 위해 사용되는 것이 **오브젝트 ID**라는 개념이다. 데이터베이스 내의 모든 테이블에는 고유의 오브젝트 ID가 할당되어 있다[*1].

　또한 모든 페이지는 8KB의 최초부터 96바이트의 부분까지를 **페이지 헤더**라는 관리 정보를 저장하기 위한 영역으로 사용하고 있다. 각 페이지 헤더에, 페이지가 소속된 풀이 할당된 오브젝트 ID를 채운다. 이로써 일련의 페이지가 테이블이라는 한 덩어리의 존재라는 것을 나타낸다(**그림 5.1**).

[*1]　뷰 등의 테이블 이외의 오브젝트에도 오브젝트 ID가 할당된다. 오브젝트 ID는 데이터베이스 내에서 고유하다.

● 데이터베이스 내에 무수히 존재하는 8KB 페이지

테이블에 할당된 오브젝트 ID를
각 페이지의 페이지 헤더에 내장해서 링크시킨다.

페이지 헤더 내의 오브젝트 ID가 있으면
8KB의 페이지와 테이블을
링크시킬 수 있다.

그림 5.1   오브젝트 ID에 의한 관련짓기

다음은 테이블로서 한 덩어리가 된 페이지군에 사용 목적에 따라서 더욱 다른 의미 부여를 할 필요가 있다.

5.2 ‖ 페이지의 분류

오브젝트 ID를 각 페이지에 부여함으로써 데이터베이스 내에 무질서하게 존재하던 8KB의 페이지를 테이블로서 관련지을 수 있다. 다만 한 덩어리의 그룹으로 다룬다고는 해도 용도에 따라서 각 페이지는 크게 다른 내용을 보존하고 있다는 점에 주의하기 바란다.

페이지의 용도는 크게 2종류로 나눈다.

① 데이터의 내용을 저장한다.
② 인덱스 키를 저장한다.

저장하는 정보의 내용에서 ①은 **데이터 페이지**, ②는 **인덱스 페이지**라 한다.

용도를 더 세분화하면 데이터베이스의 경우, 클러스터화 인덱스를 정의하고 있는 테이블과 정의하지 않은 테이블에 저장되어 있는 내용이 다르다. 인덱스 페이지의 경우도 클러스터화 인덱스와 비클러스터화 인덱스의 내용에 차이가 있다[2]. 각각의 페이지가 어떤 용도로 사용되는지는 각 페이지의 페이지 헤더에 저장된 정보를 참조해서 확인할 수 있다.

페이지 헤더 내의 정보 일부에 인덱스 ID가 저장되어 있다. 인덱스 ID가 0이면 데이터 페이지임을 나타낸다. 1 이상 999 이하인 경우는 인덱스 페이지임을 나타낸다[3]. 그러면 각 페이지에 포함되는 내용과 차이에 대해 확인해보자(표 5.1).

표 5.1   페이지의 분류

페이지	인덱스	클러스터화 인덱스
		비클러스터화 인덱스
	데이터 페이지	히프(자세한 내용은 후술, p.116)
		클러스터화 인덱스의 리프 페이지

5.3 ‖ 인덱스 페이지

인덱스 페이지를 자세히 설명하기 전에 간단하게 인덱스에 대해 다시 살펴본다. 다음의 심플한 질문에 대답할 수 있을까?

 인덱스는 무엇 때문에 존재하는 걸까?

 대답도 매우 심플하다. 보다 적은 I/O 횟수에 대상으로 하는 데이터를 취득하기 위해서이다. 인덱스 페이지분의 데이터를 저장하기 위해 보다 많은 인덱

---

*2   상세한 내용은 후술하지만 클러스터화 인덱스는 키 값과 실 데이터를 보관하는 인덱스이고, 비클러스터화 인덱스는 키 값만을 보관하는 인덱스이다.

*3   인덱스 ID가 256인 경우 BLOB(Binary Large Object)라 불리는 8KB보다 큰 사이즈의 데이터를 저장하기 위해 사용되는 것을 나타낸다. BLOB가 될 수 있는 데이터형은 text, image, ntext, varchar(max), nvarchr(max)이다.

스가 필요해졌다고 해도 또한 갱신 시 오버헤드가 있었다고 해도 I/O 횟수 삭감에 의한 참조 시의 이점이 더 크다고 판단되면 인덱스를 활용해야 한다.

SQL 서버의 인덱스는 **B-Tree(Balanced-Tree)**라는 형식을 선택하고 있다. 인덱스 페이지를 사용해서 트리 구조를 구축하고 효율적인 I/O를 실현한다(그림 5.2).

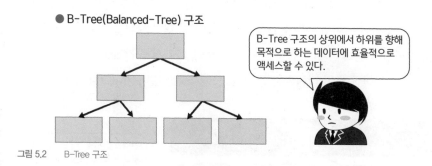

● B-Tree(Balanced-Tree) 구조

> B-Tree 구조의 상위에서 하위를 향해 목적으로 하는 데이터에 효율적으로 액세스할 수 있다.

그림 5.2 B-Tree 구조

다만, 본래 필요한 데이터 저장용 영역에 추가해서 인덱스 영역의 디스크가 필요하다. 테이블의 값을 갱신할 때 본래의 데이터 이외에도 인덱스 페이지 내의 값을 갱신하는 오버헤드가 발생하는 일이 있다(그림 5.3).

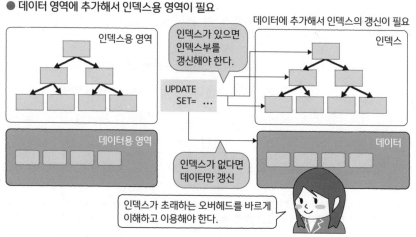

● 데이터 영역에 추가해서 인덱스용 영역이 필요

인덱스용 영역

데이터에 추가해서 인덱스의 갱신이 필요

인덱스

> 인덱스가 있으면 인덱스부를 갱신해야 한다.

UPDATE
SET= ...

데이터용 영역

데이터

> 인덱스가 없다면 데이터만 갱신

> 인덱스가 초래하는 오버헤드를 바르게 이해하고 이용해야 한다.

그림 5.3 인덱스의 단점

트리 구조의 최상위는 **루트 노드**(또는 **루트 페이지**)라 불리며, 인덱스의 2분기 시작 지점이 된다. 최하층은 **리프 노드**(또는 **리프 페이지**)라 불리며, 모든 실 데이터에 대응한 인덱스 키 또는 실 데이터와 인덱스 키를 보관한다[4].

둘의 중간에 위치하는 인덱스 페이지는 중간 노드라 불린다. (인덱스가 루트 노드와 리프 노드만으로 구성되어 있는 소규모 경우를 제외하고) 루트 노드에서 리프 노드까지 2분기를 반복해서 신속하게 도달하기 위해서는 양쪽을 연결하는 정보가 필요하다. 상위와 하위의 인덱스 페이지를 연결하기 위한 정보를 보관하고 있는 것이 중간 노드이다. 테이블이 보관하는 데이터량에 따라서 중간 노드의 계층은 변화하고 데이터량이 많으면 많을수록 중간 노드의 계층은 깊어진다(**그림 5.4**).

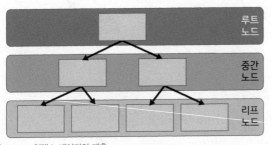

그림 5.4　인덱스 페이지의 계층

5.3.1 클러스터화 인덱스와 비클러스터화 인덱스의 차이

양자의 주요 차이는 리프 노드에 있다. **비클러스터화 인덱스**의 리프 노드는 그 이외의 노드와 마찬가지로 키 값만을 보관한다[5]. 그러나 **클러스터화 인덱스**는 키 값에 추가해 실제의 데이터도 보관하고 있다. 키 값은 인덱스가 정의된 순서대로 나열되어 있고, 실 데이터도 마찬가지로 정렬된 상태로 저장되어 있다. 다시 말해, 클러스터화 인덱스의 실 데이터는 물리적으로는 카 순서대로 정렬되어 있다(**그림 5.5**).

---

[4]　루트(root)=가지, 리프(leaf)=잎이므로, 그림에서 표시된 인덱스의 트리 구조는 실제의 트리 구조와는 위아래가 반대이다. 다소 위화감이 있지만 이렇게 그림으로 그려지는 것이 대부분이므로 편의상 최상위 또는 최하위라고 부른다.

[5]　비클러스터화 인덱스의 리프 노드에는 인덱스 키와 일치하는 데이터 행을 연결하기 위한 참조 정보(포인터)가 보관되어 있다. 데이터를 저장하고 있는 데이터 구조가 클러스터화 인덱스인 경우는 클러스터화 인덱스 키 자체가 비클러스터화 인덱스의 리프 페이지에 저장되어 있다. 히프인 경우는 파일 번호, 행 번호, 슬롯 번호 같은 관리 정보가 보관되어 있다.

● 클러스터화 인덱스의 경우　　　　　　● 비클러스터화 인덱스의 경우

리프 노드에 실제의 데이터가 포함되어 있다.

리프
노드

데이터
페이지

클러스터화 인덱스의 리프
노드는 데이터 페이지로
구성되어 있다.

리프 노드에 데이터는 포함되지 않고
데이터 포인터가 보관된다.

그림 5.5　　인덱스에 의한 리프 노드의 차이

클러스터화 인덱스는 항상 인덱스 ID를 하나로 할당되며, 테이블에 대해 하나만
작성 가능하다. 클러스터화 인덱스에 정의한 정렬 순서대로 테이블의 데이터 행이
정렬되어 있으므로 당연히 하나밖에 보관할 수 없다. 이에 반해 비클러스터화 인덱
스는 999개까지 작성할 수 있다.

일반적으로 데이터가 물리적으로 키 순서대로 정렬되는 클러스터화 인덱스는 일
정 범위를 키 순서대로 참조하는 검색에서 이점을 발휘한다고 여겼다(그림 5.6). 한
편 비클러스터화 인덱스는 부여된 키 값을 토대로 한 소규모 데이터의 검색에 적
합하다(그림 5.7).

① 루트 노드에서 범위 검색의 개시 지점과 종료 지점을 검색

```
SELECT col1, col2
FROM TABLE_1
WHERE ClusteredIndexCol BETWEEN 1 AND 100
```

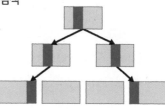

② 리프 노드의 정렬 순서대로 페이지를 스캔

```
SELECT col1, col2
FROM TABLE_1
WHERE ClusteredIndexCol BETWEEN 1 AND 100
```

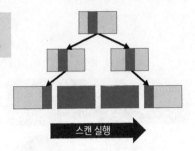

 클러스터화 인덱스에서는 데이터가 키 순서대로 나열되어 있기 때문에 범위 검색 등을 보다 높은 퍼포먼스로 실현할 수 있다.

스캔 실행

그림 5.6 　클러스터화 인덱스의 범위 검색

● 인덱스 키를 토대로 루트 노드에서 데이터 페이지를 검색

```
SELECT col1, col2
FROM TABLE_1
WHERE NonClusteredIndexCol = 100
```

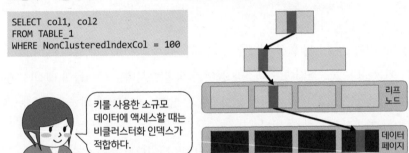

키를 사용한 소규모 데이터에 액세스할 때는 비클러스터화 인덱스가 적합하다.

리프 노드

데이터 페이지

그림 5.7 　비클러스터화 인덱스의 소규모 검색

5.3.2 인덱스 페이지의 내부 구조

다음으로 인덱스 페이지에 어떻게 데이터가 저장되어 있는지를 소개한다. 인덱스 페이지에는 인덱스 키로 정의된 열의 값과 관리 정보가 행별로 저장되어 있다. 관리 정보에는 행의 구조 등을 나타내는 메타 데이터와 인덱스 키끼리의 관련성 등의 정보가 저장되어 있다.

헤더 정보

인덱스 페이지의 사이즈는 8KB이다. 페이지의 선두 96바이트는 헤더 정보로 사용된다. 헤더 정보에는 주로 표 5.2의 정보가 저장되어 있다.

표 5.2   헤더 정보(인덱스 페이지)

Page ID	데이터베이스 내의 파일 번호와 페이지 번호를 조합한 정보
Next Page	페이지 링크 중에서 다음의 순서에 위치하는 번호에 관련된 정보
Prev. Page	페이지 링크 중에서 이전의 순서에 위치하는 번호에 관련된 정보
Object ID	페이지가 소속하는 오브젝트 ID
Level	인덱스 트리의 계층에 관련된 정보
Index ID	페이지가 소속하는 인덱스 ID

인덱스 키 행

인덱스 키를 구성하는 열의 데이터 등을 보관하고 있다. 주로 표 5.3의 정보로 구성되어 있다.

표 5.3   인덱스 키 행을 구성하는 열의 데이터

열 수	인덱스를 구성하고 있는 열 수
고정길이	데이터 인덱스를 구성하는 고정길이 열의 실제 데이터
가변길이 열 수	인덱스를 구성하는 가변길이 열 수
가변길이	데이터 인덱스를 구성하는 가변길이 열의 실제 데이터

행 오프셋 배열

8KB 인덱스 페이지의 말미 2바이트는 페이지 내의 인덱스 키의 위치를 나타내는 오프셋으로 사용된다.

5.4 ‖ 데이터 페이지

데이터 페이지란 '테이블에 정의된 모든 열을 행의 이미지로 저장한 페이지'이다. 다시 말해 클러스터화 인덱스의 리프 페이지와 히프[*6]를 가리킨다.

데이터베이스에는 테이블에 저장해야 할 데이터가 저장되어 있다. SQL 서버에

*6   클러스터화 인덱스가 정의되어 있지 않은 테이블을 의미한다. 클러스터화 인덱스가 정의되어 있는 경우 데이터가 물리적으로 정렬되기 때문에 데이터를 포함하는 리프 페이지는 상호 링크 테스트를 보관하고 있다. 한편 히프는 데이터가 기본적으로 맥락없이 저장되어 있고, 같은 테이블의 페이지라도 상호 링크 리스트를 갖고 있지 않다. 설령 테이블에 비클러스터화 인덱스가 정의되어 있어도 (클러스터화 인덱스가 정의되어 있지 않으면) 데이터 행을 정렬하지 않기 때문에 히프인 것에는 변함이 없다.

대해 실행된 쿼리는 데이터 페이지에 도달해야 데이터를 획득할 수 있다.

5.4.1 데이터 페이지의 내부 구조

데이터 페이지에는 BLOB 등의 일부 예외를 제외하고 테이블에 정의한 모든 열의 데이터가 포함되어 있다. 여기에 추가해 데이터 페이지 자체의 관리 정보를 보관하고 각 데이터 행에도 각각의 관리 정보가 부여되어 있다. 이들 정보를 토대로 SQL 서버는 8KB의 페이지군을 열과 행의 이미지로 성형하고, 쿼리에 대한 결과 세트로 클라이언트에 회신한다.

헤더 정보

데이터 페이지의 사이즈는 8KB이다. 페이지의 선두 96바이트는 헤더 정보로 사용된다. 헤더 정보에 저장되는 정보는 인덱스 페이지와 거의 같지만 다른 부분은 표 5.4와 같다.

표 5.4   데이터 페이지의 헤더 정보(인덱스 페이지와 다른 부분만)

Level	데이터 페이지에서는 항상 0
Index ID	데이터 페이지에서는 항상 0

*인덱스 페이지와 공통 부분은 표 5.2(p.117) 참조

데이터 행

데이터 행을 구성하는 열 데이터 등을 보관하고 있다. 인덱스 키 행과 거의 같은 정보를 보관하고 있기 때문에 여기서는 다른 부분만 제시한다(표 5.5).

표 5.5   데이터 행을 구성하는 열 데이터(인덱스 키 행과 다른 부분만)

고정길이 데이터의 길이	데이터 행 내 고정길이 데이터의 합계 길이

*인덱스 키 행과 공통 부분은 표 5.3(p.117) 참조.

행 오프셋 배열

8KB 데이터 페이지의 말미 2바이트는 페이지 내의 데이터 행 위치를 나타내는 오프셋으로 사용된다.

칼럼

부가 열 인덱스의 이점

SQL 서버 2005부터 **부가 열 인덱스**라는 새로운 오브젝트를 생성할 수 있게 됐다. 제대로 사용하면 매우 편리한 기능이므로 알아두면 좋다. 부가 열 인덱스의 이점을 이해하기 위해서는 우선 전제로서 커버링 인덱스를 알아야 한다.

커버링 인덱스

인덱스를 정의하는 가장 큰 목적은 쿼리에서 요구받은 데이터를 취득하는 I/O 수를 가능한 한 줄이는 데 있다. 그림 5.A에서도 알 수 있듯이 IAM을 사용한 히프의 스캔과 비교하면 비클러스터화 인덱스를 사용한 인덱스 탐색[7]이 실시된 경우가 훨씬 적은 I/O 수로 목적하는 데이터를 취득할 수 있다.

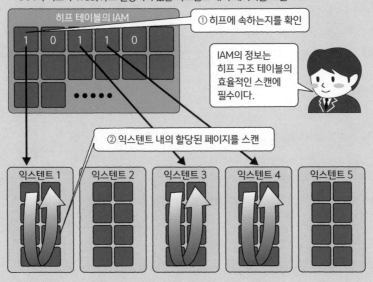

● IAM을 사용한 히프의 스캔
IAM의 비트가 True(1)로 설정되어 있는 익스텐트 내의 페이지를 스캔

히프 테이블의 IAM

1　0　1　1　0

① 히프에 속하는지를 확인

IAM의 정보는 히프 구조 테이블의 효율적인 스캔에 필수이다.

② 익스텐트 내의 할당된 페이지를 스캔

익스텐트 1　익스텐트 2　익스텐트 3　익스텐트 4　익스텐트 5

---

*7　키 값을 토대로 인덱스 페이지의 포인터를 사용해서 최소 I/O 횟수에 목적 데이터에 도달하는 방법이다.

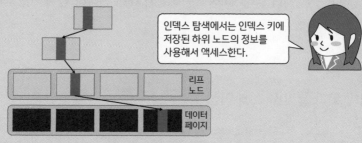

● 인덱스 탐색

키 값을 토대로 최소 I/O 수에 목적하는 데이터에 도달

인덱스 탐색에서는 인덱스 키에 저장된 하위 노드의 정보를 사용해서 액세스한다.

리프 노드

데이터 페이지

그림 5.A   IAM 스캔과 인덱스 탐색

다음으로 완전히 같은 열 구조를 갖는 두 테이블에 다른 인덱스가 정의된 경우에 대해 생각해본다. 테이블 정의는 표 5.A와 같으며, 두 테이블(테이블 A와 테이블 B라고 하자)과도 같다. 또한 저장되어 있는 데이터도 완전히 동일하다고 하자. 테이블 A와 테이블 B는 각각 표 5.B와 같이 인덱스를 정의한다.

표 5.A   테이블 정의

회원번호	int
성명	nchar(50)
주소	nchar(400)

표 5.B   인덱스의 정의

테이블 A	테이블 B
회원번호	회원번호
	성명

이러한 테이블에 대해 다음의 쿼리를 실행한 경우의 동작 차이를 확인해보자.

SELECT [회원번호], [성명] FROM [테이블 A (또는 B)]
WHERE [회원번호] BETWEEN 1 AND 1000

테이블 A의 경우는 그림 5.B와 같이 [성명] 열의 데이터를 취득하기 위해 데이터 페이지에 액세스해야 한다.

● '성명' 열의 데이터를 얻기 위해서는 데이터 페이지 액세스가 필수

인덱스에 포함되어 있지 않은 '성명' 열을 취득하기 위해 데이터 페이지 액세스가 발생한다.

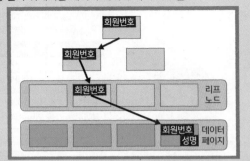

그림 5.B   비커버링 인덱스

한편 테이블 B의 경우는 인덱스에 '성명' 열이 포함되어 있기 때문에 데이터베이스에 액세스할 필요가 없고, 인덱스의 리프 페이지(리프 노드에 위치하는 페이지)까지 충분하다(그림 5.C). 때문에 취득하는 데이터 건수가 많아지면, 이를 위한 I/O 수는 현저히 적어진다. 쿼리를 실행하기 전에 모든 I/O가 인덱스 페이지 내에서 완결되는, 이러한 동작을 **커버링 인덱스**(또는 **커버드 쿼리**)라고 한다.

● '성명' 열의 데이터는 인덱스 페이지에 존재하기 때문에
　데이터 페이지에 액세스는 불필요

'성명' 열이 인덱스에 포함되어 있으므로 데이터 페이지에 액세스할 필요가 없다.

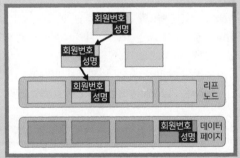

그림 5.C   커버링 인덱스

그러나 유감스럽게 좋은 점만 있는 것은 아니다. 테이블 B의 각 인덱스 키는 테이블 A보다 100바이트 크기 때문에 인덱스 자체의 사이즈가 비대하다. 그 영향으로 필요한 디스크 스페이스가 증가한다. 또한 '성명' 열을 갱신하면 데이터 페이지와 모든 인덱스 페이지를 갱신해야 한다(그림 5.D: 테이블 A에서는 데이터 페이지만).

● 사이즈의 증가

8KB 인덱스 페이지의 1페이지당 저장 건수가 크게 다른 테이블 B가
같은 건수를 저장하려면 25배의 페이지가 필요하다

	키 사이즈	1페이지당 저장 건수
테이블 A	4바이트	약 2000건
테이블 B	10바이트	약 80건

키 사이즈가 커지는 것은 1페이지에 저장할 수 있는
키의 수가 적어지는 것을 의미한다.

● '성명' 열의 갱신은
인덱스 페이지에
영향을 미친다.

인덱스에 포함되는 열이
많아지면 갱신 조작 부하가
증가한다.

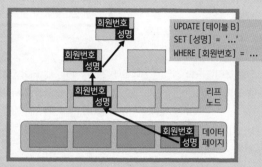

UPDATE [테이블 B]
SET [성명] = '...'
WHERE [회원번호] = ...

그림 5.D   사이즈의 증가와 갱신 오버헤드

부가 열 인덱스

비클러스터화 인덱스와 클러스터화 인덱스의 좋은 점을 수용하기 위해 구현된 것이 **부가
열 인덱스**이다. 부가 열 인덱스와 기존의 비클러스터화 인덱스의 차이는 리프 페이지의 구조
에 있다. 인덱스의 루트 노드에서 중간 노드까지 각 인덱스 페이지에는 차이가 없다.

통상의 경우 비클러스터화 인덱스의 리프 페이지에는 인덱스 키만 저장되어 있다. 한편 부가
열 인덱스에서는 리프 페이지에 인덱스 키에 추가해서 임의의 열을 보관할 수 있다(그림 5.E).

● 인덱스 페이지의 리프/노드만 '성명' 열의 데이터를 보관

부가 열 인덱스는 갱신
조작의 부하를 최소화하고
커버링 인덱스를 실현하는
기능이다.

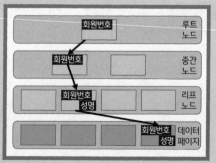

그림 5.E   부가 열 인덱스의 구조

앞 항의 예를 토대로 생각해보면 이점을 명확히 알 수 있다. 다음의 스테이트먼트를 사용해서 테이블 A에 비클러스터화 인덱스가 아니라 부가 열 인덱스를 작성한다(INCLUDE절이 부가 열 부분의 정의이다).

CREATE INDEX [부가 열 인덱스] ON [테이블 A]
([회원번호]) INCLUDE ([성명])

이로써 테이블 A의 인덱스는 인덱스 키인 [회원번호]에 추가해서 [성명] 데이터를 리프 페이지에 보관하게 된다. 따라서 다음의 쿼리를 실행해도 데이터 페이지에 액세스할 필요는 없다.

SELECT [회원번호], [성명] FROM [테이블 A]
WHERE [회원번호] BETWEEN 1 AND 1000

또한 리프 페이지 이외에는 '성명' 데이터를 보관하지 않기 때문에 앞 항의 테이블 B의 문제점인 '인덱스 사이즈의 비대화'가 어느 정도 경감된다. 또한 '성명' 데이터를 획득하기 위해 데이터 페이지에 액세스할 필요가 없다. 즉 디스크 사용량의 삭감과 퍼포먼스 향상이 부가 열 인덱스의 장점이 된다(그림 5.F).

● 부가 열 참조 시 – 데이터 페이지에 액세스 불필요

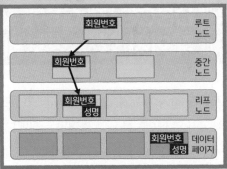

● 부가 열 갱신 시 – 인덱스 페이지는 리프 노드에만 영향을 받는다

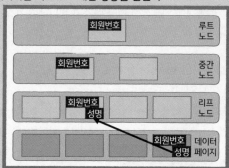

그림 5.F　　부가 열 인덱스의 이점

커버링 인덱스를 작성하려고 해도 인덱스 사이즈의 증가로 인해 주저했던 데이터베이스 관리자에게는 희소식이 아닐 수 없다. 테이블과 인덱스의 디자인을 검토할 때 선택지의 하나에 부가 열 인덱스를 추가해보는 건 어떨까.

5.5 │ DBCC PAGE에 의한 페이지 상세 정보의 확인

SQL 서버의 각종 매뉴얼에는 공식적인 커맨드로 게재되어 있지 않지만, 데이터베이스 내 8KB의 페이지를 덤프 출력하는 커맨드가 구현되어 있다. 이미 몇 가지 서적과 웹사이트에 소개되었으므로 아는 분도 있을 것이다. 그 커맨드는 바로 **DBCC PAGE**이다. 여기서는 실제의 테이블에 대해 이 커맨드를 실행해서 저장되어 있는 데이터와 관리 정보를 확인하려고 한다.

지금부터 사용하는 DBCC PAGE 및 DBCC IND[8] 커맨드는 데이터를 표시하는 기능만 갖고 있으므로 데이터가 파손될 위험은 없다. 다만 정식으로 지원되는 툴은 아니기 때문에, 가령 실제로 사용했을 때에 표시 내용이 바르지 않은 경우가 있다고 해도 이해하기 바란다[9].

---

[8]　인덱스가 사용하고 있는 페이지를 확인하기 위해 사용하는 커맨드
[9]　SQL 서버 2019 이후에는 이와 동등한 내용을 sys.dm_db_page_info 동적 관리 뷰에서 확인할 수 있다.

5.5.1 준비

페이지 내의 상황을 확인하기 위한 샘플을 리스트 5.1의 정의 내용으로 작성한다.
이후의 커맨드는 모두 쿼리 툴(sqlcmd와 SQL 서버 매니지먼트 스튜디오 등)을 사
용해서 SQL 서버에 접속해서 실행한다.

리스트 5.1　페이지 내의 상황을 확인하는 샘플

```
CREATE DATEBASE db1
GO
USE db1
GO
CREATE TABLE t1 (c1 int NOT NULL, c2 char(10), c3 varchar(10), c4 varchar(10),
c5 char(10))
GO
INSERT t1 VALUES (1, 'AAA','AAA','AAA','AAA')
INSERT t1 VALUES (2, 'BBB','BBB','BBB','BBB')
INSERT t1 VALUES (3, 'CCC','CCC','CCC','CCC')
go
```

5.5.2 테이블에 사용되는 페이지의 확인

DBCC IND 커맨드를 실행해서 테이블을 사용하고 있는 페이지 ID를 확인한다.
커맨드의 구문은 다음과 같다. 인덱스 ID에 '-1'을 지정하면 테이블 내의 모든 페
이지가 출력된다.

DBCC IND('데이터베이스명', '테이블명', '인덱스 ID')

이번 실행 결과는 리스트 5.2와 같다.

리스트 5.2　실행 결과

커맨드
```
DBCC TRACEON(3604) … 실행 결과를 클라이언트에 반환하는 설정이다
DBCC IND('db1', 't1', -1)
GO
```

| 결과 | IndexID 열 이후는 생략 | | | | |

PageFID	PagePID	IAMFID	IAMPID	ObjectID	IndexID
1	89	NULL	NULL	2121058592	0
1	80	1	89	2121058592	0

5.5.3 페이지의 확인

DBCC PAGE 커맨드를 사용해서 페이지를 확인해보자. 커맨드 구문은 다음과 같다.

실행한 커맨드

```
DBCC PAGE('데이터베이스명', 파일ID, 페이지ID, 출력 옵션)
```

파일 ID에는 DBCC IND 커맨드로 출력된 PageFID 열의 값을 지정한다. 또한 페이지 ID에는 마찬가지로 PagePID를 지정한다. 출력 옵션은 '-1'에서 '3'까지의 값을 지정할 수 있다. 그러면 출력 옵션에 의한 결과의 차이를 확인해보자(이번에는 PagePID가 80인 페이지에 대해 내용을 확인하자).

a. 출력 옵션 : '-1' 또는 '0'

실행한 커맨드

```
DBCC PAGE('db1', 1, 80, -1) 또는 DBCC PAGE('db1', 1, 80, 0)
```

리스트 5.3과 같이 페이지의 관리 정보만 출력된다. 이번 테이블은 히프이므로 ①의 자리에 인덱스 ID로서 0이 출력됐다. ②에서는 오브젝트 ID를 확인할 수 있다. 또한 만약 인덱스 페이지에 대해 이 커맨드를 실행한 경우는 ③ 및 ④에 앞뒤의 페이지 ID가 출력된다.

```
PAGE:(1:80)
BUFFER:
BUF @0x03F2EA70
bpage = 0x055C8000        bhash = 0x00000000  bpageno = (1:80)
bdbid = 5                 breferences = 0     bUse1 = 7208
bstat = 0xc0000b          blog = 0x432159bb   bnext = 0x00000000
PAGE HEADER:
Page @0x055C8000
m_pageId = (1:80)         m_headerVersion = 1  m_type = 1
m_typeFlagBits = 0x4      m_level = 0          m_flagBits = 0x8000
m_objId(AllocUnitId.idObj) = 84   m_indexId(AllocUnitId.idInd) = 256
Metadata: AllocUnitId = 72057594043432960
Metadata: PartitionId = 72057594038452224 ③          Metadata: IndexId = 0 ①
Metadata: ObjectId = 2121058592    m_prevPage = (0:0) ④ m_nextPage = (0:0)
pminlen = 28      ②      m_slotCnt = 3        m_freeCnt = 7961
m_freeData = 225         m_reservedCnt = 0    m_lsn = (20:88:2)
m_xactReserved = 0       m_xdesId = (0:0)     m_ghostRecCnt = 0
m_tornBits = 0
Allocation Status
⑤ GAM (1:2) = ALLOCATED                         SGAM (1:3) = ALLOCATED ⑥
PFS (1:1) = 0x61 MIXED_EXT ALLOCATED 50_PCT_FULL ⑦ DIFF (1:6) = CHANGED
ML (1:7) = NOT MIN_LOGGED
```

⑤와 ⑥에는 앞 장에서 다룬 GAM과 SGAM에 관한 정보가 출력됐다. 다시 말해, 출력되어 있는 GAM/SGAM 페이지에 이 페이지가 포함되는 익스텐트의 관리 정보가 존재하는 것을 의미한다. 또한 ⑦도 마찬가지로 앞 장에 등장한 PFS에 관한 정보이다. 'INDEX_EXT ALLOCATED'에서 이 페이지가 혼합 익스텐트에 할당되어 있는 것을 확인할 수 있다. 또한 '50_PCT_FULL'에서는 페이지의 사용률이 약 50% 인 것을 확인할 수 있다.

b. 출력 옵션 : '1'

실행한 커맨드

```
DBCC PAGE('db1', 1, 80, 1)
```

리스트 5.4와 같이 헤더 정보에 추가해서 실제의 데이터 부분 내용이 출력된다 (헤더 부분의 출력 내용은 앞서 말한 a.와 같으므로 해설은 생략한다). 데이터 부분의 정보는 페이지에 저장되어 있는 행별로 출력된다. 각 행은 Slot로 표현되며 페이지 후반(밑선 ⑧)의 오프셋 테이블 번호와 대응하고 있다. 실 데이터는 16진수로 표현되며 16바이트별로 성형되어 있다. 각 행의 오른쪽 부분에 표시 가능한 문자열 등이 출력됐다.

리스트 5.4   데이터 부분의 내용

```
DATA:
Slot 0, Offset 0x60, Length 43, DumpStyle BYTE
Record Type = PRIMARY_RECORD   Record Attributes = NULL_BITMAP VARIABLE_COLUMNS
Memory Dump @0x4533C060
00000000: 30001c00 01000000 41414120 20202020 †.......AAA
00000010: 20204141 41202020 20202020 0500e002 †AAA ....
00000020: 0028002b 00414141 414141 †††††††††††† .(.+.AAAAAA
Slot 1, Offset 0x8b, Length 43, DumpStyle BYTE
Record Type = PRIMARY_RECORD   Record Attributes = NULL_BITMAP VARIABLE_COLUMNS
Memory Dump @0x4533C08B
00000000: 30001c00 02000000 42424220 20202020 †.......BBB
00000010: 20204242 42202020 20202020 0500e002 †BBB ....
00000020: 0028002b 00424242 424242 †††††††††††† .(.+.BBBBBB
Slot 2, Offset 0xb6, Length 43, DumpStyle BYTE
Record Type = PRIMARY_RECORD   Record Attributes = NULL_BITMAP VARIABLE_COLUMNS
Memory Dump @0x4533C0B6
00000000: 30001c00 03000000 43434320 20202020 †.......CCC
00000010: 20204343 43202020 20202020 0500e002 †CCC ....
00000020: 0028002b 00434343 434343 †††††††††††† .(.+.CCCCCC
OFFSET TABLE:
Row - Offset  ⑧
2 (0x2) - 182 (0xb6)
1 (0x1) - 139 (0x8b)
0 (0x0) - 96 (0x60)
```

c. 출력 옵션 : '2'

실행한 커맨드

```
DBCC PAGE('db1', 1, 80, 2)
```

출력 옵션 '2'를 지정하면 단순하게 페이지의 내용은 16진수의 덤프로 출력된다 (리스트 5.5). 16바이트가 1행으로 성형되고 1페이지분(8KB)의 모든 내용이 출력된다. 아울러 표시 가능한 문자는 오른쪽에 출력된다.

준비 단계에서 삽입한 'AAA'와 'BBB' 같은 문자열을 확인할 수 있다. 또한 헤더 부분의 정보도 출력되지만 내용은 앞서 말한 a.와 같으므로 해설은 생략한다.

리스트 5.5   출력 옵션 '2'의 경우

```
DATA:
Memory Dump @0x4578C000
4578C000:   01010400 00820001 00000000 00001c00   † ................
4578C010:   00000000 00000300 54000000 191fe100   † ........T.......
4578C020:   50000000 01000000 14000000 58000000   † P...........X...
4578C030:   02000000 00000000 00000000 a60b8e00   † ................
4578C040:   00000000 00000000 00000000 00000000   † ................
4578C050:   00000000 00000000 00000000 00000000   † ................
4578C060:   30001c00 01000000 41414120 20202020   † .......AAA
4578C070:   20204141 41202020 20202020 0500e002   † AAA ....
4578C080:   0028002b 00414141 41414130 001c0002   † .(.+.AAAAAA0....
4578C090:   00000042 42422020 20202020 20424242   † ...BBB BBB
4578C0A0:   20202020 20202005 00e00200 28002b00   † .....(.+.
4578C0B0:   42424242 42423000 1c000300 00004343   † BBBBBB0.......CC
4578C0C0:   43202020 20202020 43434320 20202020   † C CCC
4578C0D0:   20200500 e0020028 002b0043 43434343   † .....(.+.CCCCC
4578C0E0:   43000000 00000000 00000000 00000000   † C...............
:
중략
:
4578DFE0:   00000000 00000000 00000000 00000000   † ................
4578DFF0:   00000000 00000000 0000b600 8b006000   † ..............`.
OFFSET TABLE:
Row - Offset
2 (0x2) - 182 (0xb6)
1 (0x1) - 139 (0x8b)
0 (0x0) - 96 (0x60)
```

d. 출력 옵션 : '3'

실행한 커맨드

```
DBCC PAGE('db1', 1, 80, 3)
```

출력 옵션 '3'에서는 출력 옵션 '1'의 내용에 추가해서 각 열의 이름과 저장되어 있는 값이 각각의 행별로 성형되어 출력된다(리스트 5.6). 때문에 가장 이해하기 쉬운 출력 형식이라고 할 수 있다. 한편 앞서 말한 a. 및 b.와 중복하는 출력 내용은 생략한다.

```
Slot 0 Column 0 Offset 0x4 Length 4              (1행째의 정보이다.)
c1 = 1
Slot 0 Column 1 Offset 0x8 Length 10
c2 = AAA
Slot 0 Column 2 Offset 0x25 Length 3
c3 = AAA
Slot 0 Column 3 Offset 0x28 Length 3
c4 = AAA
Slot 0 Column 4 Offset 0x12 Length 10
c5 = AAA
Slot 1 Column 0 Offset 0x4 Length 4              (2행째의 정보이다.)
c1 = 2
Slot 1 Column 1 Offset 0x8 Length 10
c2 = BBB
Slot 1 Column 2 Offset 0x25 Length 3
c3 = BBB
Slot 1 Column 3 Offset 0x28 Length 3
c4 = BBB
Slot 1 Column 4 Offset 0x12 Length 10
c5 = BBB
Slot 2 Column 0 Offset 0x4 Length 4              (3행째의 정보이다.)
c1 = 3
Slot 2 Column 1 Offset 0x8 Length 10
c2 = CCC
Slot 2 Column 2 Offset 0x25 Length 3
c3 = CCC
Slot 2 Column 3 Offset 0x28 Length 3
c4 = CCC
Slot 2 Column 4 Offset 0x12 Length 10
c5 = CCC
```

5.6 ‖ 제5장 정리

　앞 장의 데이터베이스의 논리 구조에 이어서 이 장에서는 테이블의 논리 구조에 대해 설명했다. SQL 서버가 테이블을 인식하는 구조에서부터 시작해서 테이블과 인덱스를 구성하는 페이지 내부 구조의 상세한 내용으로 이어지는 일련의 내용은 테이블의 물리적인 설계를 하는 데 도움이 된다. 또한 퍼포먼스의 향상과 인덱스의 비대화를 방지하기 위해 칼럼에서 설명한 부가 열 인덱스를 꼭 시도해보기 바란다.

제 6 장

칼럼스토어(Columnstore)형 오브젝트(칼럼스토어 인덱스)

앞 장에서 데이터를 테이블의 행별로 저장하는 로우스토어형 테이블에 대해 설명했다. 이 장에서는 이어서 열별로 저장하는 칼럼스토어형 오브젝트(칼럼스토어 인덱스)에 대해 자세하게 설명한다.

6.1 ‖ 칼럼스토어 인덱스 도입 배경

SQL 서버뿐 아니라 구조화 데이터를 대상으로 한 대다수의 릴레이셔널 데이터베이스 관리 시스템에서 데이터베이스 내에 데이터를 저장하는 방식으로 우선 **로우스토어형**이 채용됐다.

로우스토어형 데이터 저장 방식이란 테이블의 정의에 따라서 1행별로 페이지에 배치되는 방식이다(그림 6.1).

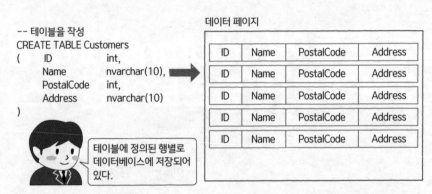

그림 6.1   로우스토어형 데이터 저장 방식

이 방식에서는 데이터를 보관한 페이지를 메모리에 읽어들이면 당연히 테이블에 정의된 모든 열이 메모리에 전개된다. 그러나 로우스토어형 데이터 저장소에 의한 데이터 액세스 방법이 항상 효율적인 것은 아니다. 왜냐하면 많은 경우 애플리케이션과 레포트가 테이블 내의 모든 열을 필요로 하는 것은 아니기 때문이다(그림 6.2).

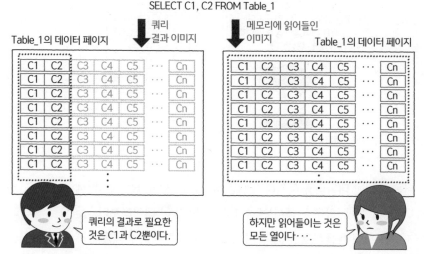

SELECT C1, C2 FROM Table_1

그림 6.2   로우스토어의 데이터 액세스

그럼에도 불구하고 모든 열을 항상 메모리상에 읽어들이면 불필요한 열을 디스크에서 읽어들이는 I/O의 오버헤드를 발생시킨다. 나아가 읽어들인 열을 보관하는 메모리 영역도 쿼리 단독으로 생각하면 낭비된다.

쿼리의 대상이 되는 행수가 많아지면 많아질수록 그런 오버헤드는 늘어난다. 그렇다고 해도 행 이미지로 데이터가 저장되어 있기 때문에 본래는 불필요한 열을 읽어들이는 동작을 막을 수는 없다.

또한 이 동작을 시스템의 워크로드라는 관점에서 생각하면 OLTP를 위해 설계된 데이터베이스는 고도로 정규화되어 있는 일이 많기 때문에 읽어들일 필요가 없는 열은 비교적 적다고 할 수 있다(그림 6.3).

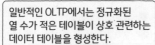

일반적인 OLTP에서는 정규화된
열 수가 적은 테이블이 상호 관련하는
데이터 테이블을 형성한다.

Table_1

C1	C2	C3	C4
C1	C2	C3	C4
C1	C2	C3	C4
C1	C2	C3	C4

Table_2

C1	C2	C3	C4
C1	C2	C3	C4
C1	C2	C3	C4
C1	C2	C3	C4

그림 6.3   OLTP용 테이블 이미지

한편 축적한 데이터를 분석하기 위한 데이터를 저장하는 데이터베이스(데이터 마트나 데이터 웨어하우스)에서는 엄밀하게 정규화된 데이터보다 농장으로 데이터를 유지하는 편이 효율적으로 분석/리포트를 실시할 수 있기 때문에 테이블 하나당 보관하는 열은 많아지는 경향이 있다(**그림 6.4**). 이러한 경우는 행 이미지 데이터의 오버헤드 영향을 크게 받는다.

분석/리포트용 테이블은
효율적인 처리를 위해 다수의
열을 보관하는 경향이 있다.

C1	C2	C3	C4	C5	C6	C7	C8		C100
C1	C2	C3	C4	C5	C6	C7	C8		C100
C1	C2	C3	C4	C5	C6	C7	C8		C100
C1	C2	C3	C4	C5	C6	C7	C8	···	C100
C1	C2	C3	C4	C5	C6	C7	C8		C100
C1	C2	C3	C4	C5	C6	C7	C8		C100
C1	C2	C3	C4	C5	C6	C7	C8		C100
C1	C2	C3	C4	C5	C6	C7	C8		C100

그림 6.4   분석/리포트용 테이블 이미지

SQL 서버는 대량의 데이터 처리가 필요한 데이터 웨어하우스 시스템에서 보다 좋은 퍼포먼스를 발휘하기 위해서는 이 동작을 개선할 필요가 있었다. 이를 위해 구현된 기능이 **칼럼스토어 인덱스**이다.

칼럼스토어 인덱스의 초기 버전은 SQL 서버 2012에서 구현됐다. 그러나 이 버전에서는 큰 제한 사항이 있었기 때문에 사용자가 많지는 않았다. 이후 버전마다 기능이 개선되어 SQL 서버 2016 이후에는 수많은 시스템에서 채용됐다.

그러면 칼럼스토어 인덱스의 구조를 확인하자. 기존의 데이터 구조에서는 테이블의 행별로 저장됐다. 한편 **칼럼스토어 인덱스**에서는 열 단위로 데이터를 저장한다(**그림 6.5**).

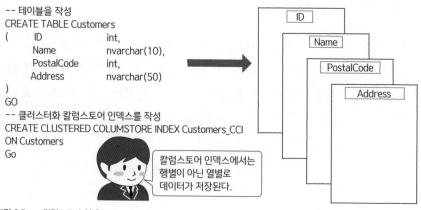

```
-- 테이블을 작성
CREATE TABLE Customers
(      ID              int,
       Name            nvarchar(10),
       PostalCode      int,
       Address         nvarchar(50)
)
GO
-- 클러스터화 칼럼스토어 인덱스를 작성
CREATE CLUSTERED COLUMSTORE INDEX Customers_CCI
ON Customers
Go
```

칼럼스토어 인덱스에서는 행별이 아닌 열별로 데이터가 저장된다.

그림 6.5   칼럼스토어 인덱스

열별로 데이터를 보관함으로써 액세스하는 대상을 쿼리에서 필요한 데이터에만 한정할 수 있다. 이로써 우선 필요한 디스크 I/O 수를 줄일 수 있다(**그림 6.6**).

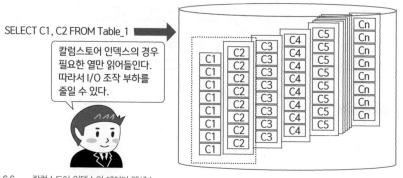

SELECT C1, C2 FROM Table_1

칼럼스토어 인덱스의 경우 필요한 열만 읽어들인다. 따라서 I/O 조작 부하를 줄일 수 있다.

그림 6.6   칼럼스토어 인덱스의 데이터 액세스

또한 메모리상에 읽어들이는 데이터량을 제어할 수 있어 필요한 메모리 사이즈도 줄일 수 있다. 즉 칼럼스토어 인덱스를 사용함으로써 디스크와 메모리 양쪽의 리소스 부하를 경감할 수 있고, 그 효과는 처리 대상 행수가 많을수록 현저해진다.

이어서 칼럼스토어 인덱스를 구성하는 중요한 요소인 **행 그룹**과 **열 세그먼트**에 대해 소개한다.

6.2.1 행 그룹

칼럼스토어 인덱스가 정의된 테이블에는 데이터는 열별로 보관된다.

한편 데이터는 테이블의 행으로서 관련성을 보관할 필요가 있다. 많은 경우 클라이언트는 행별로 통합된 결과 세트를 필요로 한다. 또한 데이터의 집계와 결과 세트를 정렬하는 것도 행 단위이다(그렇기 때문에 당초에 구현된 데이터 구조가 로우스토어형이었다고도 할 수 있다).

칼럼스토어형 데이터 구조에서 행으로서의 연관성을 유지하기 위한 개념 및 물리 구조가 행 그룹이다. 데이터가 칼럼스토어 인덱스에 저장될 때 우선 데이터는 일정량별[*1]로 행 그룹으로 분할된다(그림 6.7). 각 열의 행 그룹은 다른 열의 행 그룹과 연관성을 유지하고 있다.

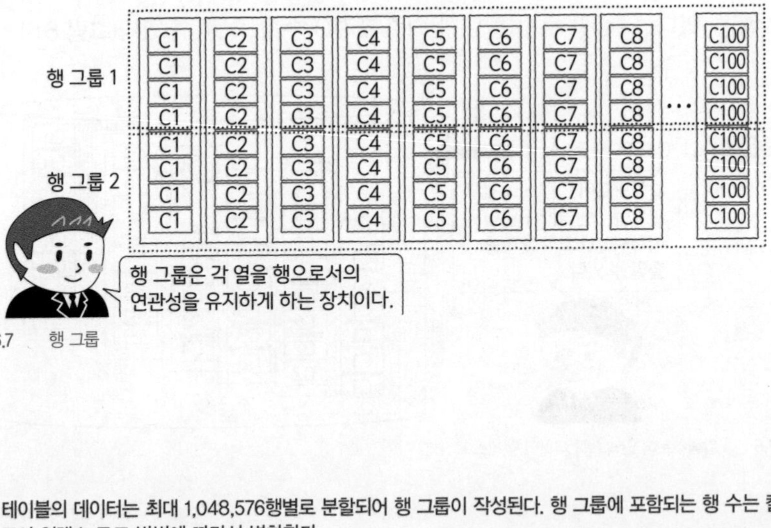

행 그룹은 각 열을 행으로서의 연관성을 유지하게 하는 장치이다.

그림 6.7 행 그룹

[*1] 테이블의 데이터는 최대 1,048,576행별로 분할되어 행 그룹이 작성된다. 행 그룹에 포함되는 행 수는 칼럼스토어 인덱스 로드 방법에 따라서 변화한다.

행 그룹에 포함되는 행 수는 최대 1,048,576행이다. 다만 bcp 유틸리티[*2]와 SQL 서버 Integration Services[*3]를 사용해서 일괄 읽기를 실시했을 때는 행 그룹에 포함되는 행 수가 최소 102,400행이 된다. 또한 자세한 내용은 뒤에서 설명하겠지만, 칼럼스토어형으로 데이터 변환이 이루어질 때 작업에 충분한 메모리를 확보할 수 없는 경우에도 최대 행 수에 미치지 않는 행 그룹이 생성되는 일이 있다.

큰 행 그룹이 소수 존재하는 경우와 작은 행 그룹이 다수 존재하는 경우는 후자의 조작을 할 경우가 관리 정보 액세스에 따른 오버헤드가 크고 퍼포먼스 등의 관점에서 영향을 미칠 가능성이 있다.

행 그룹에 포함되는 행 수는 sys.dm_db_column_store_row_group_physical_stats 동적 관리 뷰[*4]의 total_rows 열로 확인할 수 있다. 만약 최대 행 수에 충족하지 않는 행 그룹이 다수 존재하는 경우는 ALTER INDEX REBUILD 스테이트먼트[*5]를 사용해서 재구축을 검토하기 바란다.

6.2.2 열 세그먼트

행 그룹의 데이터가 열별로 분할된 데이터 구조이다(그림 6.8). 열 세그먼트별로 딕셔너리가 작성되고 압축된다. 딕셔너리의 작성과 데이터의 압축에 관한 상세한 동작은 뒤에서 설명한다.

---

*2 SQL 서버에 대량 데이터를 효율적으로 읽어들이기 위한 커맨드 라인 유틸리티
*3 SQL 서버에 포함되는 데이터의 변환과 복사를 할 수 있는 서비스
*4 동적 관리 뷰 각 열의 값의 상세한 내용은 다음의 마이크로소프트 Docs를 참조하기 바란다.
   ▼ dm_db_column_store_row_group_physical_stats(Transact-sql)
     https://docs.microsoft.com/ko-kr/sql/relational-databases/system-dynamic-management-views/sys-dm-db-column-store-row-group-physical-stats-transact-sql?view=sql-server-ver15
*5 ALTER INDEX REBUILD를 사용한 칼럼스토어 인덱스의 재구축의 자세한 내용은 다음의 마이크로소프트 Docs를 참조하기 바란다.
   ▼ 인덱스를 재구축 또는 재구성해서 인덱스를 디플래그한다
     https://docs.microsoft.com/ko-kr/sql/relational-databases/indexes/reorganize-and-rebuild-indexes?view=sql-server-ver15#defragmenting-indexes-by-rebuilding-or-reorganizing-the-index

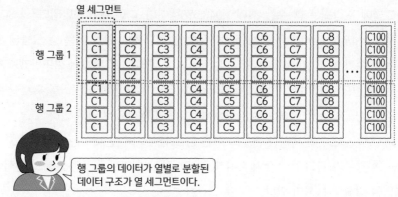

그림 6.8　　열 세그먼트

6.3 ‖ 칼럼스토어 구조 데이터 압축의 이점

　칼럼스토어 인덱스는 효율적으로 데이터를 압축하는 데 적합한 데이터 구조라고 할 수 있다. 열별로 데이터를 보관하므로 열 세그먼트에 포함되는 값은 모두 같은 데이터형이다. 또한 같은 열에 저장되는 데이터는 그 내용이 유사한 경우가 적지 않다. 이러한 특성을 살려서 열 세그먼트는 다음의 순서에 따라 압축된다.

　▼ 칼럼스토어 압축 순서
　① 데이터 분할
　② 인코드
　③ 데이터 압축

6.3.1　① 데이터 분할

　칼럼스토어 인덱스에 저장하는 데이터는 우선 일정한 행 수별로 행 그룹으로 수평 분할된다. 행 수는 1,048,576행부터 102,400행의 사이에서 변동한다[6]. 행 수에

---

*6　102,400행이 되지 않는 데이터는 후술하는 델타 저장소에 저장된다. 또한 일괄 읽기를 사용하지 않는 경우는 1,048,576행별로 분할된다.

영향을 미치는 요인은 여러 가지이지만 일반적인 첫 번째 이유는 데이터의 추가 방법이다. bcp와 SQL 서버 Integration Service를 사용해서 일괄 읽어들이기로 데이터를 추가하면, 최소 102,400행의 행 수가 추가된다면 칼럼스토어형으로 변환하기 위해 행 그룹으로 분할된다[7]. 또한 두 번째 요인은 압축될 때 메모리 리소스의 상황이다. 압축이 이루어질 때 SQL 서버의 메모리 소스가 충분하지 않아 사이즈를 확보할 수 없는 경우에는 보다 적은 수의 행 수로 행 그룹이 구성된다.

이어서 열별 데이터 구조를 생성하기 위해 수직 방향의 열 세그먼트로 분할된다 (그림 6.9).

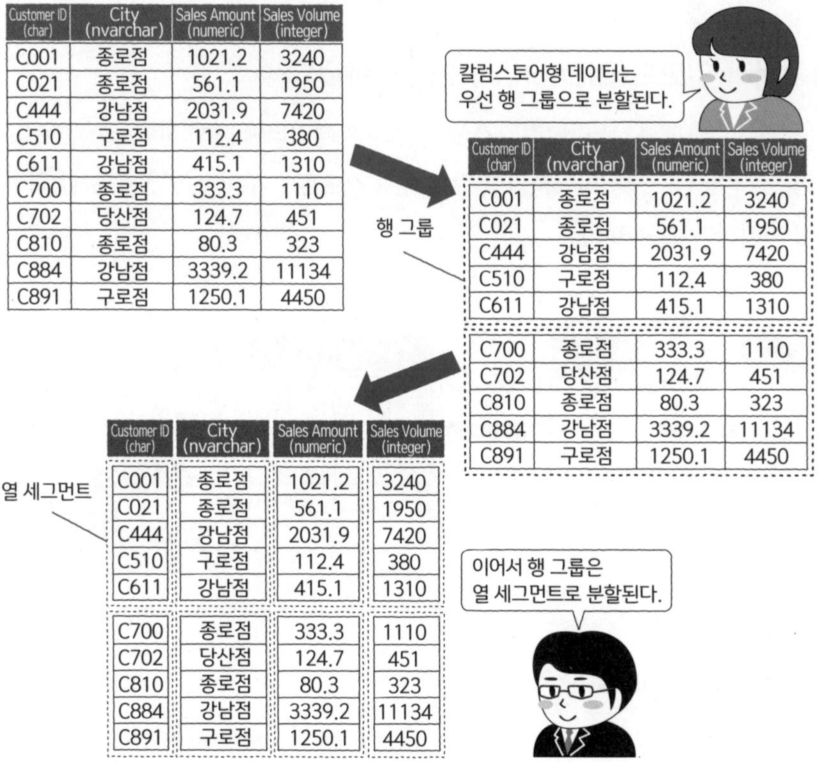

그림 6.9 　칼럼스토어형의 데이터 분할

---

*7　102,400행에 자라지 않는 데이터는 후술하는 델타 저장소에 저장된다. 또한 일괄 읽기를 사용하지 않는 경우는 1,048,576행별로 분할된다.

　▼ dm_db_column_store_row_group_physical_stats(Transact-sql)
　　https://docs.microsoft.com/ko-kr/sql/relational-databases/system-dynamic-management-views/sys-dm-db-column-store-row-group-physical-stats-transact-sql?view=sql-server-ver15

데이터 웨어하우스 환경에서는 데이터를 분석하기 위한 그룹화와 집계 처리가 잦은 빈도로 수행된다. 그러한 조작을 효율적으로 하기 위해 데이터의 인코드 및 정수 벡터로 대체하는 처리가 실시된다(정수 벡터로 변환함으로써 부호화하지 않고 데이터의 집계가 가능해진다).

열 세그먼트 데이터에는 다음 2종류의 인코드 방법이 준비되어 있고, 열의 데이터형과 세그먼트 내 데이터의 **카디널리티(cardinality)**[8]에 의해서 어느 한쪽이 선택된다.

딕셔너리 인코드(Dictionary Encoding)

문자열형 데이터와 카디널리티가 낮은 수치형 데이터에 대해 선택하는 인코드 방법이다. 데이터에 포함되는 정성적 값을 정수 값으로 바꾸어서, 변환 정보를 딕셔너리에 저장한다(그림 6.10).

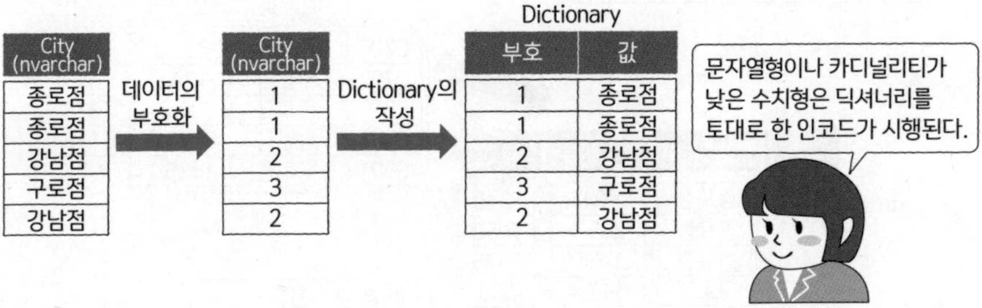

그림 6.10   딕셔너리 인코드

밸류 인코드(Value Encoding)

numeric형 데이터 및 interger형 데이터는 다음의 순서에 따라 인코드된다.

---

[8] 카디널리티는 데이터 건수와 포함되는 값의 종류의 비율을 나타낸다. 같은 수의 데이터라면 포함되는 값의 종류가 많을수록, 카디널리티는 높아진다.

[1] 지수의 선택(그림 6.11)

- numeric형 데이터 : 가장 작은 양의 지수를 선택해서 인코드 실시
- interger형 데이터 : 가장 작은 음의 지수를 선택해서 인코드 실시

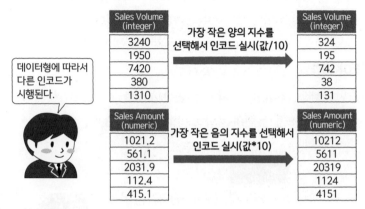

그림 6.11   지수의 선택

[2] 기수를 토대로 한 인코드(그림 6.12)

[1]의 결과를 토대로 인코드를 실시하고 변환 정보를 딕셔너리에 저장한다.

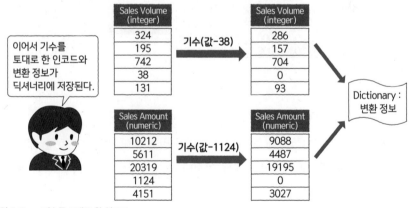

그림 6.12   기수를 토대로 한 인코드

6.3.3 ③ 데이터 압축

인코드된 열 세그먼트는 저장되는 데이터의 특성에 따라서 다음 2가지 알고리즘 중 적절한 쪽이 선택되어 압축된다. 또한 압축 후에도 정수 벡터로 값이 보관되기 때문에 쿼리 실행 시의 집계 처리에 복합화할 필요가 없다.

Bit Packing

열 세그먼트 내의 데이터에 대해 비트 연산 처리를 실시함으로써 가능한 한 적은 데이터 길이로 데이터를 표현하는 압축 방식이다(**그림 6.13**).

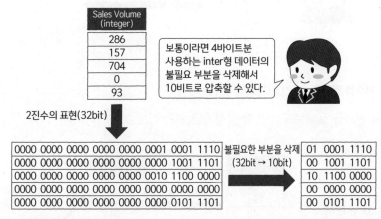

그림 6.13   Bit Packing

Run Length Encoding

열 세그먼트 내의 데이터를 '데이터 값'과 '반복 횟수'의 조합으로 변환해서 저장하는 압축 방식이다. 열 세그먼트 내에 연속된 데이터 값이 많은 경우 매우 높은 압축률을 실현할 수 있다(**그림 6.14**).

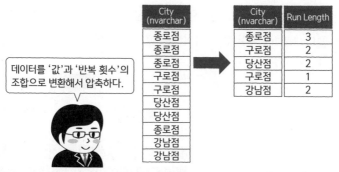

City (nvarchar)
종로점
종로점
종로점
구로점
구로점
당산점
당산점
종로점
강남점
강남점

City (nvarchar)	Run Length
종로점	3
구로점	2
당산점	2
구로점	1
강남점	2

데이터를 '값'과 '반복 횟수'의 조합으로 변환해서 압축하다.

그림 6.14　Run Length Encoding

6.4 ‖ 칼럼스토어 인덱스의 종류

지금까지 칼럼스토어 인덱스를 하나로 다루었지만, 칼럼스토어 인덱스에는 **클러스터화 칼럼스토어 인덱스**와 **비클러스터화 칼럼스토어 인덱스** 2종류가 있다.

클러스터화 칼럼스토어 인덱스는 테이블 전체의 데이터를 칼럼스토어형 형식으로 보관한다(**그림 6.15**). 이 경우 반드시 전 열이 칼럼스토어 인덱스에 포함된다.

클러스터화 칼럼스토어 인덱스는 데이터 전체가 칼럼스토어형으로 구성된다. 비클러스터화 인덱스를 추가할 수도 있다.

Customer ID (char)	City (nvarchar)	Sales Amount (numeric)	Sales Volume (integer)
C001	종로점	1021.2	3240
C021	종로점	561.1	1950
C444	강남점	2031.9	7420
C510	구로점	112.4	380
C611	강남점	415.1	1310
C700	종로점	333.3	1110
C702	당산점	124.7	451
C810	종로점	80.3	323
C884	강남점	3339.2	11134
C891	구로점	1250.1	4450

그림 6.15　클러스터화 칼럼스토어 인덱스

한편 비클러스터화 칼럼스토어 인덱스는 데이터가 히프나 클러스터화 인덱스 같은 로우스토어로 저장되어 있는 테이블에, 칼럼스토어형 인덱스를 부가한다(그림 6.16). 비클러스터화 칼럼스토어 인덱스를 정의하는 열은 반드시 테이블의 전체일 필요는 없다. 분석에 사용하는 데이터를 포함하는 열로 대상을 압축할 수 있다.

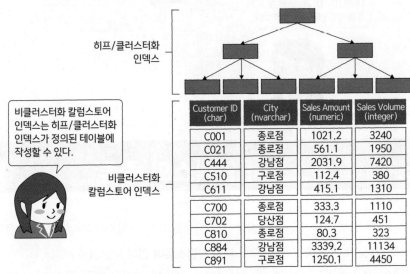

그림 6.16   비클러스터화 칼럼스토어 인덱스

그러면 클러스터화 칼럼스토어 인덱스와 비클러스터화 칼럼스토어 인덱스를 어떻게 구분해서 사용해야 할까. 구분하는 데는 꽤나 어려운 판단이 필요하다.

왜냐하면 테이블에 대해 실행되는 워크로드의 종류와 각 워크로드에 필요한 퍼포먼스를 고려해야 하기 때문이다. 그런데다 메인터넌스에 필요한 리소스 부하도 가미해야 한다.

다음 항에서는 각각의 특징을 참조하면서 칼럼스토어 인덱스를 포함한 테이블을 설계할 때의 힌트가 될 만한 고려사항을 소개한다.

6.5 ‖ 칼럼스토어 인덱스의 적용 부분

모든 상황에서 칼럼스토어 인덱스가 적합한 것은 아니며, 기존의 로우스토어형 데이터가 더 좋은 퍼포먼스를 발휘하는 경우도 있다. 때문에 칼럼스토어/로우스토어 각각의 특징을 이해하고, 적절한 인덱스 구조의 선택 또는 적절한 인덱스의 조합을 선택하는 것이 중요하다.

로우스토어 오브젝트에 액세스하는 경우의 최소 논리 단위는 8KB 페이지이다. 이에 반해 칼럼스토어 인덱스의 경우는 열 세그먼트이다. 일부 예외를 제외하고 열 세그먼트에는 100만 건분의 데이터가 포함되어 있다. 따라서 소수의 결과 세트를 취득하는 처리의 경우 불필요한 데이터 액세스가 발생해서 칼럼스토어 인덱스의 퍼포먼스 이점을 살릴 수 없다(그림 6.17).

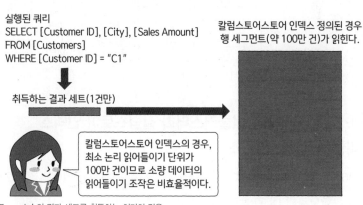

그림 6.17   소수의 결과 세트를 취득하는 처리의 경우

6.5.1   로우스토어 인덱스와 칼럼스토어 인덱스의 조합

이러한 경우에는 로우스토어 인덱스와 칼럼스토어 인덱스를 조합해서 정의함으로써 둘의 좋은 점을 살릴 수 있다.

① 클러스터화 칼럼스토어 인덱스+비클러스터화 인덱스

데이터 전체를 클러스터화 칼럼스토어 인덱스에 저장하고 대량 데이터에 액세스가 발생하는 분석용 쿼리에 대비하여, 더욱 소규모 데이터의 액세스를 지원하는 비클러스터화 인덱스를 추가한다(그림 6.18).

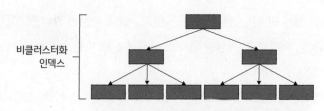

	Customer ID (char)	City (nvarchar)	Sales Amount (numeric)	Sales Volume (integer)
	C001	종로점	1021.2	3240
	C021	종로점	561.1	1950
	C444	강남점	2031.9	7420
	C510	구로점	112.4	380
	C611	강남점	415.1	1310
	C700	종로점	333.3	1110
	C702	당산점	124.7	451
	C810	종로점	80.3	323
	C884	강남점	3339.2	11134
	C891	구로점	1250.1	4450

그림 6.18   클러스터화 칼럼스토어 인덱스+비클러스터화 인덱스

② 클러스터화 인덱스+비클러스터화 칼럼스토어 인덱스 (+비클러스터화 인덱스)

그림 6.16에서 제시한 바와 같이 히프나 클러스터화 인덱스를 데이터 전체의 저장을 위해 사용함으로써 OLTP 처리에 대응하고 분석 처리 대상이 되는 열에 비클러스터화 칼럼스토어 인덱스를 정의한다(그림 6.19). 이들 조합에서는 필요한 열에만 한정해서 비클러스터화 칼럼스토어 인덱스를 작성함으로써 스토리지 사이즈와 메인터넌스 부하를 줄일 수 있다.

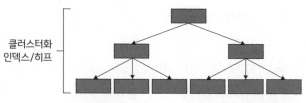

비클러스터화 열 스토어
인덱스는 필요한 열만
선택해서 정의할 수 있다.

클러스터화
인덱스/히프

비클러스터화
열 스토어 인덱스

Customer ID (char)		Sales Amount (numeric)	Sales Volume (integer)
C001		1021.2	3240
C021		561.1	1950
C444		2031.9	7420
C510		112.4	380
C611		415.1	1310
C700		333.3	1110
C702		124.7	451
C810		80.3	323
C884		3339.2	11134
C891		1250.1	4450

그림 6.19　클러스터화 인덱스+비클러스터화 칼럼스토어 인덱스(+비클러스터화 인덱스)

6.5.2　어느 쪽 조합을 선택하면 좋을까

이들 인덱스 조합에 대해 장점과 단점을 생각해보자.

① 클러스터화 칼럼스토어 인덱스+비클러스터화 인덱스
② 클러스터화 인덱스+비클러스터화 칼럼스토어 인덱스(+비클러스터화 인덱스)

베이스가 되는 데이터 부분의 사이즈

클러스터화 저장소 인덱스와 클러스터화 인덱스를 비교하면 데이터 부분의 사이즈는 압축률이 높은 클러스터화 인덱스가 작다.

칼럼스토어 인덱스의 메인터넌스

칼럼스토어 인덱스가 갱신될 때의 자세한 동작에 관해서는 6.7항에서 소개하겠지만, DELETE 스테이트먼트와 UPDATE 스테이트먼트를 칼럼스토어 인덱스에 대해 실행하면 **단편화**가 발생한다.

단편화를 방치하면 불필요한 디스크 리소스를 점유하거나 디스크에서 읽어들일 때 오버헤드의 요인이 된다. 따라서 정기적으로 칼럼스토어 인덱스 단편화를 해소할 필요가 있는데, ①의 경우는 **전 열이 메인터넌스 대상**인 반면 ②는 **칼럼스토어 인덱스에 포함된 열만 대상**이 되기 때문에 ② 쪽이 필요한 리소스 부하가 경감되는 경향이 있다.

퍼포먼스

①과 ② 모두 분석 계열의 대규모 쿼리는 칼럼스토어형 인덱스, OLTP 계열의 소규모 쿼리는 로우스토어형 인덱스에 의해서 처리되기 때문에 적절한 인덱스가 정의되어 있지 않으면 퍼포먼스에 큰 차이는 없다.

또한 어느 경우든 쿼리의 내용에 따라서는 부하가 높은 랜덤 액세스가 다발하는 RID Lookup이 발생할 가능성이 있다. 이를 방지하기 위해서는 모든 OLTP 계열 처리에서 커버링 인덱스를 실현할 수 있도록 비클러스터화 인덱스를 정의할 필요가 있다.

6.6 ║ 배치 모드

칼럼스토어 인덱스의 또 다른 이점으로는 **배치 모드**라 불리는 내부 처리가 있다. 보통의 처리는 배치 모드에 대해 **행 모드**라고 불린다[9].

쿼리가 행 모드로 처리되는 경우 그 내부 처리에서 데이터는 1행 단위로 취급된다(그림 6.20).

---

[9] SQL 서버 2019부터는 보통의 테이블(칼럼스토어 인덱스는 아니다)도 배치 모드로 처리되는 경우가 있다.

① 다음의 쿼리를 실행

```
SELECT [City], SUM([Sales Volume])
FROM Customers
WHERE [Sales Amount] < 500
GROUP BY [City]
```

구체적인 예를 토대로 행 모드의 동작을 확인해보자.

② WHERE절에 지정한 조건에 합치하는 대상 데이터를 1건씩 읽어들여, 집계를 위해 건넨다.

8KB 페이지(로우스토어로 데이터를 저장)

Customer ID (char)	City (nvarchar)	Sales Amount (numeric)	Sales Volume (integer)
C001	종로점	1021.2	3240
C021	종로점	561.1	1950
C444	강남점	2031.9	7420
C510	구로점	112.4	380
C611	강남점	415.1	1310
C700	종로점	333.3	1110
C702	당산점	124.7	451
C810	종로점	80.3	323
C884	강남점	3339.2	11134
C891	구로점	1250.1	4450

① 해당 데이터의 읽기
③ 다음의 해당 데이터 읽기
⑤ 해당 데이터가 없어질 때까지 반복

② 집계 함수에 데이터 전달
④ 집계 함수에 데이터 전달

종로점	380
강남점	1310
종로점	1110
당산점	451
종로점	323

이처럼 행 모드에서는 데이터의 조작을 1건씩 실시하기 때문에, 그때마다 메타 데이터의 확인 등 CPU 리소스를 사용하는 조작이 발생한다. 때문에 처리 대상이 늘어나면 조작 횟수가 증가해 CPU 부하가 상승한다.

그림 6.20   행 모드에서의 처리 흐름

이에 대해 배치 모드에서는 한 번에 900행까지 처리할 수 있어 기존과는 다른 방식으로 대량 데이터를 고속으로 취급하도록 구현되어 있다(**그림 6.21**).

한 번에 취급하는 데이터량을 늘리면 CPU 사용률을 제어하는 등의 효과가 있다.

① 다음의 쿼리를 실행

이어서 배치 모드의 동작을 확인해보자.

```
SELECT [City], SUM([Sales Volume])
FROM Customers
WHERE [Sales Amount] < 500
GROUP BY [City]
```

② 열 세그먼트를 읽어들여 배치 오브젝트를 생성

Customer ID (char)	City (nvarchar)	Sales Amount (numeric)	Sales Volume (integer)
C001	종로점	1021.2	3240
C021	종로점	561.1	1950
C444	강남점	2031.9	7420
C510	구로점	112.4	380
C611	강남점	415.1	1310
C700	종로점	333.3	1110
C702	당산점	124.7	451
C810	종로점	80.3	323
C884	강남점	3339.2	11134
C891	구로점	1250.1	4450

열 세그먼트

배치 오브젝트

열 벡터

비트맵 벡터

City (nvarchar)	Sales Amount (numeric)	Sales Volume (integer)
종로점	1021.2	3240
종로점	561.1	1950
강남점	2031.9	7420
구로점	112.4	380
강남점	415.1	1310
종로점	333.3	1110
당산점	124.7	451
종로점	80.3	323
강남점	3339.2	11134
구로점	1250.1	4450

배치 오브젝트는 결과 세트에 필요한 열과 필터용 비트맵으로 구성된다. 또한 최대 900행의 데이터를 포함할 수 있다.

③ 쿼리의 필터 조건([Sales Volume] <500)에 일치하는 데이터의 비트맵 벡터를 유효화

배치 오브젝트

열 벡터

비트맵 벡터

City (nvarchar)	Sales Amount (numeric)	Sales Volume (integer)
종로점	1021.2	3240
종로점	561.1	1950
강남점	2031.9	7420
구로점	112.4	380
강남점	415.1	1310
종로점	333.3	1110
당산점	124.7	451
종로점	80.3	323
강남점	3339.2	11134
구로점	1250.1	4450

비트맵 벡터의 값을 'TRUE'로 설정하면 쿼리의 결과 세트에 포함되는 것을 가리킨다.

④ 비트맵 벡터가 유효화된 값만 사용해서 집계

배치 오브젝트

열 벡터

City (nvarchar)	Sales Amount (numeric)	Sales Volume (integer)
종로점	1021.2	3240
종로점	561.1	1950
강남점	2031.9	7420
구로점	112.4	380
강남점	415.1	1310
종로점	333.3	1110
당산점	124.7	451
종로점	80.3	323
강남점	3339.2	11134
구로점	1250.1	4450

비트맵 벡터

배치 오브젝트 단위(최대 900행)로 처리되므로 1행 단위로 처리하는 행 모드와 비교하면 다양한 오버헤드를 억제할 수 있다.

결과, CPU 사용률을 크게 줄일 수 있다.

그림 6.21   배치 모드에서의 처리 흐름

6.7 ‖ 칼럼스토어 인덱스의 갱신

칼럼스토어 인덱스에 저장되어 있는 데이터의 갱신은 로우스토어형 데이터와는 크게 다르다.

로우스토어형 데이터를 갱신하는 경우, 일부 예외를 제외하고 8KB 페이지 내의 해당하는 곳을 직접 변경한다(**그림 6.22**).

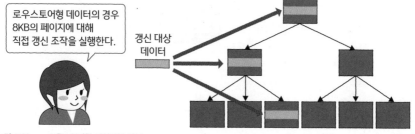

로우스토어형 데이터의 경우 8KB의 페이지에 대해 직접 갱신 조작을 실행한다.

갱신 대상 데이터

그림 6.22   로우스토어형 데이터의 갱신

칼럼스토어 인덱스의 경우는 데이터를 열 세그먼트별로 압축해서 보관하고 있기

때문에 직접 값을 변경할 수는 없다. 이 갱신 조작에는 **델타 저장소** 및 **삭제 비트맵**
이라 불리는 내부 오브젝트를 사용한다. 이들 내부 오브젝트를 사용한 동작 갱신을
INSERT/DELETE/UPDATE의 조작별로 확인하자.

6.7.1 INSERT 동작

형 저장소 인덱스에 데이터를 추가하려면 최종적으로 칼럼스토어 세그먼트에 데
이터가 저장될 필요가 있다. 다만 칼럼스토어 세그먼트 내의 데이터는 인코드와 압
축이 되어 있기 때문에 데이터를 추가하기 위해서는 일단 이들을 해제해야 한다. 데
이터가 추가될 때마다 이들 조작을 반복하는 것은 매우 큰 오버헤드를 유발한다. 때
문에 일시적인 데이터 보관 영역으로 **델타 저장소**가 사용된다(그림 6.23).

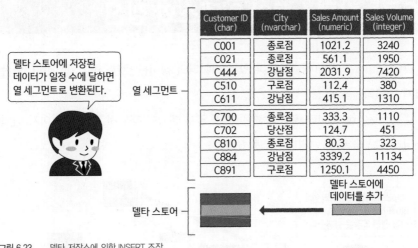

그림 6.23   델타 저장소에 의한 INSERT 조작

델타 저장소는 기존의 로우스토어형 오브젝트와 구조가 같다. 데이터는 8KB 페
이지에 행 이미지 형식으로 보관된다. 일정량의 데이터가 델타 저장소에 쌓이면, **튜플**
무버[10]에 의해서 열 세그먼트로 데이터 변환이 실행된다.

---

*10 튜플 무버는 델타 저장소에 쌓인 데이터량을 정기적으로 확인한다. 칼럼스토어 세그먼트로 변환이 필요한 데
      이터량이 축적되어 있으면 데이터의 인코드 및 압축을 시행하여 델타 저장소의 데이터를 열 세그먼트로 변환
      한다.

칼럼스토어 인덱스에 데이터가 추가되면 아래와 같은 과정을 거쳐 칼럼스토어형 오브젝트로 활용할 수 있게 된다.

- 초기에는 로우스토어 형식으로 델타 저장소에 보관된다.
- 델타 저장소에 일정 수의 데이터가 축적되면 칼럼스토어형 형식으로 변환되어 열 세그먼트에 저장된다.
- 추가 처리에 수반하는 오버헤드를 줄이기 위해 칼럼스토어형 형식으로의 변환 및 열 세그먼트로의 저장은 데이터를 추가할 때마다 하는 게 아니라 일정 수의 데이터가 축적됐을 때 발생한다.

6.7.2 DELETE 동작

열 세그먼트 내의 데이터를 삭제하기 위해서는 INSERT 동작에서도 소개한 바와 같이 데이터의 해제가 필요하다. 그때의 오버헤드를 피하기 위해 DELETE 조작을 하는 경우에는 **삭제 비트맵**이라고 하는 오브젝트를 사용한다. 삭제 비트맵은 데이터의 물리 삭제를 하지 않고 논리 삭제를 실현하는 오브젝트이다. SQL 서버가 칼럼스토어 인덱스의 데이터 삭제 요구를 클라이언트로부터 받으면 실제의 데이터를 삭제하는 게 아니라 삭제 대상 데이터에 대응하는 삭제 비트맵을 변경하여 데이터가 삭제됐음을 나타낸다(**그림 6.24**).

그림 6.24　삭제 비트맵에 의한 DELETE 조작

SQL 서버가 칼럼스토어 인덱스에 액세스할 때는 삭제 비트맵을 필터로 사용해서 삭제 비트맵이 온으로 설정되어 있는 데이터를 액세스 대상에서 제외한다(그림 6.25).

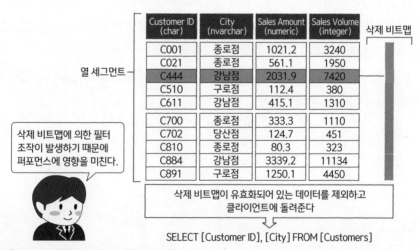

그림 6.25　칼럼스토어 인덱스에 액세스하는 경우

칼럼스토어 인덱스의 데이터를 삭제할 때는 주의해야 한다. 대량의 칼럼스토어 인덱스의 데이터를 삭제하면 삭제 비트맵의 필터에 의해서 열 세그먼트 내에는 액세스되지 않는 데이터가 남는다. 한편 데이터가 물리적으로 삭제되지 않기 때문에 칼럼스토어 세그먼트 내의 데이터는 삭제 전의 상태와 같다.

그렇게 되면 불필요한 디스크를 점유하게 되고, 본래라면 필요 없는 I/O를 발생시켜 칼럼스토어 인덱스의 이점을 훼손시킨다.

이런 문제를 해결하기 위해서는 칼럼스토어 인덱스를 재구축해야 한다. 칼럼스토어 인덱스의 상태를 정기적으로 파악하고 필요하면 인덱스를 재편성하기 바란다.

6.7.3 UPDATE 동작

UPDATE 조작은 내부적으로 INSERT와 DELETE의 조작을 조합함으로써 실현했다(그림 6.26). INSERT에 의해서 갱신 후의 데이터를 추가하고, DELETE에 의해서 갱신 전의 데이터를 삭제한다. DELETE 조작이 이루진다는 것은 정기적인 인덱스의 재구축이 필요하다는 점에 유의해야 한다.

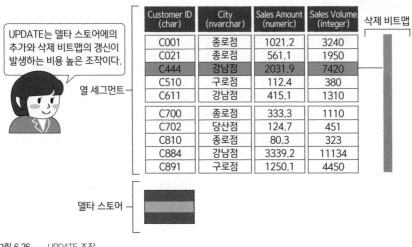

UPDATE는 델타 스토어에의 추가와 삭제 비트맵의 갱신이 발생하는 비용 높은 조작이다.

열 세그먼트

델타 스토어

Customer ID (char)	City (nvarchar)	Sales Amount (numeric)	Sales Volume (integer)
C001	종로점	1021.2	3240
C021	종로점	561.1	1950
C444	강남점	2031.9	7420
C510	구로점	112.4	380
C611	강남점	415.1	1310
C700	종로점	333.3	1110
C702	당산점	124.7	451
C810	종로점	80.3	323
C884	강남점	3339.2	11134
C891	구로점	1250.1	4450

삭제 비트맵

그림 6.26　UPDATE 조작

6.8 ‖ 칼럼스토어 인덱스의 메인터넌스

칼럼스토어 인덱스를 정의한 테이블을 운용하다 보면 많은 경우는 갱신 조작이 발생한다. 그 결과로 칼럼스토어 인덱스는 앞 항에서 소개한 것처럼 델타 저장소나 삭제 비트맵 등의 오버헤드를 발생시킨다. 델타 저장소가 존재하는 경우는 칼럼스토어 인덱스의 세그먼트와 델타 저장소를 결합해서 쿼리에 대한 결과 세트를 발생할 필요가 있기 때문에 배치 모드 등 칼럼스토어 인덱스의 이점을 살릴 수는 없다.

또한 삭제 비트맵이 존재하는 경우는 칼럼스토어 세그먼트에서 얻은 결과 세트에서 삭제 비트맵과 일치하는 데이터(삭제된 행)를 제외하는 처리가 필요하며, 어느 쪽이든 퍼포먼스를 손상시킨다.

때문에 적절한 타이밍에 계속적으로 감시를 하고 필요에 따라서 대처를 하는 것이 중요하므로, 각각의 특징과 대처 방법을 확인하자[11].

6.8.1 델타 저장소

sys.dm_db_column_store_row_group_physical_stats 동적 관리 뷰의 state 열이 'OPEN'으로 표시되어 있는 세그먼트는 델타 저장소라는 것을 나타낸다.

델타 저장소에는 삽입된 행과 갱신된 행(갱신 후의 행 이미지)이 열 세그먼트 압축되기 전의 상태(로우스토어)로 저장되어 있다. 여기서 주의해야 할 것은 델타 저장소가 존재하는 경우 그 열의 결과 세트를 돌려주기 위해서는 열 세그먼트와 델타 저장소의 결합이 필요하다는 점이다(그림 6.27).

---

[11] SQL 서버 2019 이후에는 메인터넌스의 자동화가 구현되어 있다.
  ▼ 칼럼스토어 인덱스의 재구축 시 주의사항
  https://docs.microsoft.com/ko-kr/sql/relational-databases/indexes/reorganize-and-rebuild-indexes?view= sql-server-ver15#considerations-specific-to-rebuilding-a-columnstore-index

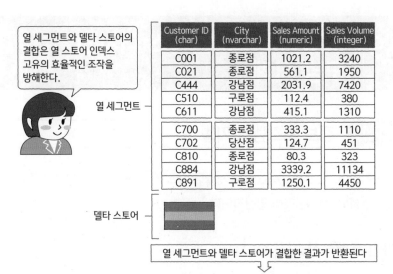

SELECT [Customer ID], [City] FROM [Customers]

그림 6.27 　열 세그먼트와 델타 저장소의 결합

결합 결과, 배치 모드 등 칼럼스토어 인덱스의 이점이 유효하게 작용하지 않을 가능성이 있다. 다만 델타 저장소 내의 데이터가 일정 수에 달하면 튜블 무버에 의해서 열 세그먼트로 변환되므로 관리자에 의한 메인터넌스 작업이 반드시 필요한 것은 아니다.

6.8.2 　삭제 비트맵

칼럼스토어 인덱스의 데이터가 삭제되면 우선 논리적인 삭제가 이루어진다는 것은 앞에서 말했다. 삭제된 행 수는 sys.dm_db_column_store_row_group_physical _stats 동적 관리 뷰의 deleted_rows 열에 의해서 확인할 수 있다.

논리 삭제된 행이 자동으로 물리적으로도 삭제되는 일은 없기 때문에 ALTER INDEX REORGANIZE에 의한 재편성이 필요하다. 때문에 정기적으로 deleted_ rows의 값을 감시하여 일정 수를 넘는 경우에는 재편성을 하기 바란다.

6.9 ‖ SQL 서버의 인덱스 디자인 모범 사례

6.9.1 정보 시스템의 기능

많은 기업이 채용하고 있는 정보 시스템은 크게 나누면 2가지 기능을 갖는 시스템으로 구성되어 있는 것이 일반적이다.

온라인 트랜잭션 처리(OLTP)

많은 사용자로부터 소량 데이터의 등록/갱신/삭제/참조가 동시다발적으로 발생하는 시스템이다. 가령, 외화 거래의 환율과 온라인 게임의 사용자 스테이터스 또는 소매업의 매출 정보 같은 대량으로 발생할 수 있는 데이터를 높은 퍼포먼스를 유지하면서 다루어야 한다.

정기적인 소규모 처리가 대량으로 반복해서 실행되는 일이 많아진다.

분석/리포팅 처리

상기의 온라인 트랜잭션 처리(이하, OLTP)와 IoT 디바이스에서 수집한 정보 또는 하둡 등에 축적된 대량의 데이터를 분석에 적합한 형식으로 변환한 것을 보관하는 시스템이다. 이들 데이터를 토대로 현재의 기업이 놓인 상황과 장래의 경영 판단의 지표가 되는 정보를 추출해야 한다.

다양한 관점에서 데이터를 분석하고 분석 관점 자체가 매회 다르기 때문에 같은 처리가 반복해서 실시되는 일은 많지 않다. 또한 장기간에 걸쳐 축적된 데이터와 매우 많은 종류의 정보를 분석하는 일이 많기 때문에 대규모 데이터의 액세스가 발생하기 쉽다.

OLTP와 분석 처리를 별도로 구축하는 이유는 양자의 처리 특성과 용도에 적합한 데이터 보관 형식의 차이에서 하나의 시스템 안에서 필요한 요건을 충족하기 어렵기 때문이다.

일반적으로 OLTP용 데이터는 정규화가 진행해서 1레코드에 포함되는 열 수가 적은 경향이 있다. 이러한 데이터 형식은 데이터를 중복해서 갖는 일이 적고 또한 소규모 데이터 액세스에 적합하다(**그림 6.28**).

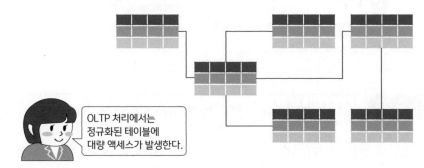

OLTP 처리에서는 정규화된 테이블에 대량 액세스가 발생한다.

그림 6.28   OLTP용 데이터 정규화

한편으로 정규화가 진행된 데이터는 수개월에서 수년 등 긴 범위에서 다양한 데이터를 집계해야 하는 분석 처리에는 적합하지 않는 경향이 있다. 그 주요 이유는 필요한 데이터를 얻기 위해 매우 많은 테이블을 복잡한 형식으로 결합해야 하기 때문이다.

복잡한 쿼리에 의해서 퍼포먼스가 나빠지기도 하므로 분석 처리용으로는 굳이 비정규화 형태로 데이터를 보관하는 경우가 있다. 다시 말해 대량 데이터를 보다 짧은 시간에 분석하는 데 특화한 데이터 마트/데이터 웨어하우스 같은 데이터 모델을 트랜잭션용 데이터 모델과는 별도로 보관하게 된다(**그림 6.29**).

데이터의 정규화를 무너뜨려 분석이나 리포트용에 특화한 형태로

분석 처리 퍼포먼스를 높이기 위해 OLTP 처리와는 다른 데이터 모델을 선택하는 것이 일반적이다.

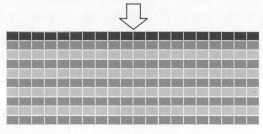

그림 6.29   분석 처리용으로 정규화를 무너뜨린다

6.9.2 HTAP(Hybrid Transaction/Analytical Processing)

각각에 특화한 데이터 모델을 보관하는 것은 각 시스템의 퍼포먼스를 최적화한다는 관점에서는 큰 이점이 있다. 그러나 두 시스템을 구축/유지하는 것은 양쪽에 필요한 하드웨어의 준비와 양자 간의 데이터 연계, 두 시스템분의 배치 관리 등 큰 비용이 필요하다.

그래서 트랜잭션용 데이터 모델과 분석용 데이터 모델을 하나의 시스템으로 실현하기 위한 선택지 중 하나가 **HTAP(Hybrid Transaction/Analytical Processing)**라 불리는 솔루션이다. SQL 서버로 실현하는 HTAP에서는 기존의 로우스토어형 데이터와 칼럼스토어 인덱스를 조합해서 사용한다.

트랜잭션 처리에는 B-Tree 인덱스를 사용해서 액세스한다. 이로써 소규모 데이터에 최적화한 동작이 가능하다(그림 6.30).

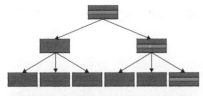

로우스토어형 데이터(B-Tree)
- 비클러스터화 인덱스
- 클러스터화 인덱스
- (히프)

SELECT [Customer ID],[City],[Sales Amount]
FROM [Customers]
WHERE [Customer ID]="C1"

Customer ID (char)	City (nvarchar)	Sales Amount (numeric)	Sales Volume (integer)
C001	종로점	1021.2	3240
C021	종로점	561.1	1950
C444	강남점	2031.9	7420
C510	구로점	112.4	380
C611	강남점	415.1	1310
C700	종로점	333.3	1110
C702	당산점	124.7	451
C810	종로점	80.3	323
C884	강남점	3339.2	11134
C891	구로점	1250.1	4450

칼럼스토어형 데이터
- 클러스터화 칼럼스토어 인덱스
- 비클러스터화 칼럼스토어 인덱스

1건의 데이터를 읽어들이는 소규모 데이터 액세스에는 기존의 로우스토어형 오브젝트가 사용된다.

그림 6.30   HTAP의 트랜잭션 처리

분석 처리에는 칼럼스토어 인덱스를 사용해서 액세스하고, 그 이점을 살리면서 대규모 데이터에의 효율적인 액세스를 실현한다(그림 6.13).

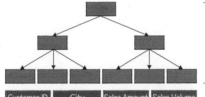

로우스토어형 데이터(B-Tree)
- 비클러스터화 인덱스
- 클러스터화 인덱스
- (히프)

Customer ID (char)	City (nvarchar)	Sales Amount (numeric)	Sales Volume (integer)
C001	종로점	1021.2	3240
C021	종로점	561.1	1950
C444	강남점	2031.9	7420
C510	구로점	112.4	380
C611	강남점	415.1	1310
C700	종로점	333.3	1110
C702	당산점	124.7	451
C810	종로점	80.3	323
C884	강남점	3339.2	11134
C891	구로점	1250.1	4450

칼럼스토어형 데이터
- 클러스터화 칼럼스토어 인덱스
- 비클러스터화 칼럼스토어 인덱스

SELECT [Customer ID], [City],
SUM([Sales Amount])
FROM [Customers]
GROUP BY [Customer ID], [City]

테이블 전체 데이터의 그룹화와 집계 등이 필요한 대규모 데이터 액세스에는 칼럼스토어형 오브젝트가 사용된다.

그림 6.31   HTAP의 분석 처리

로우스토어형 데이터와 칼럼스토어 인덱스를 조합해서 SQL 서버 내 하나의 테이블에서 HTAP 솔루션을 구현할 수 있다.

반드시 모든 경우에 HTAP 솔루션이 효과적인 것은 아니다. 데이터의 규모와 필요한 처리 성능에 따라서는 결과적으로 기존과 같은 두 시스템을 사용하는 게 좋은 경우도 있다. 그러나 칼럼스토어 인덱스를 활용한 SQL 서버의 HTAP 솔루션을 선택지의 하나로 고려해보는 것도 좋지 않을까.

6.10 ‖ 제6장 정리

이 장에서는 대규모 데이터의 읽기에 대응하기 위해 구현된 칼럼스토어 인덱스를 소개했다. 칼럼스토어 인덱스는 수많은 시스템에서 채용되고 있는데다, 클라우드 환경에서 데이터 웨어하우스를 구축하는 서비스인 에저 시냅스 애널리틱스 SQL 풀에, 디폴트 데이터 스토리지로도 선택되는 등 이미 많은 실적이 있다. 기존의 데이터 구조와는 다르기 때문에 그 특성을 이해한 후 사용해야 하지만, 적절한 용도로 사용해야 높은 퍼포먼스상의 이점을 얻을 수 있다.

제 7 장

메모리 최적화 오브젝트 (인메모리 OLTP)

SQL 서버 사용자로부터 수많은 요청이 있다. 그중에서도 특히 매우 높은 스루풋이 필요한 OLTP 시스템에 특화한 인메모리 기능군에 대한 요구가 강했다. 이것은 **인메모리 데이터베이스**라고 총칭되는 기술이며, 데이터베이스 벤더 각사가 자사 개발하거나 또는 이미 같은 기술을 가진 회사를 매수해서 자사 제품에 기능을 통합해 왔다.

마이크로소프트에서는 인메모리 데이터베이스의 기능을 도입할 때 자사에서 독자 기능을 구현하는 방식을 선택하고, SQL 서버 2014부터 기능을 도입하기 시작했다. 이것이 **인메모리 OLTP**라 불리는 컴포넌트이다.

이 장에서는 인메모리 OLTP의 특징과 구조 등을 자세하게 소개한다. 기존의 디스크상에 작성되는 케이블을 다양한 국면에서 비교 대상으로 거론한다. 각각을 알기 쉽게 구별하기 위해 이 장에서는 디스크상의 테이블을 **디스크 테이블**이라고 부르기로 한다.

7.1 ║ 인메모리 OLTP의 개요

7.1.1 인메모리 OLTP의 특징

제3장에서 소개한 바와 같이 SQL 서버는 디스크 테이블에 액세스할 때 디스크에서 **버퍼 풀**이라 불리는 메모리 공간에 데이터를 읽어들이고 나서 사용한다. 즉 디스크 테이블이라도 반드시 메모리상에 로드되어 있는 상태에서 액세스가 된다는 관점에서는 **인메모리**(또는 **온메모리**) 상태에 있다고 할 수 있다.

한편으로 인메모리 OLTP의 각 오브젝트도 그 이름이 나타내듯이 메모리상에 로드되어 동작한다. 다만 단순히 메모리상에 로드된 디스크 테이블과는 결정적으로 다른 부분이 몇 가지 있다. 이 몇 가지가 인메모리 OLTP로 기능이 강화된 부분이며, 특징이기도 하다. 아래에 인메모리 OLTP의 주요 특징을 정리한다.

항상 모든 데이터는 메모리상에 존재한다

디스크 테이블의 경우는 반드시 전 데이터가 메모리상에 로드되어 있다고는 할 수 없지만, 인메모리 OLTP의 모든 데이터는 SQL 서버의 메모리상에 항상 로드되어 있다(그림 7.1). 때문에 모든 인메모리 OLTP 관련 오브젝트가 로드할 수 있는 사이즈의 메모리를 SQL 서버에 할당할 필요가 있다. 인메모리 OLTP에는 버퍼 풀과는 다른 전용 메모리 영역이 사용된다.

- 디스크 테이블

> 디스크 테이블의 경우는 모든 데이터가 메모리에 로드된다고는 할 수 없다.

메모리

스토리지

- 인메모리 OLTP

> 인메모리 OLTP의 데이터는 모두 메모리에 로드된다.

메모리

그림 7.1 모든 데이터는 메모리상에 존재한다

인덱스는 메모리상에만 존재한다

인메모리 OLTP용 해시 인덱스와 비클러스터화 인덱스(자세한 내용은 후술)는 SQL 서버가 실행될 때 매회 작성되며 메모리에 로드된다. 인덱스의 메인터넌스 관련 조작은 모두 메모리상에서 실시되어, 디스크 테이블 시에 발생한 갱신 조작에 수반하는 I/O 조작의 오버헤드가 경감되었다(**그림 7.2**).

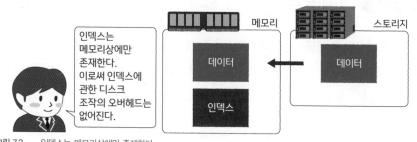

> 인덱스는 메모리상에만 존재한다. 이로써 인덱스에 관한 디스크 조작의 오버헤드는 없어진다.

메모리

데이터

인덱스

스토리지

데이터

그림 7.2 인덱스는 메모리상에만 존재한다

락/래치를 사용하지 않는다

매우 높은 스루풋이 요구되는 OLTP 워크로드(처리)에서는 조금이라도 대기 시간을 줄일 필요가 있다. 1트랜잭션당 허용되는 처리 시간은 매우 짧기 때문에, 가령 락의 경쟁에 의해 장시간 대기해야 하는 것은 피해야 한다. 왜냐하면 격심하게 가격이 변동하는 온라인 주식 거래 시스템에서는 장시간의 대기가 발생하면 치명적인 기회 손실로 이어지기 때문이다. 때문에 인메모리 OLTP에서는 락, 나아가 래치에 존재하지 않는 리소스를 보호하고 있다.

컴파일된 모듈의 사용

서버에 탑재되는 프로세서당 코어 수는 증가일로를 걷고 있다. 한편 코어 수당 클록 주파수의 신장률은 반도체 회로 미세화의 어려움과 프로세서의 소비전력 및 발열 문제로 둔화하고 있다. 때문에 대규모 OLTP 워크로드에서 높은 스루풋을 유지하기 위해서는 CPU 리소스의 효율적인 사용을 고려할 필요가 있다.

기존의 **저장소드 프로시저**[*1]에서는 초회 실행 시에 컴파일을 실행하여 컴파일된 모듈을 메모리에 배치해서 재이용하고 있다. 인메모리 OLTP에서는 보다 효율적으로 CPU 리소스를 사용하기 위해 저장소드 프로시저 작성 시에 프로그램 코드를 생성하고, 그 코드를 사용해서 .dll(동적 링크 라이브러리) 파일이 빌드된다. 실행 시에는 SQL 서버의 프로세스 공간에 .dll 파일이 로드되어 사용된다.

7.1.2 인메모리 OLTP의 용도

인메모리 OLTP(**메모리 최적화 테이블**[*2])는 대량의 소규모 처리를 효율적으로 실행하는 것에 특화한 기능이다. 그 이외의 워크로드(특히 데이터의 대량 읽어들이기가 발생하는 분석 처리 등)에 관해서는 다른 기능을 선택할 것을 권한다.

IoT

IoT 디바이스에서는 단시간에 대량의 데이터를 수집할 필요가 있다. 그러한 방대한 데이터량을 효율적으로 처리하기 위해 락 및 래치가 필요 없는 메모리 최적화 테이블은 최적의 선택지 중 하나이다(그림 7.3).

[*1] 데이터베이스에 대한 일련의 처리를 하나의 오브젝트로 등록한 것
[*2] 자세한 내용은 후술하겠지만, 인메모리 OLTP에서 사용하는 데이터는 메모리 최적화 테이블에 저장된다.

각종 디바이스에서 수집한 대량 데이터 저장소로서 메모리 최적화 테이블은 효과적인 선택지가 된다.

그림 7.3   다양한 디바이스에서 방대한 데이터를 저장

Temp Table

쿼리 배치와 저장소드 프로시저의 처리 시에 일시적으로 필요한 데이터와 파라미터의 저장용으로 **Temp Table**이 사용된다. Temp Table이란 SQL 서버가 내부에서 이용하는 일시 영역 'tempdb 데이터베이스' 내에 작성하는 일시적인 테이블을 말하며 **일시 테이블, 템포러리 테이블**이라고도 부른다[*3].

tempdb는 스루풋이 높은 디스크에 배치되는 일이 많지만 Temp Table을 메모리 최적화 테이블로 변경함으로써 디스크 I/O 수 삭감과 락/래치가 불필요한 아키텍처가 되어 보다 효율적인 액세스가 가능하다(**그림 7.4**).

```
CREATE PROCEDURE Proc_1
AS
BEGIN
        CREATE TABLE #temp_tbl1 (
        c1 int,
        c2 nvarchar(20)
        )

        INSERT #temo_tbl1(c1, c2)
        SELECT user_id, user_name
        FROM [Customers]

        :
        :
        :
END
```

스토어드 프로시저 내의 일시 데이터를 저장하는 임시 테이블

임시 테이블을 인메모리 OLTP 오브젝트(메모리 최적화 테이블)로 대체함으로써 퍼포먼스의 향상을 기대할 수 있다.

그림 7.4   Temp Table

[*3]   Temp Table 작성에는 CREATE TABLE 스테이트먼트를 사용한다. 'CREATE TABLE #테이블'과 같이 테이블명 앞에 #을 지정하면 로컬 임시 테이블(작성자만 액세스할 수 있다)이 작성되고, ##을 지정하면 글로벌 임시 테이블(유저 간에서 공유할 수 있다)이 작성된다.

ETL의 중간 테이블

일반적으로 ETL[*4]은 여러 처리 단계를 거쳐 실행된다. 각각의 처리가 생성한 데이터는 중간적인 데이터세트에 보관된다. 중간 데이터의 생성 속도가 향상하면 ETL 전체의 처리 시간을 줄일 수 있다.

중간 테이블을 디스크 테이블에서 메모리 최적화 테이블로 변경함으로써 디스크 I/O분의 오버헤드가 없어져 큰 성능 향상을 기대할 수 있다. 또한 ETL 처리는 많은 경우 에러 발생 시 처리를 재실행하여 대처하기 때문에 일단 메모리상의 데이터가 파기됐다고 해도 문제없다(**그림 7.5**).

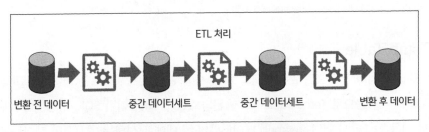

ETL 처리

변환 전 데이터   중간 데이터세트   중간 데이터세트   변환 후 데이터

ETL 처리의 중간 데이터세트를 메모리 최적화 테이블로 대체함으로써 I/O 부하를 낮출 수 있어 처리 속도가 향상된다.

그림 7.5　　ETL의 중간 테이블

7.2 ‖ 인메모리 OLTP를 구성하는 컴포넌트

인메모리 OLTP를 구성하는 요소에 대해 자세하게 살펴본다.

7.2.1 　메모리 최적화 테이블

인메모리 OLTP에서 사용하는 데이터는 **메모리 최적화 테이블**에 저장된다. 메모리 최적화 테이블의 데이터는 모두 메모리상에 로드되어 있다. 또한 데이터를 참조/갱

[*4] ETL(Extract Transform Load)이란 여러 대의 시스템에서 데이터를 추출하고(Extract), 추출한 데이터를 목적에 맞는 형식으로 가공하여(Transform) 데이터 웨어하우스 등에 건네는(Load) 처리이다.

신할 때 락이나 래치가 취득되는 일은 없다.

기존의 테이블은 테이블별 데이터가 8KB의 페이지에 저장되어 있었지만, 메모리 최적화 테이블은 전혀 구조가 다르다. 가장 큰 차이는 저장되어 있는 데이터 자체에는 테이블과 링크되는 정보를 보관하고 있지 않은 점이다. 개별로 존재하는 데이터는 인덱스에 의한 링크에 의해서 테이블로서 다룰 수 있다(그림 7.6).

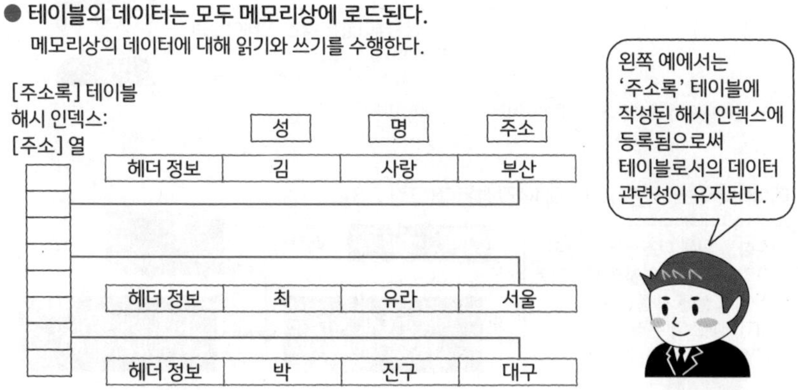
● 테이블의 데이터는 모두 메모리상에 로드된다.
메모리상의 데이터에 대해 읽기와 쓰기를 수행한다.
[주소록] 테이블
해시 인덱스:
[주소] 열
성
명
주소
헤더 정보
김
사랑
부산
헤더 정보
최
유라
서울
헤더 정보
박
진구
대구
왼쪽 예에서는 '주소록' 테이블에 작성된 해시 인덱스에 등록됨으로써 테이블로서의 데이터 관련성이 유지된다.

그림 7.6 메모리 최적화 테이블

7.2.2 인덱스

메모리 최적화 테이블에 정의하는 인덱스에는 다음과 같은 특징이 있다. 이들 특징은 모두 오브젝트의 경쟁과 디스크 액세스 조작 수를 억제하여 스루풋을 향상시키는 데 필요한 것이다.

· 페이지와 익스텐트 등 기존의 개념을 사용하지 않는다(그림 7.7).

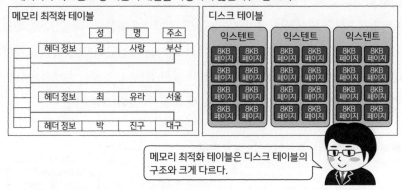

메모리 최적화 테이블은 디스크 테이블의 구조와 크게 다르다.

그림 7.7   페이지와 익스텐트 등의 개념은 사용하지 않는다.

· 데이터베이스가 온라인이 될 때 작성된다(그림 7.8).

영속화를 위해 디스크에 보존된 메모리 최적화 테이블의 데이터는 SQL 서버 실행 시 등 데이터베이스가 온라인이 되는 타이밍에 메모리에 로드된다.

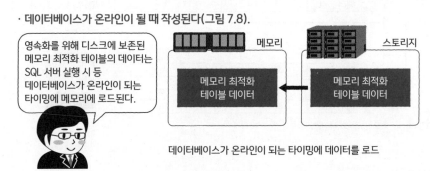

데이터베이스가 온라인이 되는 타이밍에 데이터를 로드

그림 7.8   데이터베이스가 온라인이 되는 타이밍에 메모리에 로드

· 인덱스의 변경은 트랜잭션 로그로서 디스크에 기록되지 않는다(그림 7.9).

인덱스는 데이터베이스가 온라인이 될 때 매회 작성되고 디스크상에는 존재하지 않는다. 때문에 디스크 테이블에서 발생하는 인덱스 갱신 시의 디스크 로그 기록이나 인덱스 페이지 갱신 등의 오버헤드는 메모리 최적화 테이블에는 없다.

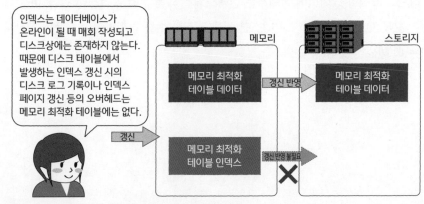

그림 7.9   데이터가 메모리상에 있기 때문에 갱신 오버헤드가 없다

170

메모리 최적화 테이블에는 다음의 인덱스를 작성할 수 있다.

- 해시 인덱스
- 인메모리 비클러스터화 인덱스
- 칼럼스토어 인덱스[5]

해시 인덱스

해시 인덱스는 메모리 최적화 테이블에만 작성할 수 있는 인덱스이다. 테이블의 데이터는 해시 함수에 의해서 **해시 버킷**[6]에 링크된다(**그림 7.10**). 해시 버킷의 자세한 내용에 대해서는 칼럼(p.172)도 참고하기 바란다.

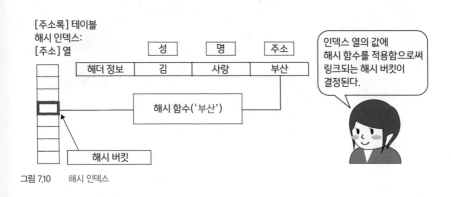

그림 7.10 해시 인덱스

또한 기존의 인덱스와는 다른 B-Tree 형식이 아니라 해시 버킷을 토대로 한 데이터의 링크를 수행한다(**그림 7.11**).

데이터 검색 시에는 조건에 지정된 키 값을 토대로 해당하는 해시 버킷을 특정하고, 그 링크 리스트 내에서 충족하는 값을 취득한다(**그림 7.12**). 이러한 동작은 매우 적은 데이터(궁극적으로는 1건)를 참조하는 데 적합하다.

---

[5] 이 장에서는 자세하게 다루지 않으므로 다음의 마이크로소프트 Docs에서 확인하기 바란다.
  ▼ 메모리 최적화 테이블의 인덱스
   https://docs.microsoft.com/ko-kr/sql/relational-databases/in-memory-oltp/indexes-for-memory-optimized-tables?view=sql-server-ver15
[6] 해시 인덱스의 각 요소, 자세한 내용은 칼럼(p.172) 참조

[주소록] 테이블

그림 7.11   해시 버킷을 토대로 한 데이터의 링크

[주소록] 테이블
해시 인덱스:

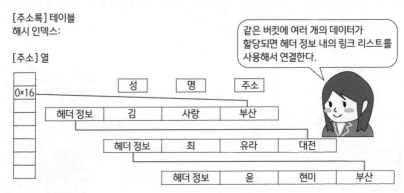

그림 7.12   데이터의 검색

칼럼

해시 버킷

  해시 인덱스에 지정한 열의 값에 해시 함수를 적용함으로써 어느 해시 버킷에 링크되는지가 결정된다. 같은 값은 항상 같은 해시 버킷에 연결된다. 또한 해시 함수를 적용한 결과로서 데이터가 균등하게 해시 버킷에 할당되는 것은 아니라는 점에 주의가 필요하다.

  해시 인덱스는 메모리 최적화 테이블 작성 시에 정의하고, 해시 버킷의 수도 그때 지정한다(ALTER TABLE 스테이트먼트에서 나중에 변경할 수도 있다).

  클라이언트로부터 요구받은 데이터의 유무를 확인하기 위해 해시 버킷에 링크된 모든 데이터를 검증할 필요가 있다. 따라서 해시 버킷에 링크되는 데이터가 많으면 많을수록 데이터의 참조 속도가 저하한다. 양호한 퍼포먼스를 유지하기 위해서는 버킷 수는 테이블 고유 값의 수와 같거나 1/2 이내의 범위에서 지정할 것을 권한다.

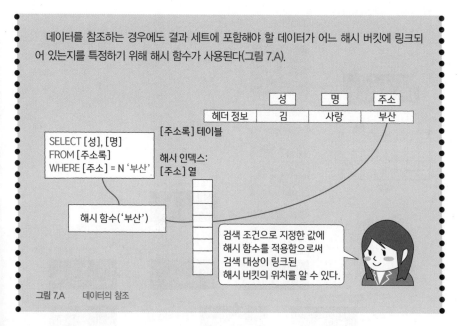

데이터를 참조하는 경우에도 결과 세트에 포함해야 할 데이터가 어느 해시 버킷에 링크되어 있는지를 특정하기 위해 해시 함수가 사용된다(그림 7.A).

그림 7.A　데이터의 참조

인메모리 비클러스터화 인덱스

해시 인덱스의 구조는 쿼리 조건에 지정된 값을 토대로 1건의 데이터를 취득할 때에 매우 뛰어난 퍼포먼스를 발휘하지만, 일정 범위의 데이터를 통합해서 취득하는 데는 적합하지 않다. 그것은 연속하는 영역을 스캔하는 게 아니라 해시 값을 충족시키는 값의 취득을 반복하기 때문이다(그림 7.13).

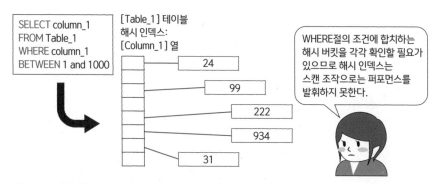

그림 7.13　해시 인덱스는 일정 범위의 데이터 취득에는 적합하지 않다.

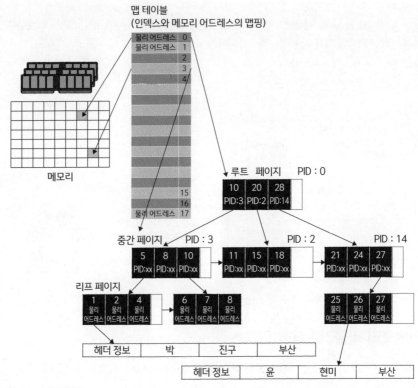

그림 7.14   맵 테이블

OLTP의 워크로드는 소량 데이터에 액세스하는 것이 대부분이라고는 해도 범위 스캔도 일정 빈도로 발생하는 것이 대부분이다. 그러한 액세스 패턴에서 퍼포먼스를 발휘하기 위해 구현된 것이 **인메모리 비클러스터화 인덱스**이다. 이름에서 알 수 있듯이 디스크 테이블 비클러스터화 인덱스의 B-Tree와 구조가 유사하지만 몇 가지 차이가 있다.

가장 큰 차이는 **맵 테이블**의 존재이다. 맵 테이블은 인덱스의 논리 페이지 번호와 실제로 데이터가 배치되어 있는 메모리상의 어드레스를 링크하기 위해 사용된다(**그림 7.14**).

이것은 B-Tree적인 구조를 가진 데이터를 락이나 래치를 사용하지 않고 갱신하기 위한 매우 중요한 역할을 한다(자세한 내용은 후술한다).

그리고 또 하나의 차이는 데이터의 구조적인 제약에서 인덱스 논리 페이지의 링크가 한 방향밖에 존재하지 않는다는 점이다. 다시 말해, 인덱스 정의 시에 지정한 정렬 순으로만 데이터를 검색할 수 있다. 오름차순으로 작성한 인덱스는 내림차순 액세스에 사용할 수 없다(**그림 7.15**). 만약 오름차순, 내림차순 양쪽에서 검색해야 하는 경우는 2가지의 인덱스를 작성해야 한다.

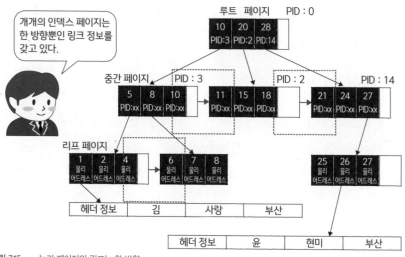

그림 7.15 논리 페이지의 링크는 한 방향

7.2.3 네이티브 컴파일 저장소드 프로시저

일반 Transact-SQL을 사용해도 메모리 최적화 테이블에 액세스할 수 있다. 다만 메모리 최적화 테이블 전용 액세스 패스를 가진 **네이티브 컴파일 저장소드 프로시저**를 사용해서 액세스하면 보다 고속의 퍼포먼스를 얻을 수 있다.

네이티브 컴파일 저장소드 프로시저를 작성하기 위해 CREATE PROCEDURE가 실행된 타이밍에 저장소드 프로시저의 코드를 토대로 한 C언어 소스코드가 생성된다. 나아가 컴파일 및 링크가 실행된 결과로서 .dll 파일(동적 링크 라이브러리)이 완성된다(**그림 7.16**).

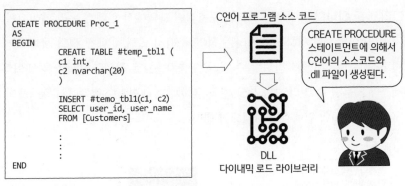

```
CREATE PROCEDURE Proc_1
AS
BEGIN
        CREATE TABLE #temp_tbl1 (
        c1 int,
        c2 nvarchar(20)
        )

        INSERT #temo_tbl1(c1, c2)
        SELECT user_id, user_name
        FROM [Customers]
        ⋮
        ⋮
        ⋮
END
```

C언어 프로그램 소스 코드

CREATE PROCEDURE 스테이트먼트에 의해서 C언어의 소스코드와 .dll 파일이 생성된다.

DLL
다이내믹 로드 라이브러리

그림 7.16　　네이티브 컴파일 저장소드 프로시저의 작성

네이티브 컴파일 저장소드 프로시저를 작성할 때는 CPU 리소스를 사용하게 되는데, 실행 시마다 컴파일되는 보통의 저장소드 프로시저와 비교하면 운용 시간대의 컴파일에 의한 CPU 리소스의 사용을 억제할 수 있다. 이에 따라 본래 우선되어야 할 비즈니스 로직의 실행 등에 CPU 리소스가 할당된다.

다만 모든 처리에서 보통의 저장소드 프로시저보다 처리 속도가 느린 것이 아니라 일반적으로는 다음과 같은 특징을 가진 처리 실행 시에 퍼포먼스를 발휘한다.

- 쿼리에 집계가 포함되어 있다.
- 쿼리 내에 복수 계층을 가진 루프 결합이 포함되어 있다.
- 서브 쿼리 등에서 복수 스테이트먼트를 포함하는 쿼리
- 복합식을 포함하는 쿼리
- 조건식이나 루프 등의 절차형 처리를 포함하는 쿼리

한편 매우 단순한 쿼리(가령, WHERE절의 조건에 충족하는 1건의 데이터를 추출하는 쿼리)의 경우는 일반 저장소드 프로시저의 퍼포먼스와 큰 차이 없는 경우도 있다. 따라서 모든 경우에 항상 네이티브 컴파일 저장소드 프로시저를 사용할 필요는 없다. 위에 소개한 조건에 충족하는 쿼리와 대량으로 실행되는 처리에 관해서는 검증 을 해서 효과를 파악한 후에 채용을 검토할 것을 권한다.

락/래치를 획득하지 않고 데이터 갱신을 실현하는 방법은?

메모리 최적화 테이블에서는 스루풋 향상을 위해 디스크 테이블의 리소스 보호 장치인 락이나 래치를 사용하지 않는다. 그러면 어떻게 해서 데이터 갱신을 실현하고 있을까?

우선 디스크 테이블에 데이터를 추가하는 경우의 동작부터 확인해보자.

디스크 테이블의 경우

① 추가하는 페이지에 배타 락을 획득

② 페이지에 데이터를 추가

③ 락을 해제

④ 락이 유지되고 있는 동안은 호환성이 없는 락 간의 경쟁(블로킹)이 발생하여 대기 시간이 스루풋을 저하시킨다(그림 7.B).

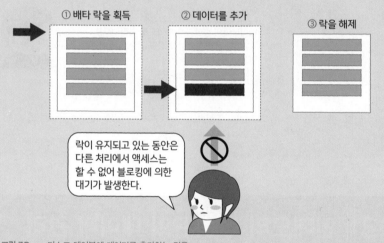

그림 7.B   디스크 테이블에 데이터를 추가하는 경우

이어서 메모리 최적화 테이블의 동작이다.

메모리 최적화 테이블의 경우

① 메모리상에 추가 데이터를 배치

② 기존 데이터의 링크 대상 어드레스를 **아토믹 조작**[7]으로 갱신

③ 신규 데이터 자체의 메모리에 전개될 때는 기존 데이터와 관련하지 않는 형태로 이루어

---

*7　몇 가지의 처리가 조합되어 불가분인 관계로 실행되는 조작을 의미한다. 링크 대상 어드레스의 갱신에는 어셈블러의 CMPXCHG 명령이 사용된다. CMPXCHG 명령에서는 아토믹 조작으로 레지스터(AL, AX, EAX, RAX 등) 값의 재기록이 가능하다.

진다. 또한 데이터의 링크도 아토믹으로 처리되기 때문에 락/래치 같은 정합성 보호를 위한 조작이 불필요하여 대기 시간이 발생하지 않는다(그림 7.C).

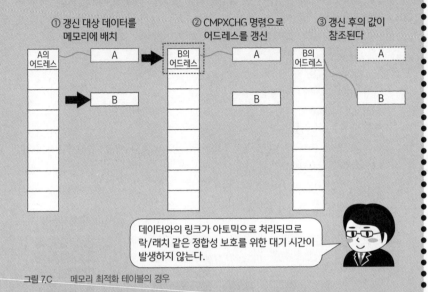

그림 7.C   메모리 최적화 테이블의 경우

이러한 심플한 동작으로 데이터를 갱신함으로써 기존에는 필요했던 락 및 래치를 피할 수 있다.

7.3 ‖ 인메모리 OLTP의 데이터 관리

7.3.1 데이터의 지속성

메모리 최적화 테이블의 데이터는 모두 메모리상에 로드되어 있는 것이 전제가 된다. 메모리상에만 존재하는 경우는 당연히 SQL 서버가 재이용되면 데이터는 소실된다.

데이터의 용도에 따라서는 그러한 동작이라도 전혀 문제없는 경우도 있다. 한편 재실행 후에도 같은 상태의 데이터를 사용할 필요가 있지 않을까? 이를 위해 메모리 최적화 테이블에 저장하는 데이터의 보관 방법은 어느 경우이든 대응할 수 있게끔돼 있다. 데이터의 지속성 옵션으로 **SCHEMA_AND_DATA** 또는 **SCHEMA_ONLY**에서 한쪽을 선택할 수 있다. 각각의 지속성 옵션에는 다음과 같은 특징이 있다.

SCHEMA_AND_DATA

디스크 테이블과 마찬가지로 메모리 최적화 테이블에 대한 모든 갱신 조작이 트랜잭션 로그로 기록된다. 이로써 SQL 서버가 재실행돼도 데이터가 손실되는 일은 없다. 또한 영속화된 데이터는 데이터베이스의 백업 대상에 포함되므로 하드웨어 장애 등에 의한 데이터베이스 파손이 발생해도 정기적으로 취득한 백업으로부터 복원할 수 있다(**그림 7.17**).

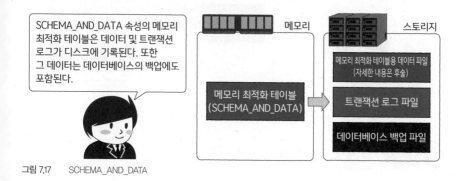

그림 7.17   SCHEMA_AND_DATA

한편 갱신 조작별로 출력되는 트랜잭션 로그를 적기 위한 I/O 조작이 디스크 테이블과 마찬가지로 발생하여 장애가 되는 경우가 있다(인메모리 데이터베이스인데 디스크 I/O가 장애가 된다). 그러한 상태를 예방하기 위해 고속 스토리지에 트랜잭션 로그 파일을 배치하는 등의 대처가 필요하다.

SCHEMA_ONLY

SQL 서버가 재실행되면 데이터는 모두 소실되고 메모리 최적화 테이블의 스키마만 보관된다. 다시 말해 SQL 서버가 일단 셧다운되면 데이터의 지속성은 없다. 다만 갱신 조작을 트랜잭션 로그로 기록하지 않기 때문에 SCHEMA_AND_DATA를 선택한 경우와 비교하면 I/O 조작 수가 크게 감소한다. 이에 따라 갱신 조작의 퍼포먼스 향상을 기대할 수 있다(그림 7.18).

이러한 특징에서 일시적인 데이터 보관 장소로서 메모리 최적화 테이블을 사용하는 경우(ETL과 배치의 중간 데이터 저장소 등)는 큰 이점이 된다.

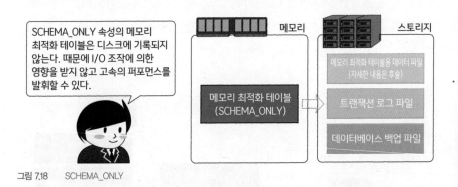

그림 7.18　SCHEMA_ONLY

7.3.2 　메모리 최적화 테이블의 데이터 구조

지금부터는 디스크 테이블과는 크게 다른 메모리 최적화 테이블의 데이터 구조에 대해 자세하게 소개한다.

디스크 테이블에서는 8KB 정형 사이즈의 페이지에 데이터가 저장되지만, 메모리 최적화 테이블의 데이터는 각 행이 가변 사이즈의 영역으로 메모리상에 존재하고 있다.

메모리 최적화 테이블의 데이터는 **그림 7.19**와 같이 **행 헤더** 및 **페이로드**라 불리는 2종류의 정보로 구성된다. 페이로드에는 데이터 자체가 저장되고 행 헤더에는 관리 정보가 저장되어 있다.

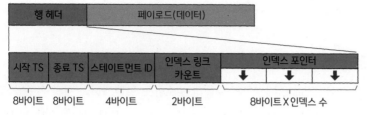

행 헤더	페이로드(데이터)

시작 TS	종료 TS	스테이트먼트 ID	인덱스 링크 카운트	인덱스 포인터 ↓ ↓ ↓
8바이트	8바이트	4바이트	2바이트	8바이트 X 인덱스 수

그림 7.19   SCHEMA_ONLY

행 헤더는 **표 7.1**의 정보로 구성되어 있다.

표 7.1   행 헤더가 저장하는 정보

정보	설명
시작 타임스탬프	데이터가 생성(INSERT)된 트랜잭션의 타임스탬프
종료 타임스탬프	데이터가 삭제(DELETE)된 트랜잭션의 타임스탬프. 아직 삭제되지 않은 행은 ∞(infinity)가 설정된다.
스테이트먼트 ID	데이터를 생성한 스테이트먼트 ID(트랜잭션 내의 모든 스테이트먼트가 트랜잭션 내에서 고유의 스테이트먼트 ID를 갖는다).
인덱스 링크 카운트	몇 개의 인덱스가 이 행을 참조하고 있는지를 나타낸다.
인덱스 포인터	인덱스의 어드레스를 나타내는 포인터

7.3.3 데이터의 라이프사이클

메모리 최적화 테이블의 데이터가 어떤 과정을 거쳐 생성, 참조, 삭제, 갱신되는지 내부적인 동작을 살펴보자.

여기서는 예를 들어 **표 7.2**와 같은 구조의 테이블에 액세스하기로 한다.

표 7.2   테이블의 예

테이블명	열명	데이터형	인덱스
주소록	성	nvarchar (50)	없음
	명	nvarchar (50)	없음
	주소	nvarchar (50)	해시 인덱스

그러면 각 DML[*8] 실행 시의 동작을 확인하자.

INSERT 동작

인메모리 OLTP에는 대량으로 발생하는 소규모 트랜잭션의 처리 속도를 크게 높이는 것이 요구된다. 때문에 최적화 테이블에 대해 어떻게 신속하게 데이터를 추가할 수 있을지가 지상명제 중 하나이다. 이를 실현하기 위해 가능한 한 심플한 처리를 가능한 한 적은 단계에 INSERT 스테이트먼트가 완료할 수 있도록 설계되어 있다. 그러면 구체적인 예와 함께 동작을 확인하자.

실행되는 스테이트먼트

INSERT [주소록] ([성], [명], [주소]) **VALUES** (N '김', N '사랑', N '부산')

① 열을 생성(**그림 7.20**①)

② 시작 타임스탬프에 실행 시의 타임스탬프를 설정(**그림 7.20**②)

③ 종료 타임스탬프에는 ∞를 설정(**그림 7.20**③)

④ [주소] 열에 해시 인덱스가 정의되어 있으므로 해시 함수를 적용한 결과, 할당된 해시 버킷에 데이터의 어드레스를 등록(**그림 7.20**④)

⑤ 만약 이미 등록된 어드레스가 존재하는 경우는 링크 리스트의 가장 뒤에 추가 (**그림 7.20**⑤)

[*8] DML(Data Manipulation Language : 데이터 조작 언어)은 데이터베이스의 데이터를 조작하기 위한 명령을 말하며, 대표적인 것에 SQL문의 SELECT(검색), UPDATE(갱신), DELETE(삭제), INSERT(삽입/신규 등록)가 있다.

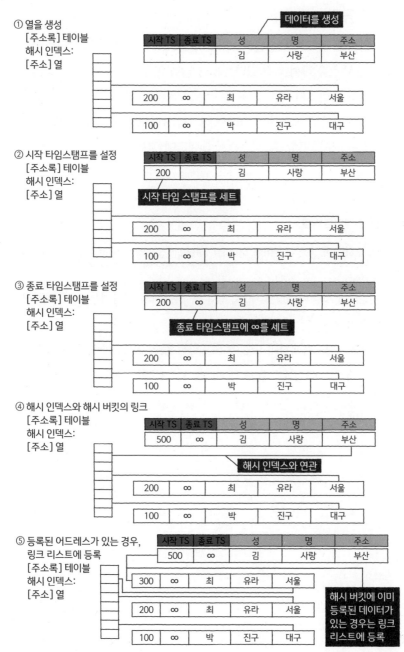

그림 7.20   INSERT 동작

SELECT 동작

메모리 최적화 테이블에는 클러스터화 칼럼스토어 인덱스, 비클러스터화 인덱스 및 해시 인덱스를 작성할 수 있다. 클러스터화 칼럼스토어 인덱스와 비클러스터화 인덱스를 사용한 SELECT 스테이트먼트의 동작은 디스크 테이블의 것과 기본적으로는 같은 원리로 처리된다. 따라서 여기서는 메모리 최적화 테이블의 가장 특징적인 동작인 해시 인덱스를 사용해서 데이터에 액세스하는 방법을 자세하게 알아본다.

실행되는 스테이트먼트

SELECT ([성], [명], [주소]) FROM [주소록] WHERE [주소] = N '부산'

① Where절에 지정한 조건을 해시 함수에 적용해서 해당하는 해시 버킷을 등록
  (그림 7.21①)
② 해시 버킷 내를 검색하여 조건에 충족하는 값의 어드레스를 취득(그림 7.21②)
③ 상기 ②의 어드레스를 토대로 데이터를 취득(그림 7.21③)

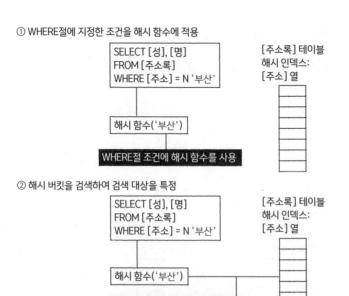

① WHERE절에 지정한 조건을 해시 함수에 적용

SELECT [성], [명]
FROM [주소록]
WHERE [주소] = N '부산'

[주소록] 테이블
해시 인덱스:
[주소] 열

해시 함수('부산')

WHERE절 조건에 해시 함수를 사용

② 해시 버킷을 검색하여 검색 대상을 특정

SELECT [성], [명]
FROM [주소록]
WHERE [주소] = N '부산'

[주소록] 테이블
해시 인덱스:
[주소] 열

해시 함수('부산')

검색 대상 데이터의 해시 버킷을 특정

③ 어드레스를 토대로 검색 대상 데이터를 취득

SELECT [성], [명]
FROM [주소록]
WHERE [주소] = N '부산'

[주소록] 테이블
해시 인덱스:
[주소] 열

	성	명	주소
헤더 정보	김	사랑	부산

해시 함수('부산')

검색 대상 데이터를 취득

그림 7.21   SELECT 동작

DELETE 동작

DELETE 스테이트먼트가 실행되면 대상이 되는 데이터에 종료 타임스탬프가 추가되고, 그 이후의 타임스탬프를 기다리는 트랜잭션으로부터는 무효 데이터로 인식된다. 종료 타임스탬프의 추가로 데이터는 논리 삭제(액세스는 불가능하지만 데이터는 메모리상에 남아 있는 상태)된 후에 가비지 컬렉션에 의해 메모리상에서 소거된다.

그러면 구체적인 예를 들어 동작을 살펴보자.

메모리 최적화 오브젝트(인메모리 OLTP)

실행되는 스테이트먼트

SELECT [주소록] **WHERE** [주소] = N '부산'

① **WHERE**절에 지정한 조건을 해시 함수에 적용해서 해당하는 해시 버킷을 확인
(그림 7.22①)
② 해시 버킷을 검색하여 조건에 충족하는 값의 어드레스를 취득(**그림 7.22②**)

① WHERE절에 지정한 조건을 해시 함수에 적용

② 해시 버킷을 검색해서 삭제 대상을 특정

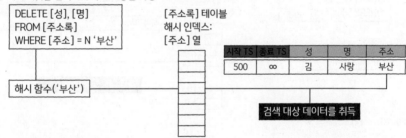

③ 종료 타임스탬프를 설정

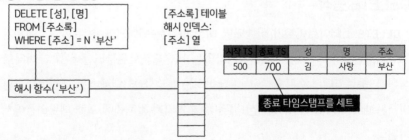

그림 7.22   DELETE 동작

③ 상기 ②의 어드레스 데이터의 종료 타임스탬프에, 실행 시의 타임스탬프를 설정(**그림 7.22③**). 물리적인 데이터 삭제는 후술하는 가비지 컬렉션에 의해서 실행한다.

UPDATE 동작

메모리 최적화 테이블에서도 일반 디스크 테이블과 마찬가지로 UPDATE는 INSERT와 DELETE의 조합으로 실현하고 있다. INSERT로 갱신 후의 데이터를 삽입하고 DELETE로 갱신 전 데이터를 삭제한다.

디스크 테이블과의 차이는 일련의 작업이 링크 리스트의 변경이나 관리 정보의 재기록 등으로 구성되어 매우 저부하로 실현할 수 있다는 점이다.

그러면 구체적인 예를 들어 동작을 살펴보자.

실행되는 스테이트먼트

```
UPDATE [주소록] SET [성] = N '홍', [명] = N '민구', [주소] = N '광주'
WHERE [주소] = N '부산'
```

① 갱신 대상 열을 특정하기 위해 **WHERE**절에 지정된 조건을 해시 함수에 적용해서 해당하는 해시 버킷을 확인(**그림 7.23①**)
② 해시 버킷 내를 검색하여 조건에 충족하는 값의 어드레스를 취득(**그림 7.23②**)
③ 상기 ②의 어드레스 데이터를 종료 타임스탬프에, 실행 시의 타임스탬프를 설정(갱신 전의 데이터 무효화: **그림 7.23③**)
④ 갱신 후 데이터를 생성하여 시작 타임스탬프에 실행 시의 타임스탬프, 종료 타임스탬프에는 ∞를 설정(**그림 7.23④**)
⑤ [주소] 열에 해시 인덱스가 정의되어 있으므로 해시 함수를 적용한 결과, 할당된 해시 버킷에 데이터의 어드레스를 등록(**그림 7.23⑤**)

① WHERE절에 지정한 조건을 해시 함수에 적용

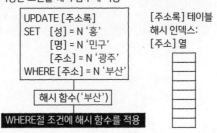

② 해시 버킷 내를 검색하여 갱신 대상을 취득

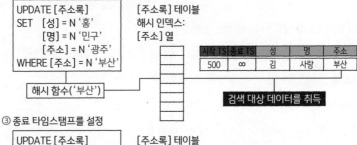

③ 종료 타임스탬프를 설정

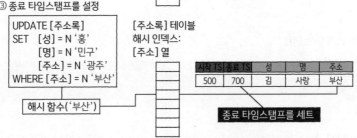

④ 갱신 후 데이터를 생성하여 시작/종료 타임스탬프를 설정

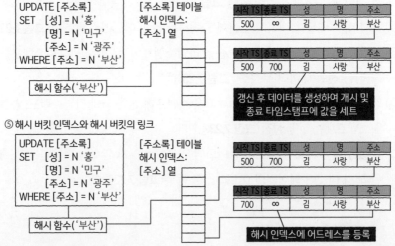

⑤ 해시 버킷 인덱스와 해시 버킷의 링크

그림 7.23   UPDATE 동작

7.3.4 가비지 컬렉션

메모리 최적화 테이블의 데이터는 모두 메모리상에 로드되어 있고, 또한 갱신이
발생하면 복수 버전의 데이터가 메모리상에 존재하게 된다. 따라서 정기적으로 불
필요해진 데이터를 메모리에서 삭제해서 메모리 영역을 해제하지 않으면 메모리
리소스가 고갈돼 버리다.

이렇게 불필요해진 메모리 영역을 자동으로 해제하는 기능이 **가비지 컬렉션**
(garbage collection: GC)이며, SQL 서버에서 메모리 리소스의 해제를 담당하는 컴
포넌트가 **가비지 컬렉션 메인 스레드**이다.

가비지 컬렉션 메인 스레드의 동작

기본적으로는 1분마다 실행되어 다음 동작을 수행한다. 또한 다수의 트랜잭션이
실행된 경우에는 가비지 컬렉션의 필요성이 높기 때문에 실행된 트랜잭션 수가 내
부적인 임계값을 초과한 경우 전회의 실행으로부터 간격이 1분 미만이라도 가비지
컬렉션 메인 스레드는 실행된다.

① 현 시점에서 가장 실행 시간이 오래된 액티브 트랜잭션보다 전에 데이터를 삭
   제 또는 갱신한 트랜잭션을 특정(**그림 7.24**①)
② 타임스탬프를 사용해서 상기 ①의 트랜잭션이 생성한 삭제 대상 데이터를 특
   정(**그림 7.24**②)
③ 상기 ②의 삭제 대상 데이터를 16행마다 묶어서 각 스케줄러의 가비지 컬렉션
   큐에 등록(**그림 7.24**③)

메모리 최적화 테이블과 디스크 테이블의 액세스 방법 차이

메모리 최적화 테이블에 액세스할 때는 디스크 테이블과는 전혀 다른 수단을 이용한다.
우선 테이블의 작성 시점부터 동작이 크게 다르다. 메모리 최적화 테이블을 CREATE
TABLE 스테이트먼트로 작성하면 실은 백그라운드에서 C언어의 소스코드가 작성된다. 소
스코드에는 테이블의 구조 정의가 포함되는 동시에 각 DML(SELECT, UPDATE, DELETE,
INSERT 등)이 실행됐을 때 호출되는 콜백 루틴도 기술되어 있다(그림 7.D).

```
CREATE TABLE [주소록]
(
    [성] NVARCHAR(20) NOT NULL,
    [명] NVARCHAR(20) NOT NULL,
    [주소] NVARCHAR(20) NOT NULL,
    [INDEX ix_address HASH ([주소]) with (BUCKET_COUNT=400)
)
WITH(MEMORY_OPTIMIZED=ON,
DURABILITY=SCHEMA_AND_DATA) :
```

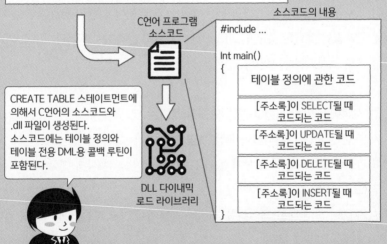

그림 7.D   메모리 최적화 테이블에 액세스

이것은 어떤 의미를 갖는 걸까?
디스크 테이블에 대해 DML이 실행되면 SQL 서버에서는 모든 오브젝트에 대응하는 범용
적 모듈이 호출되어 처리를 실행한다.
범용 모듈이므로 조작 대상이 되는 것은 어떤 오브젝트인지를 메타 데이터로부터 확인할

필요가 있다. 가령, 테이블에 포함되는 열의 수, 각 열의 데이터형과 같은 기본적인 정보를 얻고 나서 실제의 데이터 조작을 시작한다(그림 7.E).

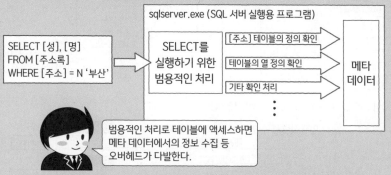

그림 7.E   디스크 테이블에 대해 DML을 실행한 경우

메모리 최적화 테이블에서는 메타 데이터를 확인할 필요는 없다. 왜냐하면 CREATE TABLE 시에 작성된 테이블별 전용 모듈이 콜백 루틴으로 준비되어 있기 때문이다. 어느 메모리 최적화 테이블에 대해 SELECT 스테이트먼트가 실행되면 대상 테이블용 SELECT 콜백 루틴이 호출된다.

콜백 루틴 내에서는 이미 대상 테이블의 구조를 고려해서 처리가 기술되어 있기 때문에 사전에 확인하기 위한 메타 데이터 액세스를 생략할 수 있다. 그만큼 처리가 적어져 CPU 리소스 사용을 줄일 수 있다.

언뜻 이러한 작은 처리가 있든 없든 대단한 의미가 없을지도 모른다. 그러나 단시간에 대상의 트랜잭션 처리가 필요한 상황에서는 큰 차이가 되어 드러난다.

인메모리 OLTP에서는 이러한 기능들을 구현하여 단위 시간당 트랜잭션 처리량 증가를 실현하고 있다.

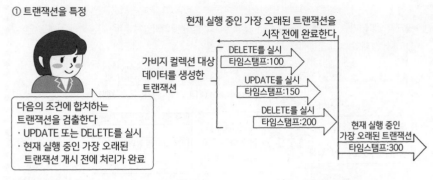

① 트랜잭션을 특정

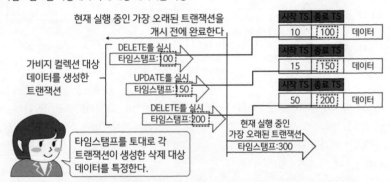

② 타임스탬프를 사용해서 삭제 대상 데이터를 특정

③ 삭제 대상 데이터를 스케줄러의 가비지 컬렉션 큐에 등록

그림 7.24　가비지 컬렉션 메인 스레드의 동작

메모리의 해제

　가비지 컬렉션 메인 스레드의 역할은 '해제 대상이 되는 데이터의 정리까지'이다.
실제의 메모리 해제는 아래와 같은 흐름이며, 각 유저 트랜잭션의 후처리로 실행된다. 이 동작은 SQLOS 스케줄러의 동작과 유사하다.

① 유저 트랜잭션은 커밋이 완료하면 링크된 스케줄러의 가비지 컬렉션 큐를 확인(그림 7.25①)
② 큐에 등록된 각 행이 사용하던 메모리 영역을 해제(그림 7.25②)
③ 스케줄러의 큐에 등록된 대상이 없으면 스케줄러가 소속된 NUMA 노드 내 다른 스케줄러의 가비지 컬렉션 큐를 확인하고, 큐에 등록된 각 행의 메모리 영역을 해제(그림 7.25③)

기본적으로는 메모리의 해제는 유저 트랜잭션에 의해서 실시되는 일이 많지만 가비지 컬렉션 메인 스레드가 담당하는 경우도 있다.

가령, 메모리의 많은 부분이 할당되어 있어 메모리 리소스의 압박이 발생한 경우 적극적으로 불필요한 메모리 영역을 해제할 필요가 있다. 그런 상황이라도 메모리 해제를 담당하는 유저 트랜잭션이 끊임없이 실행된다면 아무런 문제는 없다. 그러나 항상 원활하게 유저 트랜잭션이 실시된다고는 할 수 없다.

그런 사태에 대비해서 가비지 컬렉션 메인 스레드는 모든 가비지 컬렉션 큐에 액세스해서 메모리를 해제하는 기능을 갖고 있다. 설령 유저 트랜잭션이 실시되지 않을 때에 메모리 리소스의 압박이 발생했다고 해도 가비지 컬렉션 메인 스레드가 그 상황을 검지하고 대응하므로 문제없다.

① 스케줄러의 가비지 컬렉션 큐를 확인

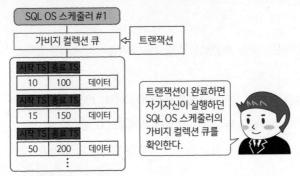

트랜잭션이 완료하면 자기자신이 실행하던 SQL OS 스케줄러의 가비지 컬렉션 큐를 확인한다.

② 삭제 대상 메모리 영역을 해방

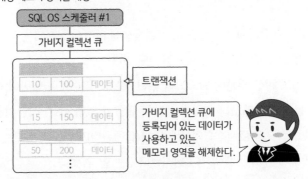

가비지 컬렉션 큐에 등록되어 있는 데이터가 사용하고 있는 메모리 영역을 해제한다.

③ 가비지 컬렉션 큐가 빈 경우

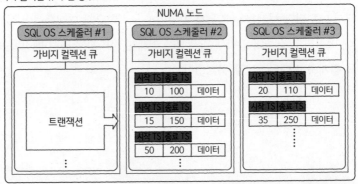

자기자신이 실행하던 SQL OS 스케줄러의 가비지 컬렉션 큐가 빈 경우, 같은 NUMA 노드 내 다른 SQL OS 스케줄러의 가비지 컬렉션 큐를 확인한다.

그림 7.24   메모리 해제 동작

SCHEMA_AND_DATA 속성을 가진 메모리 최적화 테이블은 디스크 테이블과 마찬가지로 그 데이터는 디스크에 기록된다. 우선 이 항에서 메모리 최적화 테이블이 디스크상에서 어떤 형식으로 보존되는지를 살펴본 후에, 다음 항에서 어떻게 처리되어 보존되는지를 설명한다.

메모리 최적화 테이블을 디스크에 보존하기 위한 오브젝트에는 다음과 같은 것이 있다.

메모리 최적화 파일 그룹

메모리 최적화 테이블의 데이터는 디스크 테이블과는 다른 전용 영역에 저장된다. 전용 영역은 **메모리 최적화 파일 그룹**이라 불리며, 하나 이상의 컨테이너로 구성된다.

이 컨테이너에는 물리적인 배치 대상을 지정할 수 있다. 따라서 여럿의 다른 물리 디스크에 컨테이너를 배치함으로써 디스크 I/O의 대역을 확보할 수 있다. 이 이점 때문에 SQL 서버 동작 시 등에 발생하는 메모리 최적화 테이블의 메모리 로드를 병렬로 실행할 수 있어 처리에 필요한 시간을 단축할 수 있다(**그림 7.26**).

메모리 최적화 파일 그룹은 SQL 서버에 이전부터 구현되어 있는 **FILESTREAM** 기능[*9]을 사용하고 있다.

> 메모리 최적화 테이블은 메모리 최적화 파일 그룹에 보존된다. I/O 속도를 높이기 위해 메모리 최적화 파일 그룹은 여러 개의 디스크에 배치한 컨테이너로 구성할 수 있다. 컨테이너란 후술하는 데이터 파일과 델타 파일을 저장하는 폴더이다.

메모리 최적화 파일 그룹

컨테이너 #1

컨테이너 #2

컨테이너 #3

그림 7.26   메모리 최적화 파일 그룹

*9   FILESTREAM은 도큐먼트와 이미지 데이터 등의 비구조화 데이터를 SQL 서버 내 **오브젝트로 관리**하는 기능이다. 메모리 최적화 테이블의 데이터 파일 및 델타 파일은 기존의 데이터베이스 파일(.mdf 파일)이 아니라 비구조화 데이터로 취급한다.

데이터 파일

메모리 최적화 테이블은 디스크 테이블과 같이 8KB 고정 사이즈의 페이지에 데이터를 저장하는 것은 아니다. 다양한 테이블의 다양한 사이즈의 행이 테이블에 추가된 순서대로 혼재한 상태로 저장되어 있다. 데이터는 항상 마지막에 추가되기 때문에 디스크에 순차 액세스를 한다. 이것은 랜덤 액세스보다 **순차 액세스** 속도에 우위성이 있는 하드디스크에서 특히 퍼포먼스 면에서 이점이 있다.

데이터 파일은 **그림 7.27**과 같은 구조로 돼 있다.

데이터 파일의 최대 사이즈는 128MB이다.
데이터 파일 내는 256KB 단위의 페이지로 기록된다.

데이터 파일

생성 시 타임스탬프	테이블 ID	행 ID	행 데이터
생성 시 타임스탬프	테이블 ID	행 ID	행 데이터
생성 시 타임스탬프	테이블 ID	행 ID	행 데이터
생성 시 타임스탬프	테이블 ID	행 ID	행 데이터

그림 7.27 데이터 파일

데이터 파일에 대해 항상 데이터가 추가되지만, 일단 추가된 데이터가 갱신되는 일은 없다. 같은 데이터가 변경되면 새로운 타임스탬프와 함께 새로운 데이터로 추가된다(**그림 7.28**). 데이터 파일 내의 데이터량이 일정 수에 달하면 새로운 데이터 파일이 추가된다.

새로운 데이터는 항상 추가되고, 기존의 데이터가 갱신되는 일은 없다.
데이터 파일의 사이즈가 128MB에 달하면 새로운 데이터 파일이 추가되고, 그 이후의 데이터는 새로운 파일에 추가된다.

항상 데이터가 추가된다

데이터 파일

생성 시 타임스탬프	테이블 ID	행 ID	행 데이터
생성 시 타임스탬프	테이블 ID	행 ID	행 데이터
생성 시 타임스탬프	테이블 ID	행 ID	행 데이터
생성 시 타임스탬프	테이블 ID	행 ID	행 데이터
생성 시 타임스탬프	테이블 ID	행 ID	행 데이터
생성 시 타임스탬프	테이블 ID	행 ID	행 데이터

그림 7.28 데이터 파일에 데이터 추가

델타 파일

델타 파일은 삭제된 데이터와 관련된 정보를 저장하는 데 사용된다.

데이터 파일 내의 데이터는 개별 DELETE 스테이트먼트 등으로 삭제해도 물리적으로 삭제되는 것은 아니다. 델타 파일 내에 삭제된 데이터를 나타내는 정보를 등록해야 논리적으로 삭제됐음을 표현한다.

델타 파일은 **그림 7.29**와 같은 구조로 돼 있다. 데이터 파일은 데이터 자체를 보관하고 있지만 델타 파일에는 행 ID와 삭제된 타임스탬프가 저장된다.

델타 파일에는 삭제된 데이터의 정보가 저장되고, 4KB 단위의 페이지로 기록된다.

델타 파일

생성 시 타임스탬프	삭제 시 타임스탬프	행 ID
생성 시 타임스탬프	삭제 시 타임스탬프	행 ID
생성 시 타임스탬프	삭제 시 타임스탬프	행 ID
생성 시 타임스탬프	삭제 시 타임스탬프	행 ID

그림 7.29   델타 파일

데이터 파일의 데이터는 SQL 서버 실행 시에 메모리에 로드되는데, 델타 파일을 필터로 사용함으로써 로드하는 대상을 삭제되지 않은 데이터에 한정할 수 있다(**그림 7.30**).

체크포인트 파일 페어

데이터 파일과 델타 파일은 반드시 한 쌍으로 취급되고, 각각을 체크포인트 파일 페어라고 부른다(**그림 7.31**).

메
모
리
최
적
화
오
브
젝
트
(
인
메
모
리
O
L
T
P
)

데이터 파일

생성 시 타임스탬프	테이블 ID	행 ID	행 데이터
100	300	10	AAA
200	350	20	BBB
300	400	50	CCC

델타 파일을 필터로 사용함으로써 삭제된 데이터가 메모리상에 로드되는 것을 방지한다.

데이터 파일의 데이터를 메모리에 로드할 때 델타 파일의 삭제 정보가 데이터의 필터에 사용된다.

델타 파일

생성 시 타임스탬프	삭제 시 타임스탬프	행 ID
100	500	10
200	600	20

메모리상에 로드되는 데이터

생성 시 타임스탬프	테이블 ID	행 ID	행 데이터
300	400	50	CCC

그림 7.30   델타 파일에 의한 데이터의 필터

데이터 파일과 델타 파일은 반드시 한 쌍으로 존재하고, 각각을 체크포인트 파일 페어라고 부른다.

메모리 최적화 파일 그룹

컨테이너 #1

| 데이터 파일 |
| 델타 파일 |
├ 체크포인트 파일 페어

| 데이터 파일 |
| 델타 파일 |
├ 체크포인트 파일 페어

| 데이터 파일 |
| 델타 파일 |
├ 체크포인트 파일 페어

그림 7.31   체크포인트 파일 페어

7.3.6 디스크 보존 시의 동작

메모리 최적화 테이블이 디스크에 기록될 때의 동작과 기록된 후에 발생하는 처리는 디스크 테이블과 크게 다르다. 이 점을 이해하는 것은 인메모리 OLTP를 활용하는 데도 매우 중요하다.

메모리 최적화 테이블의 체크포인트

SCHEMA_AND_DATA 속성을 가진 메모리 최적화 테이블의 정보가 디스크에 기록되는 계기는 디스크 테이블과 마찬가지로 체크포인트이다. 다만, 정기적으로 더티 페이지를 데이터베이스 파일로 기록하는 디스크 테이블의 체크포인트와는 다르다.

체크포인트가 실행되면 메모리 최적화 그룹에 대해 다음의 조작이 실행된다(그림 7.32).

① 트랜잭션 로그의 플래시
② 데이터 파일에 데이터 추가
③ 델타 파일의 정보 추가

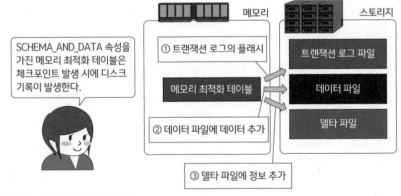

그림 7.32　체크포인트 발생 시의 동작

체크포인트가 발생하는 타이밍에는 다음 2종류가 있다.

자동 체크포인트

전회의 체크포인트에서 1.5GB의 트랜잭션 로그가 생성된 시점에서 발생한다(디스크 테이블의 변경에 기인한 트랜잭션 로그도 포함한다). 복구 시간을 토대로 자동 체크포인트 간격이 제어되는 디스크 테이블과 그 발생 계기(원인)가 크게 다르다.

수동 체크포인트

수동으로 **CHECKPOINT** 스테이트먼트를 실행함으로써 체크포인트를 발생시킬 수도 있다. CHECKPOINT 스테이트먼트가 실행되면 메모리 최적화 테이블과 디스크 테이블 양쪽에 체크포인트 조작이 발생한다.

체크포인트 파일 페어의 병합(merge)

메모리 최적화 테이블의 데이터에 대해 DELETE 스테이트먼트와 UPDATE 스테이트먼트가 실행되면 삭제된 데이터(UPDATE 스테이트먼트라도 갱신 전 데이터의 삭제가 발생)의 정보는 델타 파일에 축적된다. 한편 델타 파일의 정보에 대응하는 데이터 파일 내의 데이터는 불필요해져 액세스되지 않는다.

이러한 상태를 방치하면 데이터 파일 내의 액세스되지 않은 데이터의 비율이 점점 늘어난다. 다시 말해, 디스크상에 불필요한 데이터가 수많이 남게 되고, 그 결과 다양한 오버헤드가 생긴다.

가장 알기 쉬운 것은 불필요해진 데이터에 의해서 디스크가 점유되어 테이블 사이즈가 비대해지는 점이다. 또한 데이터 파일을 읽어들일 때는 삭제된 데이터를 포함한 데이터 파일 전체가 읽히고, 그 후에 델타 파일을 사용해서 데이터를 선별(삭제된 데이터의 제외 처리)한다. 따라서 판독량의 증가에 의한 디스크 리소스의 부하, 삭제 데이터의 제외 처리에 의한 CPU 리소스의 부하도 증가한다(**그림 7.33①②**).

① 불필요한 데이터에 의한 디스크 사이즈의 점유

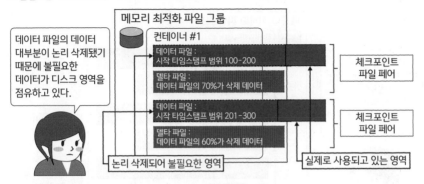

② 메모리에 로드할 때 불필요한 디스크 조작

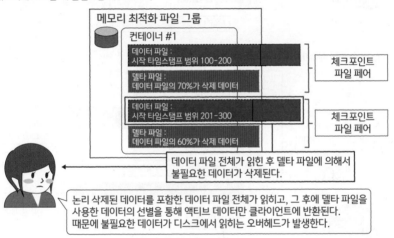

그림 7.33   데이터 파일 내의 불필요한 데이터에 의한 오버헤드

이러한 상태를 방지하기 위해 실행되는 것이 **체크포인트 파일 페어**의 병합이다.

델타 파일의 정보량이 일정 수를 넘는 복수의 체크포인트 파일 페어를 하나로 통합하면 효율적인 운용이 가능하다(**그림 7.34①②**).

체크포인트 파일 페어의 병합은 임계값을 토대로 자동으로 이루어지지만, sp_xtp_merge_checkpoint_files 시스템 프로시저를 실행하면 수동으로 관리할 수 있다.

① 데이터 파일의 정보량이 일정 수를 넘으면…

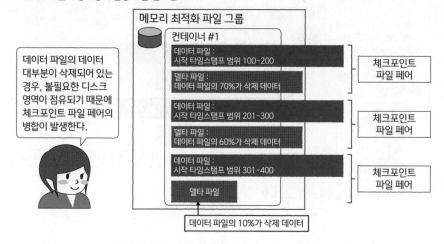

② 체크포인트 파일 페어가 병합된다

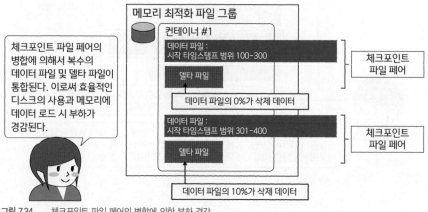

그림 7.34　체크포인트 파일 페어의 병합에 의한 부하 경감

7.3.7 사이징

메모리 최적화 테이블의 **사이징**은 디스크 테이블보다 신중을 기할 필요가 있다.

지금까지 설명한 대로 메모리 최적화 테이블은 디스크 테이블처럼 사용 빈도가 낮은 데이터를 메모리상에서 배제할 수 없다. 테이블의 데이터와 인덱스는 모두 항상 메모리상에 로드되어 있다.

메모리 최적화 테이블의 데이터량이 예상이 적은 경우 SQL 서버가 확보하고 있는 메모리 리소스가 예상을 넘어 메모리 최적화 테이블에 소비되고 만다(그 영역은 해제되지 않는다). 이에 수반하여 그 이외의 메모리를 필요로 하는 컴포넌트(버퍼 풀, 작업용 메모리, 컴파일용 메모리 등)에 할당량이 제한되어 다양한 악영향을 미친다.

데이터 사이즈

다음 각 계산식의 합계로 데이터의 사이즈를 구할 수 있다.

타임스탬프＋행 헤더	24바이트
인덱스 포인터	8바이트×인덱스 수
데이터	각 열의 데이터 길이 합계

가령, **리스트 7.1**과 같은 구조를 가진 500만 행의 데이터를 저장하는 메모리 최적화 데이터가 필요로 하는 메모리 사이즈를 구하는 경우를 생각해보자.

리스트 7.1   메모리 최적화 테이블의 정의 예

```
CREATE TABLE thk
(
  col1 int NOT NULL PRIMARY KEY NONCLUSTERED,
  col2 int NOT NULL INDEX t1c2_index HASH WITH (bucket_count = 5000000),
  col3 int NOT NULL INDEX t1c3_index HASH WITH (bucket_count = 5000000),
  col4 int NOT NULL INDEX t1c4_index HASH WITH (bucket_count = 5000000),
  col5 int NOT NULL INDEX t1c5_index NONCLUSTERED,
  col6 char (50) NOT NULL,
  col7 char (50) NOT NULL,
  col8 char (30) NOT NULL,
  col9 char (50) NOT NULL
) WITH (memory_optimized = on);
```

이 경우, 메모리 최적화 테이블이 필요로 하는 메모리 사이즈는 다음 식으로 구할 수 있고, 약 1.28GB가 된다.

24바이트(타임스탬프+행 헤더)+32바이트(8바이트×인덱스 수)+200바이트(각 열의 데이터 길이 합계 4+4+4+4+4+50+50+30+50)×5,000,000(행 수)=1,280,000,000바이트

Int형 데이터의 데이터 길이는 4바이트이므로 테이블 상수(리스트 7.1)의 col1에서 col5를 위의 식에서 각 4바이트로 가산했다.

인덱스 사이즈

메모리 최적화 테이블은 데이터만으로 구성되어 있는 게 아니라 인덱스 사이즈도 고려해야 한다. 인덱스 사이즈는 다음 식으로 구할 수 있다.

해시 인덱스	해시 버킷 수×8바이트[10]
비클러스터화 인덱스	행 수×인덱스 길이

7.4 ‖ 인메모리 OLTP 사용 시의 유의사항

지금까지 소개한 바와 같이 인메모리 OLTP는 기존의 디스크 테이블과 모든 점에서 크게 다르다. 때문에 인메모리 OLTP를 사용하는 데 있어 그 특성을 충분히 이해할 필요가 있다. 디스크 테이블과 기존의 저장소드 프로시저와 마찬가지로 설계를 하면 기대한 동작이나 퍼포먼스를 발휘할 수 없다.

그래서, 특히 주의해야 할 점에 대해 소개한다. 자세한 내용이나 최신 정보는 아래의 마이크로소프트 Docs 사이트를 참조하기 바란다.

▼ SQL 서버의 인메모리 OLTP 기능의 채용 계획

https://docs.microsoft.com/ko-kr/sql/relational-databases/in-memory-oltp/plan-your-adoption-of-in-memory-oltp-features-in-sql-server?view=sql-server-ver15

---

*10 만약 '해시 버킷 수×8바이트'의 값이 2의 제듭제곱이 아닌 경우 값보다 크고 가장 가까운 2의 거듭제곱 사이즈의 메모리가 확보된다.

7.4.1 가장 먼저 채용해야 할 인덱스

인메모리 OLTP의 경험이 아직 충분하지 않은 단계에서는, 먼저 비클러스터화 인덱스의 작성을 검토하기 바란다. 해시 인덱스는 특정 검색 패턴에서 큰 효과를 발휘하지만 해시 버킷의 수를 적정하게 예측하는 것이 어렵다는 이유에서 퍼포먼스를 안정시키려면 경험에 기초한 지견이 필요하다.

비클러스터화 인덱스는 범용성이 높고 퍼포먼스의 편차가 적기 때문에 비교적 쉽게 안정된 성능을 확보할 수 있다.

7.4.2 메모리 최적화 테이블에서 지원되지 않는 기능

디스크 테이블에서는 지원되는 몇 가지 기능이 메모리 최적화 테이블에서는 지원되지 않거나 또는 제한적으로 지원된다. 아래는 지원되지 않는 주요 기능이다.

- 데이터 압축
- 파티션 분할
- 최소/일괄 로그 기록
- 복수 데이터베이스에 걸친 트랜잭션
- 포함 데이터베이스

지원되지 않는 모든 기능에 대해서는 다음의 마이크로소프트 Docs 사이트를 참조하기 바란다.

▼ 메모리 최적화 테이블에 대해 지원되지 않는 SQL 서버의 기능

https://docs.microsoft.com/ko-kr/sql/relational-databases/in-memory-oltp/
unsupported-sql-server-features-for-in-memory-oltp?view=sql-server-ver15

메모리 최적화 오브젝트 (인메모리 OLTP)

7.4.3 네이티브 컴파일 저장소드 프로시저 사용 시의 유의사항

네이티브 컴파일 저장소드 프로시저는 'OLTP 스루풋의 최대화'라는 처리 특성의 실현에 중점을 두기 때문에 몇 가지의 기능이 일반 저장소드 프로시저와 동작이 다르다. 아래는 그 주요 예이다.

- 병렬 처리로는 동작하지 않고 항상 싱글 스레드로 실행되기 때문에 대규모 데이터의 처리에는 부적합하다.
- 테이블의 결합 시에는 루프 결합만으로 동작하고 해시 결합/병합 결합이 사용되는 일이 없기 때문에 대규모 데이터의 처리에는 부적합하다.
- 사용할 수 있는 T-SQL 스테이트먼트에 제한이 있다. 자세한 내용은 마이크로소프트 Docs 사이트를 참조하기 바란다.

▼ 네이티브 컴파일 T-SQL 모듈에서 지원되는 기능
https://docs.microsoft.com/ko-kr/sql/relational-databases/in-memory-oltp/supported-features-for-natively-compiled-t-sql-modules?view=sql-server-ver15

7.5 ‖ 제7장 정리

이 장에서는 SQL 서버의 인메모리 기능에 대해 소개했다. 많은 경우 디스크 테이블에서 충분한 퍼포먼스/스루풋을 얻을 수 있지만, 한 단계 위의 처리 성능이 필요한 경우에 인메모리 OLTP는 유력한 선택지가 된다.

다만 실제로 채용하기 전에 디스크 테이블과의 구조 차이, 유의사항 등을 참고하면서 꼼꼼한 사전 검증을 해야 한다.

제 8 장

릴레이셔널 엔진의 동작

이 장에서는 SQL 서버가 클라이언트로부터 쿼리를 받고 나서
데이터에 액세스하기까지의 내부적인 단계를 소개한다.
쿼리가 실행되기까지 일련의 처리 흐름과 그 과정에서 결정되는
데이터 액세스 방법은 쿼리 실행 시의 퍼포먼스에 큰 영향을 미
친다. 때문에 수많이 존재하는 SQL 서버의 컴포넌트 중에서도
특히 중요한 부분이라고 할 수 있다. 이 처리를 수행하는 컴포넌
트군을 총칭해서 **릴레이셔널 엔진** 또는 **쿼리 프로세서**라고 한다.
릴레이셔널 엔진의 동작을 이해하면 퍼포먼스 관련 트러블슈팅
시에 중요한 문제점을 압축할 수 있다.

8.1 ‖ 릴레이셔널 엔진의 구성

릴레이셔널 엔진은 크게 나누어 다음 3가지의 컴포넌트로 구성되어 있다. 각 컴포넌트는 다시 수많은 서브 컴포넌트로 구성된다(**그림 8.1**).

- Language Procedure Execution : 클라이언트로부터 받은 쿼리의 구문 해석과 쿼리의 파라미터화 등
- Query Optimization : 쿼리의 최적화
- Query Execution : 쿼리의 처리에 필요한 리소스 획득과 쿼리 실행

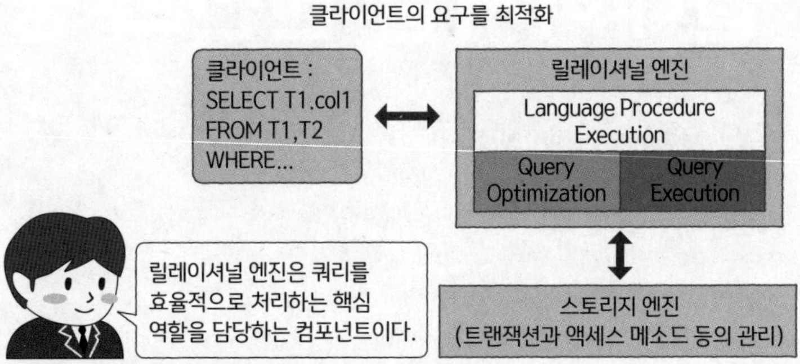

그림 8.1   릴레이셔널 엔진

8.2 ‖ 쿼리의 라이프사이클

클라이언트에게서 받은 쿼리의 처리 요구는 릴레이셔널 엔진 내에서 **그림 8.2**와 같은 단계를 거쳐 실행된다.

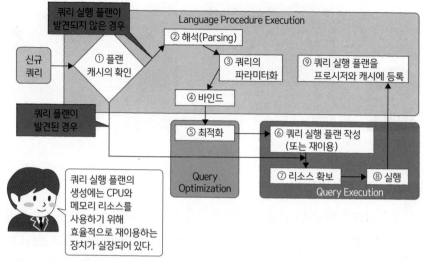

그림 8.2 　쿼리의 라이프사이클

① 플랜 캐시의 확인

플랜 캐시(또는 **프로시저 캐시**)에는 지금까지 실행된 쿼리의 실행 플랜이 일정 기간 저장되어 있다. 저장된 쿼리 실행 플랜은 쿼리 실행 플랜 생성의 토대가 된 실제의 쿼리 텍스트(**SELECT** 스테이트먼트 등)도 보관하고 있다.

만약 클라이언트로부터 받은 쿼리가 이미 플랜 캐시에 존재하는 쿼리와 충족하는 경우는 많은 비용이 드는 최적화 등의 처리를 생략할 수 있다. 따라서 클라이언트로부터 쿼리를 받았으면 우선 플랜 캐시에 충족하는 것이 존재하는지 쿼리 텍스트를 비교하여 확인한다.

② 파싱(Parsing)

클라이언트에게 받은 **쿼리의 해석**을 수행한다. 쿼리의 해석이란 쿼리의 구성 요소를 입력 데이터 소스인 테이블과 입력 데이터의 필터링인 WHERE절, 데이터의 처리에 영향을 미치는 ORDER BY 오퍼레이터[1] 등으로 일단 분류하고, 이들을 트리 구조로 재구성하는 것을 의미한다. 재구성된 트리는 쿼리 트리(또는 릴레이셔널 오퍼레이터 트리)라고 부르며, 그 후의 단계에서 쿼리의 최적화가 이루어질 때 사용된다(그림 8.3).

[1] 　결과 세트를 임의의 열로 정렬할 때 사용하는 오퍼레이터이다.

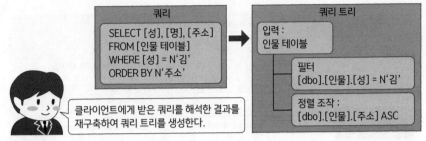

그림 8.3　쿼리 트리

③ 쿼리의 파라미터화

장래에 쿼리가 재실행되는 것에 대비하여 플랜 캐시에 저장하기 위한 준비를 한다. 구체적으로는 클라이언트에게 받은 쿼리 텍스트를 **파라미터화 쿼리**로 변환한다 (그림 8.4).

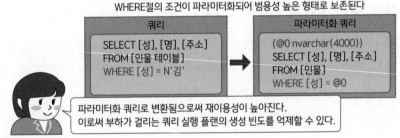

그림 8.4　파라미터화 쿼리로 변환

④ 바인드

쿼리로 조작되는 테이블 등의 열과 클라이언트에 반환하는 결과 세트가 바인드 (링크)된다.

⑤ 최적화

쿼리의 해석 결과로 받은 쿼리 트리를 토대로 쿼리 옵티마이저에 의해서 쿼리 실행 플랜이 생성된다. 쿼리 옵티마이저의 동작은 퍼포먼스 튜닝 시에 매우 중요한 의미를 가지므로 다음 항에서 자세히 설명한다.

⑥ 쿼리 실행 플랜 생성(또는 재이용)

쿼리 실행 플랜이 플랜 캐시에 존재하는 경우는 재이용된다. 없는 경우는 쿼리 옵티마이저에 의해서 생성된 컴파일 플랜을 토대로 실행 가능 플랜이 생성된다.

⑦ 리소스 확보

쿼리 실행 플랜에 기초해서 쿼리를 처리하기 위해 필요한 리소스를 확보한다. 예를 들면, 결과 세트의 정렬이 필요한 경우는 정렬용 메모리 획득을 요구한다. 또는 병렬로 처리돼야 할 쿼리에는 병렬 처리에 필요한 내부 스레드의 획득을 요구한다.

⑧ 실행

쿼리 실행 플랜에 기초한 리소스 확보가 완료하면 쿼리의 실행이 시작된다.

⑨ 쿼리 실행 플랜의 등록

쿼리 실행 플랜이 플랜 캐시에 존재하지 않으면 등록한다.

8.3 ∥ 쿼리 옵티마이저

SQL 서버가 구현하고 있는 쿼리 옵티마이저의 알고리즘은 괴츠 그라페(Goetz Graefe)에 의해 IEEE의 간행물[2]에서 발표한 **캐스케이드(Cascades)** 프레임워크를 기본으로 한다. 캐스케이드 프레임워크에 대한 사양이 게재된 도큐먼트는 현재도 다양한 교육기관 등의 사이트[3] 에서 다운로드할 수 있으므로 흥미 있는 사람은 참조하기 바란다.

쿼리 옵티마이저의 알고리즘에 마찬가지로 캐스케이드 프레임워크를 채용한 RDBMS로는 구 탠덤(현 HP)의 Nonstop SQL이 있다(둘을 연결하는 존재는 양쪽

---

[2] G.Graefe. The Cascades Framework for Query Optimization. Data Engineering Bulletin 18 (3) 1995.

[3] http://jslegers.github.io/cascadeframework/

의 개발에 참여한 짐 그레이(Jim Gray)[*4]라고 할 수 있지 않을까).

SQL 서버에서 쿼리 옵티마이저의 역할은 논리적인 쿼리 트리를 Language Procedure Execution(LPE)에서 받아 실행 가능한 물리적 쿼리 트리로 변환해서 쿼리 프로시저에 건네는 것이다. 그 과정에서 쿼리는 필요에 따라서 몇 단계나 걸쳐 변환된다. 여기서는 쿼리 옵티마이저의 처리 과정을 소개한다(그림 8.5).

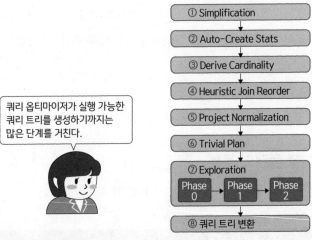

쿼리 옵티마이저가 실행 가능한 쿼리 트리를 생성하기까지는 많은 단계를 거친다.

① Simplification
② Auto-Create Stats
③ Derive Cardinality
④ Heuristic Join Reorder
⑤ Project Normalization
⑥ Trivial Plan
⑦ Exploration
Phase 0　Phase 1　Phase 2
⑧ 쿼리 트리 변환

그림 8.5　파라미터화 쿼리로 변환

① Simplication

LPE에서 받은 논리적 쿼리 트리 내의 입력 테이블을 명확히 하거나 중복 부분을 제거해서 트리를 단순화, 정규화한다.

② Auto-Create Stats

쿼리의 실행에 필요한 통계 정보(자세한 내용은 후술)가 없는 경우 이 단계에서 작성한다.

[*4]　IBM, DEC, 탠덤, 마이크로소프트 등에서 소프트웨어 설계자 및 연구자로서 주요 데이터베이스 관리 시스템 과 트랜잭션 처리 개발에 종사한 이 분야의 1인자. http://jimgray.azurewebsites.net/

③ Derive Cardinality

통계 정보를 메모리에 로드한다.

④ Heuristic Join Reorder

쿼리가 테이블의 결합을 수행하는 경우에 쿼리 실행 플랜을 검토할 때 기본이 되는 최초의 테이블 결합 순서를 결정한다. 쿼리 내에서 같은 테이블이 여러 회 결합되는 경우는 이 단계에서 단순화해서 불필요한 결합은 제거하다.

⑤ Project Normalization

쿼리에 포함되는 계산열 등이 비결정적이라는 등의 이유로 플랜 생성을 고려하지 않는 경우는, 이후의 Trivial Plan 단계와 Exploration 단계에서 플랜을 생성할 때 제외한다.

⑥ Trivial Plan

실행되는 쿼리와 대상이 되는 테이블의 스키마가 매우 단순한 경우, 이 단계에서 비용을 고려하지 않는 플랜 생성이 이루어진다. 그 결과, 생성 가능한 쿼리 실행 플랜의 선택지가 하나밖에 없는 경우는 다음의 Exploration 단계가 생략되고, 이 단계에서 생성된 쿼리 실행 플랜이 쿼리 트리 변환 단계로 건네진다. 매우 단순한 쿼리란, 결합에도 정렬 등이 포함되지 않는 쿼리를 말한다. 예를 들면 다음과 같은 쿼리이다.

```
SELECT col FROM Table1
```

⑦ Exploration

SQL 서버의 쿼리 옵티마이저 동작 중에서 비용을 토대로 플랜을 고려하는 유일한 단계이다. 대부분의 쿼리는 Exploration 단계 중 어느 하나의 단계에서 생성된 쿼리 실행 플랜을 사용한다.

Phase 0

병렬 플랜은 고려하지 않고 결합 방식은 Nested Loop[*5]만을 고려하는 등의 조건 하에서 한정적인 플랜을 검토한다. 이러한 조건에 해당하지 않는 쿼리는 이 단계를 건너뛰고 다음 Phase 1부터 플랜 검토를 시작하다. 이 단계에서 0.2보다 낮은 비용 의 쿼리 실행 플랜 생성이 가능한 경우는 다음 단계로 진행하지 않고 이 단계에서 생성된 쿼리 실행 플랜이 쿼리 트리 변환 단계로 건네진다.

Phase 1

비교적 사용 빈도가 높은 쿼리 실행 플랜과 실행 대상 쿼리 트리의 패턴이 충족 하는지 여부를 확인한다. 충족하는 패턴이 확인되어 그 패턴을 적용한 경우의 비용 이 0.1보다 낮으면 다음 단계로 진행하지 않고 이 단계에서 생성된 쿼리 실행 플랜 이 쿼리 트리 변환 단계로 건네진다.

Phase 2

모든 가능성을 검토해서 실행 대상 쿼리에 특화한 쿼리 실행 플랜의 생성을 검토 한다. 쿼리 옵티마이저에 할당된 시간을 넘은 경우는 플랜의 검토를 중단하고 그 단 계에서 가장 낮은 비용의 쿼리 실행 플랜이 쿼리 트리 변환 단계로 건네진다.

⑧ 쿼리 트리 변환

Trivial Plan 단계 또는 Exploration 단계에서 건네받은 쿼리 실행 플랜을 토대로 물리적 쿼리 트리가 생성된다. 생성된 쿼리 트리는 쿼리의 실행을 제어하는 컴포넌 트인 쿼리 프로세서에 넘겨진다.

[*5] 가장 심플한 테이블 결합 방법이다. 한쪽 테이블의 데이터를 토대로 다른 한쪽의 테이블 내에서 충족하는 값 의 검색을 수행한다.

8.4 쿼리 옵티마이저와 쿼리 실행 플랜

일찍이 SQL 서버 쿼리 옵티마이저의 동작에 관해 알아보면서 여러 자료를 읽었다면 다음과 같은 한 문장을 봤을 것이다.

> SQL 서버의 옵티마이저는 optimal(최적)의 쿼리 실행 플랜을 생성하는 것이 아니라 제한 시간 내에 reasonable(타당)한 쿼리 실행 플랜을 생성하는 것을 목적으로 한다.

항상 최적인 쿼리 실행 플랜이 생성될 거라고 믿어 의심치 않았던 필자로서는 읽고 나서도 그 내용을 도저히 납득하지 못했다. 그러나 잠시 그 이유에 대해 여러 가지로 생각해보니, 마침내 의미하는 바를 알게 됐다. 최적인 쿼리 실행 플랜을 생성하는 가장 확실한 수단은 쿼리에서 사용되는 모든 테이블의 데이터 상황을 파악하고 모든 테이블의 모든 인덱스 상황을 파악하여 테이블 결합 순서, 사용하는 인덱스, 테이블 결합 종류 등의 모든 조합 패턴을 비교한 후 가장 비용이 낮은 것을 선택하는 것이다.

그러나 이 모든 패턴을 비교 검토하는 데는 쿼리에 관여하는 테이블의 수와 테이블에 작성된 인덱스의 수가 늘어남에 따라 많은 시간이 필요하다. 시간을 제한 없이 사용할 수 있는 거라면 최적의 쿼리 실행 플랜을 생성하는 데 그러한 절차를 취해도 문제없지만, SQL 서버는 쿼리에 대해 신속하게 결과 세트를 반환해야 한다. 가령, 다음과 같은 2가지 리스폰스 타임의 예에 대해 생각해보자.

A. 최적의 쿼리 실행 플랜 생성(10초) + 쿼리 실행 시간(1초) = 클라이언트가 본 리스폰스 타임(11초)

B. 타당한 쿼리 실행 플랜 생성(2초) + 쿼리 실행 시간(2초) = 클라이언트가 본 리스폰스 타임(4초)

대다수의 경우 유저가 요구하는 것은 B라고 생각된다.

릴레이셔널 엔진의 동작

쿼리 실행 시간을 짧게 하기 위해 쿼리 실행 플랜에 필요 이상으로 시간을 들이는 것은 본말전도의 결과를 초래한다. 따라서 SQL 서버에서는 실행되는 쿼리의 내용에 따라서 쿼리 실행 플랜의 생성에 사용할 수 있는 시간을 직접 설정한다. 그리고 그 범위 내에서 타당한 쿼리 실행 플랜을 생성하는 것을 중요하게 여긴다.

8.5 ‖ 통계 정보

SQL 서버가 구현하고 있는 것은 쿼리 실행 플랜을 생성할 때 평가 기준으로서 비용을 사용하는 코스트 베이스의 옵티마이저이다. 그리고 비용을 산출할 때 매우 중요한 의미를 갖는 것이 **통계 정보**이다. 또한 비용 산출에 큰 영향을 미치는 것이 쿼리 실행 시의 조작 대상이 되는 행 수이다.

예를 들면, **그림 8.6**과 같이 같은 쿼리를 실행하는 경우에도 대상 테이블에 인덱스가 정의되어 있으면 매우 적은 행을 조작하면 목적하는 데이터에 도달할 수 있다. 그러나 인덱스가 없는 경우는 테이블 전체를 스캔해야 하고 조작해야 하는 데이터 건수도 많아진다. 따라서 인덱스가 정의된 테이블 쪽이 낮은 비용으로 결과를 얻을 있다. 그러면, 인덱스가 정의되어 있는 열의 값이 **그림 8.7**과 같은 경우는 어떨까?

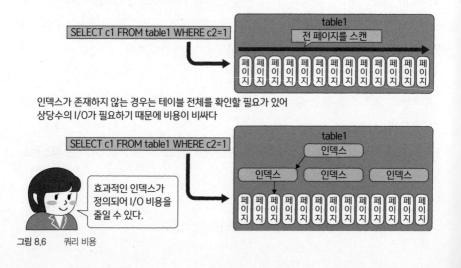

그림 8.6   쿼리 비용

① 직함 열로 인덱스를 작성

② 다음의 쿼리를 실행하면 테이블의 거의 모든 행을 스캔해야 한다

사원번호	직함	주소
111	과장	종로
112	일반	강남
113	일반	마포
114	일반	목동
115	일반	용산
116	일반	은평
117	일반	신내
118	일반	성수

SELECT [사원번호]
FROM [사원 테이블]
WHERE [직함] = N'일반'

사원번호	직함	주소
111	과장	종로
112	일반	강남
113	일반	마포
114	일반	목동
115	일반	용산
116	일반	은평
117	일반	신내
118	일반	성수

인덱스를 정의하는 경우 대상이 되는 열의 데이터 분포에 주의를 기울여야 한다.

그림 8.7   선택성이 낮은 인덱스

이러한 데이터 분포 상황에서는 필요한 데이터를 얻기 위해서 결국 테이블 전체를 검색해야 하며, 필요한 비용은 **그림 8.6**의 인덱스가 존재하지 않는 테이블과 크게 차이가 없다.

이들 예에서 확실한 것은 쿼리에서 사용되는 각 열의 데이터 분포 상황을 고려하지 않으면 비용 산출은 불가능하다는 점이다. 그리고 각 열의 값을 실제로 확인하지 않아도 데이터의 분포 상황을 파악할 수 있는 장치가 통계 정보이다. 통계 정보는 옵티마이저가 쿼리 실행 플랜을 생성하는 초기 단계에서 메모리에 로드된다. 그리고 그 후 비용 산출이 필요한 단계에서 그 값이 사용된다. 그러면 통계 정보로서 저장되어 있는 각종 정보에 대해 소개한다.

8.5.1   히스토그램(histogram)

히스토그램은 데이터의 도수분포를 나타내기 위한 통계학 수법이다. 분석 대상을 일정 기준에 기초해서 분할하고, 각각의 분할 단위별로 속하는 데이터의 수를 보관한다(**그림 8.8**).

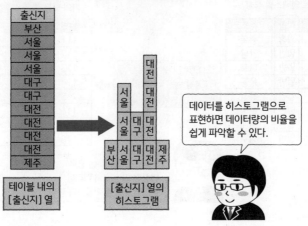

어느 테이블의 [출신지] 열을 히스토그램화하면….

데이터를 히스토그램으로 표현하면 데이터량의 비율을 쉽게 파악할 수 있다.

테이블 내의 [출신지] 열

[출신지] 열의 히스토그램

그림 8.8   히스토그램

SQL 서버에서 통계 정보는 열이나 인덱스의 상태를 나타낼 때 사용되므로 분석 대상은 열에 포함되는 데이터가 된다. 어떤 상태에서 SQL 서버가 통계 정보로서 히스토그램을 저장하고 있는지는 '통계 정보 확인' 항에서 구체적으로 살펴본다.

8.5.2 밀도(density)

통계 정보를 보관하는 열이 갖는 데이터의 일의성 상태 정보로서 **밀도**가 저장되어 있다. 이 정보는 인덱스를 사용해서 데이터를 검색하면 어느 정도 대상을 압축할 수 있을지(선택성: selectivity)를 판단할 때 사용한다. 밀도는 다음 식으로 구할 수 있다.

1/열이 보관하는 하나의 행 수

그러면 밀도로 나타내는 값이 높은 쪽이 선택성이 높을까? 아니면 밀도가 낮은 쪽이 선택성이 높을까?

모든 키가 다른 값을 갖는 유니크 인덱스와 유니크가 아닌 인덱스를 예로 들어 생각해보자. 열A에 유니크 인덱스가 정의되어 있는 테이블 1이, 1000행의 데이터를 보관하고 있다고 하자. 열A에 포함되는 데이터는 모두 하나이므로 인덱스의 밀도는 1/1000, 즉 0.001이다.

한편 열B에 유니크가 아닌 인덱스가 정의되어 있는 테이블 B가 1000행의 데이터를 보관하고 있다고 하자. 또한 열B에는 3종류의 데이터(예를 들면 우선도를 나타내는 high, middle, low 같은 코드)만 같은 비율로 포함되어 있다.

그 경우의 밀도는 1/3, 즉 0.333이다.

그림 8.9와 같이 쿼리를 실행하면 테이블 A의 유니크 인덱스를 사용함으로써 데이터의 검색 대상은 전 건수의 0.001(밀도의 값)로 압축할 수 있다. 즉 1건만 액세스하면 된다. 그러나 테이블 B의 인덱스를 사용하면 데이터의 액세스 범위는 전 건수의 0.3이므로 333건까지 압축할 수는 없다. 따라서 통계 정보의 밀도가 낮을수록 선택성이 높아 액세스 범위를 압축할 수 있다.

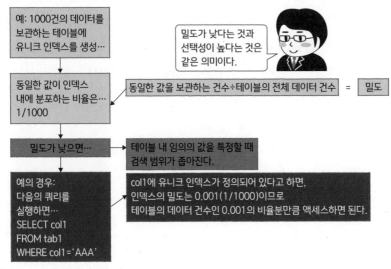

그림 8.9   밀도로 판단할 수 있는 것

일반적으로는 0.1 이하의 밀도라면 선택성은 높다고 본다. 다시 말해, 특정 값에 액세스하기 위해 필요한 검색 건수가 테이블 전체의 1/10 이하라면 타당한 테이블의 디자인이 된다.

8.5.3 기타

통계 정보에는 다음과 같은 정보도 포함된다.

- 통계 정보가 작성된 날짜
- 통계 정보가 보관하는 열의 평균 데이터 길이
- 히스토그램과 밀도에 관련한 정보를 작성하기 위해 사용한 샘플 수

사이즈가 큰 테이블의 경우 세 번째의 '샘플 수'가 중요한 의미를 갖는 일이 있다. 통계 정보를 작성할 때는 반드시 테이블이 보관하는 모든 데이터를 검증하는 것은 아니다. 테이블이 매우 큰 경우에 모든 데이터를 검증하면 통계 정보의 작성 작업 자체가 시스템에 큰 부하를 줘서 스루풋을 저하시킨다. 따라서 디폴트에서는 샘플 수는 매우 낮게 설정되어 있다(**그림 8.10①**).

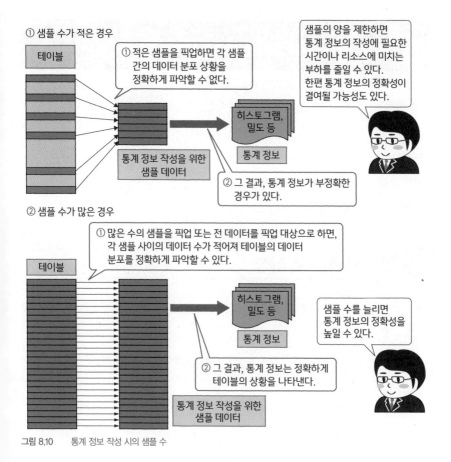

① 샘플 수가 적은 경우

테이블

① 적은 샘플을 픽업하면 각 샘플 간의 데이터 분포 상황을 정확하게 파악할 수 없다.

통계 정보 작성을 위한 샘플 데이터

히스토그램, 밀도 등

통계 정보

② 그 결과, 통계 정보가 부정확한 경우가 있다.

샘플의 양을 제한하면 통계 정보의 작성에 필요한 시간이나 리소스에 미치는 부하를 줄일 수 있다. 한편 통계 정보의 정확성이 결여될 가능성도 있다.

② 샘플 수가 많은 경우

테이블

① 많은 수의 샘플을 픽업 또는 전 데이터를 픽업 대상으로 하면, 각 샘플 사이의 데이터 수가 적어져 테이블의 데이터 분포를 정확하게 파악할 수 있다.

통계 정보 작성을 위한 샘플 데이터

히스토그램, 밀도 등

통계 정보

② 그 결과, 통계 정보는 정확하게 테이블의 상황을 나타낸다.

샘플 수를 늘리면 통계 정보의 정확성을 높일 수 있다.

그림 8.10   통계 정보 작성 시의 샘플 수

그러나 비율이 낮아 데이터 분포 등의 실태를 정확하게 나타내지 못하는 통계 정보가 작성되는 일이 있다. 그런 경우 효율적이지 않은 쿼리 실행 플랜이 생성되는 원인이 되기도 한다.

쿼리 실행 플랜이 비효율적이라고 생각되는 경우와 의도한 인덱스가 사용되지 않는 등의 문제가 있는 경우는 관련되는 통계 정보의 샘플 수를 확인하기 바란다. 테이블의 전체 건수와 샘플 수가 너무 괴리가 있는 경우는 통계 정보 작성 시에 테이블 전체를 스캔하도록 지정하면 이들 문제를 회피할 수 있다(**그림 8.10②**). 구체적인 수단은 다음에서 소개한다.

8.6 ∥ 통계 정보가 작성되는 계기

통계 정보는 다음 3가지 중 어느 하나의 수단으로 작성된다.

- 명시적으로 작성
- 자동 작성 프로퍼티 설정에 의한 작성
- 인덱스 작성 시에 작성

8.6.1 명시적으로 작성

다음의 T-SQL 스테이트먼트를 실행함으로써 임의의 열의 통계 정보를 작성할 수 있다.

```
CREATE STATISTICS 통계 정보명 ON 테이블명 (열명)
```

또한 통계 정보를 작성할 때 사용하는 샘플 행 수는 다음과 같이 제어할 수 있다.

- 테이블 내 50%의 행을 샘플로 사용한다

```
CREATE STATISTICS 통계 정보명 ON 테이블명 (열명) WITH sample 50 percent
```

- 테이블 내의 모든 행을 샘플로 사용한다

```
CREATE STATISTICS 통계 정보명 ON 테이블명 (열명) WITH FULLSCAN
```

8.6.2 자동 작성 프로퍼티 설정에 의한 작성

데이터베이스의 통계 정보 자동 작성 프로퍼티가 유효화되어 있는 경우 쿼리 실행 시에 필요한 통계 정보가 존재하지 않으면 자동으로 작성된다.

- 통계 정보 자동 작성 프로퍼티의 유효화(디폴트 설정에서는 유효)

```
ALTER DATABASE 데이터베이스명 SET AUTO_CREATE_STATISTICS ON
```

- 통계 정보 자동 작성 프로퍼티의 무효화

```
ALTER DATABASE 데이터베이스명 SET AUTO_CREATE_STATISTICS OFF
```

8.6.3 인덱스 작성 시에 작성

이미 데이터 저장되어 있는 테이블에 대해 인덱스를 작성하면 인덱스에 사용된 열에 관한 통계 정보가 작성된다.

8.7 ‖ 통계 정보의 확인

통계 정보에 저장되어 있는 내용을 확인하려면 다음의 커맨드를 실행한다.

```
DBCC SHOW_STATISTICS(테이블명, 통계 정보명)
```

이 커맨드를 실행하면 '헤더 정보', '밀도 정보', '히스토그램'의 각 항목이 출력된다. 여기서는 각각의 정보를 이해하기 쉽도록 **리스트 8.1**의 샘플 테이블을 사용한다.

```
-- 샘플 테이블의 정의
CREATE TABLE [ 인물] ([ 성] nvarchar(50), [ 명] nvarchar(50),
                                    [ 주소] nvarchar(50)


GO
- 데이터의 인서트
INSERT [ 인물] VALUES(N'김', N'영희', N'서울')
INSERT [ 인물] VALUES(N'김', N'영희', N'서울')
INSERT [ 인물] VALUES(N'박', N'철수', N'제주')
INSERT [ 인물] VALUES(N'이', N'윤호', N'부산')
INSERT [ 인물] VALUES(N'신', N'민지', N'대구')
INSERT [ 인물] VALUES(N'한', N'수정', N'전주')
GO
-- 인덱스의 작성
CREATE INDEX [ 색인 성명] ON [ 인물] ([ 성], [ 명]))
GO
```

이 샘플 테이블은 명시적으로 통계 정보를 작성한 것은 아니지만, 데이터가 저장
된 후에 인덱스를 작성한 것으로 인덱스에서 사용되고 있는 열에 대한 통계 정보가
작성되어 있다. 다음 커맨드를 실행해서 내용을 확인하자.

```
DBCC SHOW_STATISTICS(인물, 색인 성명)
```

8.7.1 헤더 정보

통계 정보명[6], 통계 정보의 최종 갱신일, 테이블의 행 수, 통계 정보 작성 시에 사
용된 샘플 행 수 등의 정보가 출력된다. 이번 샘플은 6건의 데이터를 인서트했기 때
문에 'Rows'에 6이라는 값이 표시되어 있다. 'Rows Sampled'에는 샘플로 사용한
데이터 건수인 6이라고 돼 있다(리스트 8.2).

---

*6   인덱스 작성 시에 작성된 것은 인덱스와 같은 이름이다.

```
  Name              Updated           Rows   Rows Sampled   Steps   Density
  ----------- -------------------- ------ -------------- ------ --------

  색인 성명     12 14 2007 2:04PM     6          6          4        1


  Average key length      String Index
  ----------------------- -----------------

      13.33333               YES
```

8.7.2 밀도 정보

열의 밀도(density) 정보가 출력된다. 통계 정보가 여러 개의 열로 구성되는 경우
는 열을 조합한 경우의 밀도도 포함한다. 이번 경우는 '성'만으로 된 패턴과 '성', '
명'이 조합된 패턴 정보가 존재한다. 일반적으로는 복수의 열이 조합된 경우의 밀도
는 낮은 경향이지만 이번에는 데이터 수가 적기 때문에 변화가 없었다(리스트 8.3).

리스트 8.3   밀도 정보의 출력

```
  All density    Average key length    Columns
  -------------- --------------------- -----------
      0.2            7.333333            성
      0.2            13.33333            성, 명
```

8.7.3 히스토그램

데이터의 분포 상황은 **표 8.1**의 항목을 사용해서 표현한다. 이번 샘플에서는 **리스
트 8.4**와 같이 출력됐다.

표 8.1   히스토그램의 항목

RANGE_HI_KEY	스텝의 상한 키 값
RANGE_ROWS	스텝 범위 내의 행 수. RANGE_HI_KEY는 포함하지 않는다
EQ_ROWS	RANGE_HI_KEY와 완전히 같은 값의 행 수
DISTINCT_RANGE_ROWS	스텝 범위 내의 같은 키 값의 수. RANGE_HI_KEY는 포함하지 않는다
AVG_RANGE_ROWS	스텝 범위 내의 같은 값별 평균 행 수

리스트 8.4   히스토그램의 출력

RANGE_HI_KEY	RANGE_ROWS	EQ_ROWS	DISTINCT_RANGE_ROWS	AVG_RANGE_ROWS
박	0	1	0	1
신	1	1	1	1
한	0	1	0	1
김	0	2	0	1

히스토그램의 내용을 이해하기 쉽게 실제 데이터를 예로 들어서 **그림 8.11**에서 다시 내용을 확인한다. 그러한 정보를 토대로 SQL 서버는 데이터의 분포 상황을 추측한다.

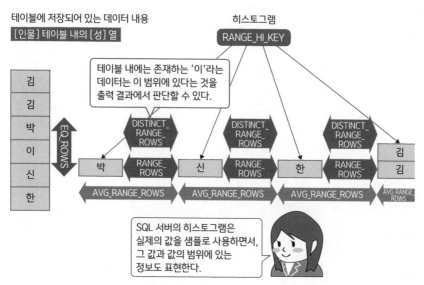

테이블에 저장되어 있는 데이터 내용
[인물] 테이블 내의 [성] 열

히스토그램
RANGE_HI_KEY

테이블 내에는 존재하는 '이'라는 데이터는 이 범위에 있다는 것을 출력 결과에서 판단할 수 있다.

SQL 서버의 히스토그램은 실제의 값을 샘플로 사용하면서, 그 값과 값의 범위에 있는 정보도 표현한다.

그림 8.11   샘플 테이블의 히스토그램

8.8 ‖ 제8장 정리

이 장에서는 SQL 서버가 클라이언트로부터 쿼리를 받고 나서 쿼리를 실행하기까지의 동작을 제어하는 릴레이셔널 엔진이라 불리는 내부 컴포넌트에 대해 소개했다. 또한 그중에서도 퍼포먼스 튜닝 시에 의식해야 할 쿼리 옵티마이저와 통계 정보에 대해 자세하게 다루었다. 상당히 난해한 내용일 수 있겠지만, 가령 쿼리가 생각한 대로 쿼리 실행 플랜으로 실행되지 않을 때는 이 장의 내용을 떠올리면 해결의 실마리를 찾을 수 있을 것이다. 반드시 이 장에서 배운 내용을 기억해두기 바란다.

제 9 장

네트워크

이 장에서는 SQL 서버와 클라이언트가 네트워크를 거쳐서 수행하는 커뮤니케이션에 대해 살펴본다. 클라이언트가 SQL 서버에 액세스할 때의 동작에 관한 기초적인 정보와 SQL 서버에 접속할 때 알아두면 좋은 점을 소개한다. 추가해서 SQL 서버가 클라이언트와 통신할 때 사용하는 애플리케이션층의 **프로토콜**[1]인 TDS(Tabular Data Stream, 표 형식 데이터 스트림)에 대해서도 자세하게 설명한다.

---

[1] 컴퓨터끼리 데이터를 통신하기 위한 순서와 규약

9.1 ║ 클라이언트와 통신할 때 필요한 작업

9.1.1 오퍼레이팅 시스템과 네트워크

SQL 서버가 클라이언트와 통신하려면 우선 대전제로 설치되어 있는 컴퓨터끼리 네트워크를 거쳐 문제없이 통신할 수 있는 상태에 있어야 한다.

이를 위해서는 각 컴퓨터의 윈도우 오퍼레이팅 시스템에 TCP/IP와 네임드 파이프(named pipe, 후술) 같은 네트워크 컴포넌트가 설치되어 있어야 한다. 또한 네트워크상에 파이어월이 존재하는 경우에는 쌍방이 문제없이 통신할 수 있도록 설정해두어야 한다.

SQL 서버 컴포넌트

SQL 서버는 클라이언트와 데이터의 통신을 수행할 때 독자의 포맷 형식과 추상화 알고리즘을 사용한다. 이들을 사용하려면 클라이언트 측에도 SQL 서버용 접속 컴포넌트를 설치해야 한다.

또 SQL 서버의 에디션에 따라서는 디폴트 설정으로는 대기를 수행하지 않는 프로토콜이 있다. 때문에 필요에 따라서 SQL 서버 구성 매니저를 사용해서 프로토콜을 유효화하기 바란다.

9.2 ║ SQL 서버와 클라이언트의 통신

SQL 서버는 클라이언트와 통신할 때 **SNI(SQL Server Network Interface)**라 불리는 층이 TCP/IP와 네임드 파이프 등의 각 프로토콜을 추상화한다(각 프로토콜의 자세한 내용은 p.233 **표 9.1** 참조). 때문에 SNI의 상위층에서는 프로토콜 간의 차이를 의식할 필요는 없다(**그림 9.1**).

그림 9.1　SQL 서버 네트워크 컴포넌트(SQL 서버 예)

또한 SQL 서버와 통신을 수행하는 클라이언트도 SNI를 사용하기 때문에 앞에서
말한 대로 접속 컴포넌트를 클라이언트 측에도 설치해야 한다(**그림 9.2**).

그림 9.2　SQL 서버 네트워크 컴포넌트(클라이언트)

SQL 서버 및 클라이언트는 송신하는 데이터를 **TDS(Tubular Data Stream)** 형식
이라 불리는 포맷으로 성형하고, SNI층에 건넨다(TDS의 자세한 내용은 9.2.1항에
서 다시 설명한다).

SNI층에서는 접속 시에 사용되는 프로토콜별로 필요한 헤더 정보를 건네받은 데
이터에 부가한다(**그림 9.3**).

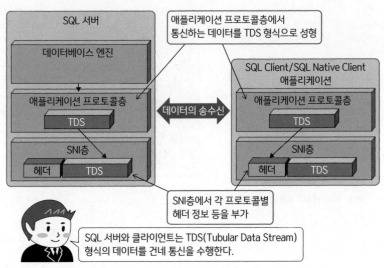

그림 9.3   TDS(Tubular Data Stream)

각 클라이언트는 SQL 서버와 통신을 수행할 때 하나의 프로토콜만을 사용한다. 그러나 SQL 서버 구성 매니저를 사용해서 복수의 프로토콜의 우선순위를 설정해서 유효화할 수 있다(그림 9.4, 표 9.1).

이렇게 설정해두면 어떤 문제로 특정 프로토콜에 접속이 불가능한 경우에도 다른 프로토콜로 접속을 시행한다. 만약 두 번째에 사용한 프로토콜로 SQL 서버에 문제없이 접속한 경우는 처리 접속이 가능해진다.

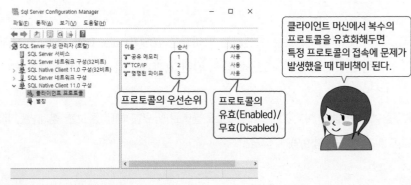

그림 9.4   SQL 서버 구성 매니저

표 9.1   SQL 서버가 클라이언트와 통신에 사용할 수 있는 프로토콜

프로토콜	기능/용도
TCP/IP	인터넷(이나 업무)에서 널리 사용되고 있는 일반적인 프로토콜. 다양한 컴퓨터가 상호 접속되어 있는 네트워크상의 통신을 실현한다.
네임드 파이프 (Named Pipes)	LAN을 위해 개발된 프로토콜. 동일 컴퓨터 내 또는 네트워크 접속된 컴퓨터로 실행되고 있는 복수의 프로세스 간에, 공유 메모리 영역을 사용해서 쌍방향으로 데이터를 거래한다.
공유 메모리 (Shared Memory)	SQL 서버가 사용할 수 있는 것 중에서 가장 단순한 프로토콜. 로컬 접속 (SQL 서버와 클라이언트가 동일 컴퓨터)인 경우에만 사용된다.
VIA	가상 인터페이스 어댑터(Virtual Interface Adaptor)를 의미하며, 가상화 전용 하드웨어에서 동작하는 프로토콜. SQL 서버 2016 이후에는 지원되지 않는다. SQL 서버 2014 이전의 버전에서 사용하고 있는 경우는 장래에 다른 프로토콜로 변경이 필요하다.

9

SQL 서버는 여러 종의 프로토콜을 대기할 수 있다. 때문에 어느 클라이언트가 TCP/IP에서 접속을 요구하고 다른 클라이언트가 네임드 파이프로 접속해도 문제 없이 대응할 수 있다(그림 9.5).

● SQL 서버는 여러 프로토콜에서 대기가 가능

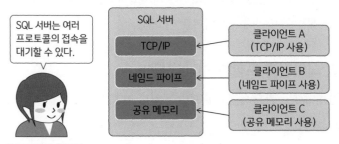

그림 9.5   여러 프로토콜에서 접속

네트워크

9.2.1 TDS(표 형식 데이터 스트림)

TDS(Tubular Data Stream: 표 형식 데이터 스트림)란 SQL 서버와 클라이언트가 리퀘스트와 반환값을 대기하기 위해 사용하는 애플리케이션 레벨의 프로토콜이다. 일단 SQL 서버와 클라이언트가 어느 한쪽의 트랜스포트/세션 레벨의 프로토콜

(TCP/IP와 네임드 파이프 등)을 사용해서 접속되면 TDS의 룰에 따라 메시지 송수신이 시작된다.

TDS는 메시지 송수신 시의 로그인과 보안에 관한 기능도 갖추고 있다. 또한 SQL 서버에서 반환되는 TDS의 데이터에는 반환값에 포함되는 행의 이름과 형식 등의 정보가 포함되어 있다.

9.2.2 클라이언트로부터 송신되는 메시지

로그인

클라이언트가 SQL 서버와 접속할 때 송신하는 로그인을 위해 필요한 정보를 포함한 메시지이다.

SQL 커맨드

SQL 커맨드와 SQL 커맨드 배치를 포함한 메시지이다. ASCII 문자열로 기술된 SQL 커맨드와 SQL 커맨드 배치는 버퍼에 복사되어 SQL 서버에 송신된다. SQL 커맨드 배치는 복수의 버퍼에 분할되기도 한다.

바이너리 데이터를 포함한 SQL 커맨드

BULK INSERT와 같은 ASCII 문자열의 SQL 커맨드와 함께 바이너리 데이터를 포함한 메시지이다.

리모트 프로시저 콜

리모트 프로시저 콜(RPC)[2] 실행 시에 사용되는 데이터 스트림이다. RPC의 이름, 실행 옵션과 파라미터를 포함한다. RPC는 SQL 커맨드와 같은 메시지 내에서 송신되지는 않는다.

---

[2] 일반적인 의미의 RPC(네트워크를 거쳐 다른 컴퓨터의 프로그램을 호출한다)가 아니라 SQL 서버 독자의 용어이다. 파라미터에 관한 작업과 구문 해석 등을 생략함으로써 퍼포먼스를 향상시킨 처리의 명칭이다.

어텐션

클라이언트가 이미 SQL 서버에 대해 송신 완료된 리퀘스트를 취소하는 것을 나타내기 위해 송신하는 메시지이다.

트랜잭션 매니저 리퀘스트

클라이언트가 분산 트랜잭션에 참가해야 하는 경우에 **MSDTC(분산 트랜잭션 코디네이터)**[3]에 엔트리(등록)를 수행하기 위한 메시지이다.

9.2.3 SQL 서버에서 송신되는 메시지

로그인 리스폰스

클라이언트의 로그인 요구에 대한 리스폰스 메시지이다. 로그인의 완료 또는 에러 메시지 등이 포함되어 있다.

행 데이터

클라이언트가 실행한 SQL 커맨드 등의 결과 세트이다. 테이블의 데이터와 칼럼명, 데이터 타입 등의 정보로 구성되어 있다.

반환값 스테이터스

클라이언트의 리퀘스트로서 RPC가 실행될 때의 결과를 포함하는 메시지이다.

리턴 파라미터

UDF(User Defined Function: 사용자 정의 함수), RPC, 저장소드 프로시저의 리턴 파라미터를 SQL 서버로부터 클라이언트에 건네기 위해 사용하는 메시지이다.

리퀘스트의 종료

'DONE' 데이터 스트림이라 불리는 SQL 서버로부터의 메시지 송신이 완료됨을

---

*3   복수의 리소스 매니저(SQL 서버 등)를 사용해서 실행되는 트랜잭션의 정합성을 유지하기 위한 서비스이다.

나타내기 위해 사용하는 메시지이다.

에러 메시지와 정보 메시지

SQL 서버가 클라이언트의 리퀘스트를 처리할 때 에러나 다른 정보를 클라이언트
에 송신할 필요가 있는 경우에 사용하는 메시지이다.

어텐션

SQL 서버가 클라이언트로부터 받은 어텐션 메시지를 인식한 시점에서 클라이언
트에 송신하는 메시지이다. 'DONE' 데이터 스트림 등이 포함된다.

칼럼

TDS의 변천

TDS를 이해하는 DBMS는 마이크로소프트 SQL 서버 이외에도 존재한다. 데이터베이스 관
련 경험이 긴 사람은 알 거라고 생각하는데, 사이베이스사(현 SAP사)의 Sybase Adaptive
Server Enterprise(과거의 SQL 서버)이다.

당초 TDS는 사이베이스에 의해 제정된 사양에 기초하며, Sybase System 10 이전의 SQL
서버와 마이크로소프트 SQL 서버 6.5는 TDS 버전 4.2라는 동일 포맷의 프로토콜을 사용했
다. 그러나 사이베이스는 Sybase System 11 이후의 SQL 서버와 Adaptive Server Enterprise
에서 사용하기 위해 TDS 버전 5.0을 독자 개발했다.

또한 마이크로소프트도 독자의 기능을 실현하기 위해 마이크로소프트 SQL 서버 7.0 이후
부터 변경을 추가하기 시작해 양자의 호환성은 끊겼다. 예를 들면 SQL 서버 2005용의 TDS
개발 시에 MARS(Multiple Active Row Sets: 복수의 액티브한 결과 세트)를 구현하기 위해 사
양이 변경됐다.

9.3 ‖ SQL 서버와 클라이언트의 데이터 수수

SQL 서버가 클라이언트와 데이터를 송수신할 때는 **버퍼**라 불리는 구조체를 사용

한다. 너무나 일반적이므로 버퍼라는 호칭에 위화감을 느낄지 모르지만 일종의 패킷과 같은 것이라고 생각하기 바란다.

버퍼에 대해 한 번에 수행할 수 있는 조작은 기록 또는 읽기 중 하나이다. SQL 서버와 클라이언트는 하나 또는 그 이상의 수의 버퍼를 사용해서 메시지를 거래한다. 또한 버퍼 사이즈는 SQL 서버와 클라이언트가 접속 협상을 수행할 때 변경하는 것도 가능하다(칼럼 '버퍼 사이즈의 변경'을 참조).

버퍼는 반드시 **버퍼 헤더**와 **버퍼 데이터**의 조합으로 존재한다. 버퍼 헤더에는 각종 관리 정보가 포함된다. 예를 들면, 버퍼의 수수를 수행하고 있는 SQL 서버 내 프로세스의 **SPID**(Server Process ID)와 버퍼 데이터에 포함되는 메시지 타입 등이다. 버퍼 데이터에는 앞 항에서 소개한 메시지 중 어느 하나의 데이터가 포함되어 있다(그림 9.6).

버퍼 헤더에는 수수를 수행하는 버퍼 데이터의 메타데이터가 저장된다.

각 프로토콜의 헤더 정보 | TDS
버퍼 헤더 | 버퍼 데이터

그림 9.6 　버퍼

9

네트워크

칼럼

버퍼 사이즈의 변경

디폴트 설정에서는 버퍼 사이즈(패킷 사이즈)는 4096바이트이다. SQL 서버 전체의 설정을 변경하는 경우 SQL Server Management Studio 등의 쿼리 트리로부터 다음의 커맨드를 실행하거나 관리 툴의 GUI를 사용해서 서버의 프로퍼티 값을 변경하기 바란다(xxxx에는 바이트 단위로 버퍼 사이즈를 지정한다).

```
EXEC sp_configure network packet size, xxxx
GO
RECONFIGURE
GO
```

또한 각 클라이언트의 설정을 변경하는 경우는 각 애플리케이션의 접속 문자열 등을 변경할 필요가 있다. 예를 들면, BULK INSERT 등으로 대량의 데이터를 SQL 서버에 건넬 때 버퍼 사이즈를 변경해서 퍼포먼스를 높이기도 한다. 그러나 네트워크 트래픽에 미치는 영향 등이 있기 때문에 충분히 검증하고 나서 변경할 것을 권한다.

9.4 | 토큰 없는 데이터 스트림과 토큰 있는 데이터 스트림

TDS에서 건네는 메시지는 **토큰 없는 데이터 스트림**과 **토큰 있는 데이터 스트림** 2종류로 나뉜다. 방금 전의 버퍼에 이어서 이 토큰도 광범위하게 사용되는 단어이기 때문에 이 명칭으로 실체를 추측하는 것이 어려울 것이다.

TDS 용어로 사용되는 **토큰**은 버퍼 데이터 내에 포함되어 있는 데이터를 보다 상세하게 식별할 필요가 있을 때 부가되는 정보를 의미한다. 토큰은 1바이트로 구성되며 각 비트의 배열에서 버퍼 데이터의 내용을 나타낸다.

그러면 양쪽 메시지에 대해 자세하게 살펴보자.

9.4.1 토큰 없는 데이터 스트림

토큰 없는 데이터 스트림은 SQL 서버와 클라이언트가 건네는 메시지의 내용이 심플한 경우에 사용된다. 이것은 버퍼 데이터에 포함되는 데이터의 내용에 대해 버퍼 헤더의 정보 이외에 상세한 설명이 필요 없는 경우이다. 이러한 경우, 복수의 버퍼로 분할되어 송신된 버퍼 데이터라도 송신 후에 쉽게 결합해서 사용할 수 있다 (그림 9.7).

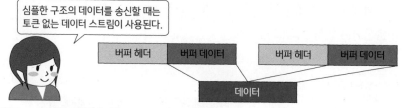

심플한 구조의 데이터를 송신할 때는
토큰 없는 데이터 스트림이 사용된다.

| 버퍼 헤더 | 버퍼 데이터 | | 버퍼 헤더 | 버퍼 데이터 |

데이터

그림 9.7   토큰 없는 데이터 스트림

구체적으로는 **표 9.2**의 메시지 송수신에서 토큰 없는 데이터 스트림이 사용된다.

표 9.2   토큰 없는 데이터 스트림이 사용되는 메시지의 송수신

종류	메시지
클라이언트의 메시지	로그인
	SQL 커맨드
	어텐션
	트랜잭션 매니저 리퀘스트
SQL 서버의 메시지	어텐션

9.4.2   토큰 있는 데이터 스트림

SQL 서버에서 쿼리가 실행되고 그 결과 세트를 클라이언트에 송신하는 경우, 로
(raw) 데이터 TDS 메시지 타입이 사용된다. 그때의 로 데이터 메시지에는 복수의
행, 복수의 열, 열의 데이터형, 데이터 길이 등이 포함되어 있다.

이것은 복수의 버퍼로 분할되어 송신된 데이터를 클라이언트가 받은 후에 쿼리의
실행 결과 형식으로 복원하기 위해 필요하기 때문이다. 그런 정보는 각 버퍼의 버퍼
헤더 부분에서 기술하려면 정보량이 많기 때문에 버퍼 데이터 내의 데이터에 토큰
이라는 형식으로 부가된다. 때문에 토큰 없는 데이터 스트림과 비교하면 복잡한 데
이터의 송수신 시에 토큰 있는 데이터 스트림이 사용되고 있다.

토큰 있는 데이터 스트림에서는 버퍼 데이터가 토큰과 토큰 데이터의 조합으로 분
할된다. 또한 데이터의 송수신에 복수의 버퍼가 사용되는 경우, 반드시 토큰 데이터

는 토큰과 같은 버퍼에 포함될 필요는 없고 토큰 데이터의 일부가 후속 버퍼에 의해서 송신되는 일도 있다(그림 9.8).

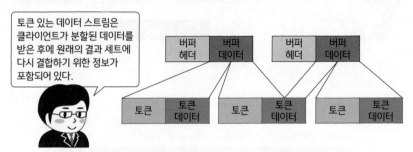

토큰 있는 데이터 스트림은 클라이언트가 분할된 데이터를 받은 후에 원래의 결과 세트에 다시 결합하기 위한 정보가 포함되어 있다.

그림 9.8　토큰 있는 데이터 스트림

표 9.3　토큰 있는 데이터 스트림이 사용되는 메시지의 송수신

종류	메시지
클라이언트의 메시지	바이너리 데이터를 포함한 SQL 커맨드
	리모트 프로시저 콜
SQL 서버의 메시지	로그인 리스폰스
	로 (행) 데이터
	반환값 스테이터스
	리턴 파라미터
	리퀘스트의 종료
	에러 메시지, 정보 메시지

9.5 ‖ 클라이언트가 접속 시에 사용하는 프로토콜의 관리

일반적으로 클라이언트가 SQL 서버에 접속할 때는 클라이언트 애플리케이션의 접속 문자열 등에 SQL 서버명을 지정한다. 그 경우에 다음과 같이 '프로토콜명:인스턴스명'의 형식으로 지정함으로써 접속 시의 프로토콜을 명시적으로 설정할 수 있다(아래는 sqlcmd 사용 시의 예이다).

• TCP/IP의 경우(프로토콜명 'tcp'를 지정)

```
sqlcmd -E -Stop : SQL1\Instance1
```

• 네임드 파이프의 경우(프로토콜명 'np'를 지정)

```
sqlcmd -E -Snp : SQL1\Instance1
```

• 공유 메모리의 경우(프로토콜명 'lpc'를 지정)

```
sqlcmd -E -Slpc : SQL1\Instance1
```

이 방법을 사용하면 클라이언트가 접속 시에 사용하는 프로토콜의 관리가 매우 간단한 한편 다음과 같은 점을 고려해야 한다. 이미 소개한 바와 같이 SQL 서버는 복수의 프로토콜로 클라이언트의 접속을 대기할 수 있다. 또한 접속 시에 클라이언트도 복수의 프로토콜 중에서 선택할 수 있다.

앞서 말한 방법으로 클라이언트가 접속할 때 프로토콜을 지정하면 어떤 원인에 의해서 그 프로토콜을 사용한 접속이 불가능한 때는 문제가 해결되기까지 SQL 서버와 접속할 수 없다. 그러나 접속 시에 SQL 서버명만을 지정하면 우선순위가 높은 프로토콜로의 접속이 어떤 원인으로 실패한 경우에도 클라이언트 측에서 우선순위가 다음으로 높은 프로토콜을 사용해서 접속을 재차 시도한다. 때문에 접속이 불가능한 상태가 계속되는 리스크를 낮출 수 있다(그림 9.9).

9

네트워크

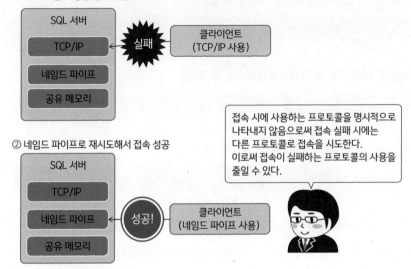

① TCP/IP를 사용한 접속에 실패

SQL 서버
TCP/IP — 실패 — 클라이언트 (TCP/IP 사용)
네임드 파이프
공유 메모리

② 네임드 파이프로 재시도해서 접속 성공

접속 시에 사용하는 프로토콜을 명시적으로 나타내지 않음으로써 접속 실패 시에는 다른 프로토콜로 접속을 시도한다. 이로써 접속이 실패하는 프로토콜의 사용을 줄일 수 있다.

SQL 서버
TCP/IP
네임드 파이프 — 성공! — 클라이언트 (네임드 파이프 사용)
공유 메모리

그림 9.9   프로토콜을 변경하는 리트라이

앞서 말한 바와 같이 클라이언트가 사용하는 각 프로토콜의 우선순위 설정과 유효화/무효화는 SQL 서버 구성 매니저로 설정할 수 있다.

9.6 ‖ 접속지 정보의 캐시

9.6.1 디폴트 인스턴스에 접속

SQL 서버의 **디폴트 인스턴스**는 명시적으로 변경하지 않으면 항상 포트 번호 1433을 사용해서 클라이언트의 접속 요구를 대기하고 있다. 때문에 클라이언트가 접속을 요구하는 경우에 필요한 작업은 매우 심플하다.

어떤 수단으로 접속하고자 하는 SQL 서버가 가동하고 있는 컴퓨터를 네트워크상에서 찾을 수 있으면 포트 번호 1433에 대해 접속을 요구함으로써 SQL 서버와 커뮤니케이션을 시작할 수 있다.

9.6.2 | 네임드 인스턴스에 접속

네임드 인스턴스의 경우는 조금 더 복잡한 작업이 필요하다. 왜냐하면 네임드 인스턴스가 클라이언트의 접속 요구를 기다리기 위해 사용하는 포트 번호는 항상 같지는 않기 때문이다.

네임드 인스턴스가 사용하는 포트 번호는 동적으로 결정된다. 구체적으로는 인스턴스 동작 시에 컴퓨터상에서 이미 사용되고 있는 포트 번호를 확인해서 미사용 번호를 자신에게 할당한다.

보통의 경우는 한 번 사용한 포트 번호를 다음의 실행 시에도 재이용을 시도한다. 그러나 그 포트 번호가 다른 애플리케이션에 의해서 이미 사용되고 있는 경우는 새로이 미사용 포트 번호를 찾아 자신에게 할당한다(**그림 9.10**).

● 실행 시에 컴퓨터 내의 미사용 포트 번호를 취득

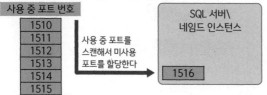

● 재동작 시에 획득한 포트 번호가 사용된 경우는 신규 포트 번호를 획득

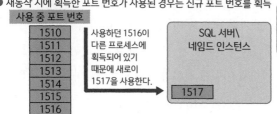

그림 9.10   네임드 인스턴스와 포트 번호

이러한 동작이 이루어지고 있기 때문에 클라이언트가 접속지의 인스턴스를 발견하는 것은 쉽지 않다. 그래서 포트 번호 등의 문의에 사용되는 것이 SQL 서버 브라우저 서비스이다.

네임드 인스턴스에 접속을 하는 클라이언트는 최초에 SQL 서버 브라우저 서비스에 문의를 하고 포트 번호 등의 정보를 얻는다. 그 정보를 토대로 미래의 접속 대상인 네임드 인스턴스에 도달할 수 있다(그림 9.11).

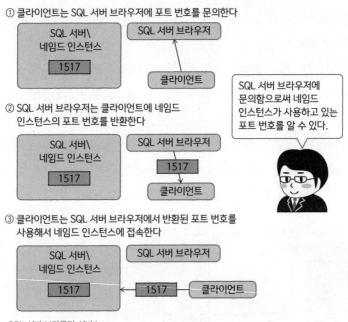

① 클라이언트는 SQL 서버 브라우저에 포트 번호를 문의한다

SQL 서버\
네임드 인스턴스

1517

SQL 서버 브라우저

클라이언트

SQL 서버 브라우저에 문의함으로써 네임드 인스턴스가 사용하고 있는 포트 번호를 알 수 있다.

② SQL 서버 브라우저는 클라이언트에 네임드 인스턴스의 포트 번호를 반환한다

SQL 서버\
네임드 인스턴스

1517

SQL 서버 브라우저

1517

클라이언트

③ 클라이언트는 SQL 서버 브라우저에서 반환된 포트 번호를 사용해서 네임드 인스턴스에 접속한다

SQL 서버\
네임드 인스턴스

1517

SQL 서버 브라우저

1517 ← 클라이언트

그림 9.11   SQL 서버 브라우저 서비스

네임드 인스턴스에 접속할 때마다 SQL 서버 브라우저 서비스에 필요한 정보를 문의하면 당연히 불필요한 지연을 발생시키는 오버헤드가 된다. 이 지연을 회피하기 위해 클라이언트는 접속 정보의 이력을 캐시하는 동작을 구현하고 있다. **접속 정보 캐시**에는 다음의 레지스트리가 사용된다.

```
HKEY_LOCAL_MACHINE\SOFTWARE\Microsoft\MSSQLServer\Client\SNI11.0\
LasrConnect
```

클라이언트가 SQL 서버와 접속하는 데 성공하면 상기의 레지스트리에 다음의 값을 저장한다.

- 접속에 사용한 프로토콜명
- SQL 서버의 인스턴스명
- SQL 서버가 대기를 하고 있는 포트 번호

　그 이후의 접속 시행 시에는 최초에 로컬 컴퓨터의 레지스트리 내에 캐시한 정보를 확인한다. 때문에 서버 컴퓨터에서 동작하는 SQL 서버 브라우저 서비스와의 거래 수고를 덜 수 있다.

　다만 접속지의 네임드 인스턴스가 재실행되고, 다시 사용하던 포트 번호가 바뀐 경우는 캐시한 정보로 접속을 할 수 없게 된다. 그런 경우는 SQL 서버 브라우저 서비스에서 재차 정보를 얻어 접속하고 캐시 정보도 새로운 값을 사용해서 재기록한다.

9.7 ‖ 제9장 정리

　SQL 서버의 다양한 설정과 오브젝트의 디자인, SQL 서버에 접속하는 클라이언트 애플리케이션의 디자인 등과 비교하면 네트워크에 관한 다양한 사항은 다소 뒷전으로 밀리는 감을 받는다. 그 원인 중 하나는 네트워크에 주의를 기울일 만한 계기가 되는 정보 부족인 것 같다. 이 장의 설명이 SQL 서버와 네트워크와의 관계에 관심을 돌리는 계기가 되면 기쁘겠다.

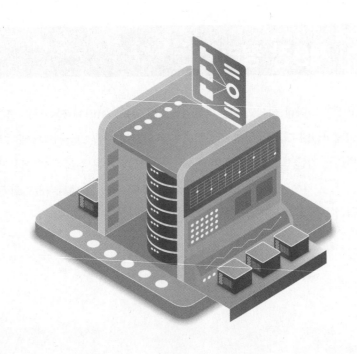

제 10 장

데이터베이스의 백업과 복원

SQL 서버뿐 아니라 컴퓨터상에 존재하는 '사라져서는 안 되는' 모든 파일의 백업의 필요성에 대해서는 새삼스럽게 목소리 높여 논할 필요는 없다고 필자는 생각한다. 그러나 기술 지원에 대한 문의 내용을 곱씹어 보면 특히 SQL 서버에 관해서는 많은 사용자가 백업에 대해 크게 관심을 두지 않는다는 생각이 든다. 이 장에서는 그러한 상황을 근거로 다시 한 번 백업의 중요성과 백업에 관한 SQL 서버의 내부 구조에 대해 소개한다.

10.1 ‖ 백업 파일의 출력 형식

SQL 서버의 백업 파일에는 어떤 형식으로 데이터가 출력되어 있는지를 상상할 수 있을까? 그 형식은 조금 의외인데, **MTF**(Microsoft Tape Format) 형식이라 불리는, 자기 테이프에 출력하는 포맷이 채용되어 있다. 아마 디스크의 가격이 비싸고 데이터베이스에서 사용하는 대규모 파일의 백업은 데이터로 출력해서 보관해두는 것이 당연했던 시대의 흔적이라고 생각된다(이제 테이프 읽기/쓰기용 디바이스를 거의 볼 수 없게 됐다).

MTF 형식은 윈도우 서버 오퍼레이팅 시스템이 테이프에 백업을 할 때도 사용된다. 때문에 SQL 서버의 백업 파일과 윈도우 오퍼레이팅 시스템에 딸린 NTBackup 유틸리티(윈도우 서버 2003까지의 표준 백업 툴)에서 취득한 백업은 같은 데이터 안에 공존할 수 있다. 백업 파일을 디바이스에 출력하는 경우라도 테이프와 같은 포맷이 사용되고 있다.

10.2 ‖ 백업 파일의 내용

SQL 서버의 백업 파일은 MTF 형식에 준거하기 때문에 백업 시작 부분과 종료 부분에 MTF 형식용 관리 정보를 포함하고 있다. 이들 관리 정보에 끼인 형태로 데이터베이스 내의 데이터와 트랜잭션 로그가 저장되어 있다.

여기서는 데이터베이스의 완전 백업을 예로 해서 백업 파일의 실제 내용의 개요를 소개한다(그림 10.1).

● 데이터베이스의 완전 백업

미디어 헤더	데이터세트 시작 블록	SQL 서버 설정 정보	SQL 서버 데이터 스트림	SQL 서버 로그 스트림	데이터세트 종료 블록	미디어 종료

미디어 헤더는 MTF 형식의 백업 시작 지점을, 미디어 종료는 종료 지점을 나타낸다.

그림 10.1   백업 파일의 내용

미디어 헤더

MTF 형식의 백업에 필요한 백업 파일의 관리 정보를 저장하는 영역이다. 백업 파일의 라벨과 백업 파일 출력 시의 블록 사이즈, 패스워드를 보호하고 있는 경우에는 패스워드 등이 기록된다.

데이터세트 시작 블록

MTF 형식에 준거한 실제의 백업 대상 데이터가 그 이후의 영역에 저장되는 것을 나타낸다.

SQL 서버 설정 정보

백업 대상 데이터베이스의 관리 정보가 저장되는 영역이다. 저장되는 정보는 다음과 같다.

- 데이터베이스명
- 데이터베이스 ID
- 서버명
- 데이터베이스 호환성 레벨
- 확인 순서

SQL 서버 데이터 스트림

데이터베이스의 데이터 파일 내의 사용되고 있는 영역이 익스텐트 단위로 저장된다.

SQL 서버 로그 스트림

데이터베이스의 로그 파일이 **가상 로그 파일**[1]별로 저장된다.

데이터세트 종료 블록

MTF 형식의 실제 백업 대상 데이터가 저장되어 있는 영역의 종료 지점을 나타낸다.

미디어 종료

MTF 형식 백업 파일의 종료 포인트를 나타낸다.

10.3 | 백업의 종류

SQL 서버에는 몇 가지 종류의 백업 방식이 준비되어 있다. 아는 사람도 많겠지만 각각의 차이를 간단하게 복습해보자.

10.3.1 완전 백업

모든 할당된 익스텐트와 트랜잭션 로그의 일부를 백업한다. 완전 백업 실행 시에 는 모든 **GAM 페이지**[2]가 스캔되어, 할당된 백업해야 할 익스텐트가 판별된다.

또한 **DCM 페이지**[3]의 비트가 지워진다. 또한 백업이 실행되는 사이에 변경된 데

---

*1   SQL 서버는 로그 파일의 관리를 쉽게 하기 위해 몇 가지의 논리적 블록으로 분할한다. 그 블록을 **가상 로그 파일**이라고 부른다. 자세한 내용은 제4장을 참조.

*2   데이터베이스의 익스텐트 사용 상황 관리에 사용하고 있는 8KB 페이지이다. 1비트가 1익스텐트를 나타낸다. 1페이지에 64000익스텐트(약 4GB)를 관리할 수 있다.

*3   직전의 완전 백업 취득 이후에 변경된 익스텐트의 정보를 관리하기 위한 데이터베이스이다. 8KB 페이지의 각 비트가 하나의 익스텐트 상태를 나타낸다. 때문에 1페이지분의 DCM 페이지에 64000익스텐트(약 4GB)의 정보를 보관할 수 있다. 완전 백업 취득 이후에 변경된 익스텐트에 링크된 비트에는 1이 설정된다.

이터베이스도 백업에 포함되기 때문에 백업 시작 시부터 백업 종료까지 사이의 트랜잭션 로그도 함께 백업된다.

10.3.2 차등 백업

완전 백업을 취득한 후에 변경된 익스텐트분만을 백업한다. 차등 백업 실행 시에는 DCM이 스캔되고, 백업이 필요한 익스텐트를 특정한다. 또한 완전 백업과 마찬가지로 백업 실행 중의 트랜잭션 로그도 백업된다.

10.3.3 파일 백업

데이터베이스의 임의의 파일만도 백업한다. 완전 백업과 마찬가지로 할당된 익스텐트와 트랜잭션 로그의 일부를 백업한다. 또한 파일 내에 존재하는 DCM의 클리어도 수행한다.

10.3.4 파일 차등 백업

데이터베이스의 임의의 파일만을 대상으로 수행하는 차등 백업이다. DCM을 사용해서 변경된 익스텐트만 백업된다. 그 이외의 점도 데이터베이스 차등 백업과 같다.

10.3.5 트랜잭션 로그 백업

물리 로그 파일 내의 가상 로그 파일을 순차 백업한다. 만약 데이터베이스가 일괄 로그 모델을 선택한 경우는 일괄 조작된 익스텐트도 백업에 포함된다. 일괄 조작된 익스텐트는 **BCM 페이지**[4]에서 확인한다.

---

[4]   직전의 완전 백업 취득 이후에 일괄 조작으로 변경된 익스텐트 정보를 관리한다.

10.4 ∥ 백업 처리의 흐름

백업을 실행했을 때 내부적으로 진행되는 처리를 소개한다.

① GAM을 사용해서 데이터베이스 파일을 스캔한다(그림 10.2).

그림 10.2   처리① GAM 페이지를 스캔해서 할당한(비트에 1이 설정되어 있다) 익스텐트를 확인

② 데이터베이스 파일이 복수 존재하는 경우, 모든 읽기는 병렬로 처리된다(그림 10.3).

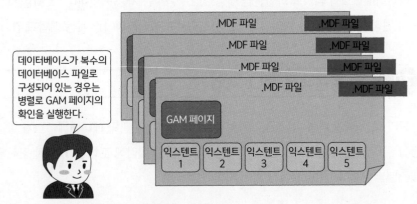

그림 10.3   처리② 각 데이터베이스 파일에서 병렬로 처리된다.

③ 할당된 익스텐트를 물리적인 정렬 순으로 읽는다(그림 10.4).

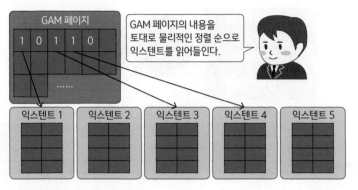

그림 10.4   처리③ 할당된 익스텐트를 순차 스캔

④ 읽어들인 익스텐트를 백업 파일에 전송한다(그림 10.5).

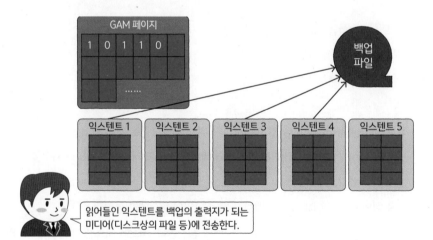

그림 10.5   처리④ 읽어들인 익스텐트를 백업 파일에 전송

⑤ 백업 파일이 여럿 있는 경우는 병렬로 처리된다(그림 10.6).

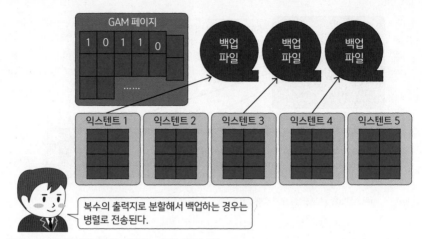

그림 10.6   처리⑤ 백업 파일이 여럿 있는 경우는 병렬로 전송

그 이외에도 백업 처리에서는 다양한 작업이 이루어진다. 몇 가지 처리는 병렬
로 실행되고, 또한 몇 가지는 순차 실행된다. 이들 중에서 대표적인 처리를 몇 가
지 소개한다.

- 버퍼 캐시상의 더티 페이지를 플래시하기 위해 체크포인트 처리를 실행한다. 이 체크
  포인트 처리의 실행에는 데이터 파일상의 데이터와 버퍼 캐시상의 데이터 차이를 줄이
  는 효과가 있다(그림 10.7).
- 다음 회의 백업을 위해 필요한 정보를 백업 파일의 헤더에 기록한다.
- msdb 시스템 데이터베이스의 백업 이력을 갱신한다. msdb 시스템 데이터베이스의
  백업 관련 정보를 저장하는 테이블에는 각 데이터베이스에 대해 실행한 백업 종류와 이
  력 정보가 저장되어 있다.

① 디스크에 변경이 반영되지 않은 데이터가 캐시상에 테이터베이스로 존재한다.

메모리에 읽힌 데이터가 갱신되면 디스크와 메모리의 데이터 불일치가 발생한다. 양쪽이 일치하지 않는 페이지를 더티 페이지라고 한다.

② 이 상태로는 백업 대상 데이터베이스 파일과 차이가 크다.

③ 백업 전에 체크포인트에 의해서 더티 페이지를 디스크에 플래시

④ 버퍼 캐시와 데이테베이스 파일의 차이가 없어져 최신 백업이 가능해진다.

체크포인트는 더티 페이지의 내용을 디스크에 적어 메모리와 디스크의 내용을 일치시킨다.

그림 10.7   체크포인트의 효과

데이터베이스의 백업과 복원

10.5 백업 미디어의 훼손

데이터베이스에 어떤 문제가 발생했을 때를 위해 백업이 준비되어 있는데, 백업 데이터가 파손되는 일도 있다. 이것은 시스템의 가용성을 현저히 떨어뜨려 데이터 복구에 많은 시간이 필요하므로 어떻게든 방지해야 할 장애이다. 다음에 대표적인 2가지 발생 원인과 예방 조치를 소개한다.

- 데이터베이스 자체가 훼손됐다.
- 백업 파일 생성 시에 오류가 발생했다.

10.5.1 데이터베이스 자체가 훼손됐다

백업을 취득하는 데이터베이스가 훼손되면 당연히 그것을 토대로 작성하는 백업 도 파손된다. 이것은 정기적으로 DBCC CHECKDB 커맨드로 데이터베이스의 정합성을 확인하지 않은 경우에 흔히 일어나는 문제이다.

정기적으로 DBCC CHECKDB를 수행하지 않으면 수 세대분의 데이터베이스 백 업을 갖고 있다고 해도 어느 시점에서 파손됐는지를 알 수 없다. 때문에 직전의 백 업을 복원해서 파손이 발견된 경우 1세대 전의 백업을 복원했다고 해도 같은 문제 가 발생할 가능성이 있다(그림 10.8).

● 파손된 데이터베이스에서는 파손된 백업이 생성된다.

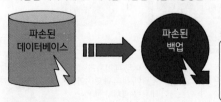

백업의 기본이 되는 데이터베이스가 파손되면 취득한 백업 파일도 파손 상태가 된다.

그림 10.8   파손된 백업의 복원

한편 예방 조치는 매우 간단하다. 데이터베이스의 백업을 실행하기 전에 반드시 DBCC CHECKDB를 실행하기 바란다. 그때 정합성 오류가 검출되지 않으면 앞으로 백업하려는 데이터베이스는 클린한 상태임을 확인할 수 있다.

10.5.2 백업 파일 생성 시에 오류가 발생했다

데이터베이스의 백업 실행 시에 백업 파일의 출력지 미디어(디스크와 테이프 등)의 불량에 의해 바른 내용으로 백업 파일이 생성되지 않는 일이 있다. 바르게 생성되지 않은 백업 파일은 당연히 바르게 복원할 수 없어 장애 발생 시에 대책이 될 수 없다.

효과적인 예방 조치로는 백업 체크섬을 사용하는 것을 들 수 있다. 백업 실행 시에 백업 파일에 출력되는 데이터를 토대로 체크섬(오류 검출 부호)을 생성하고 백업 파일의 헤더에 저장한다. 저장한 값과 실제 백업 파일의 내용을 비교함으로써 생성한 파일의 타당성을 검증할 수 있다(**그림 10.9**).

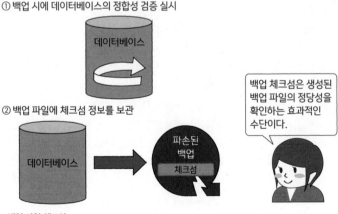

① 백업 시에 데이터베이스의 정합성 검증 실시

데이터베이스

② 백업 파일에 체크섬 정보를 보관

데이터베이스

파손된 백업

체크섬

백업 체크섬은 생성된 백업 파일의 정당성을 확인하는 효과적인 수단이다.

그림 10.9   백업 파일 체크섬

BACKUP 커맨드를 CHECKSUM 옵션과 함께 실행하는 구문은 다음과 같다.

```
BACKUP DATABASE N' 데이터베이스명 ' TO DISK = N' 백업 파일의 풀패스' WITH
CHECKSUM
```

칼럼

파손된 백업 파일의 복원

CHECKSUM 옵션을 지정하면 백업 시에 데이터베이스의 검증도 수행하기 때문에 시스템에 가하는 부하가 커진다. 때문에 디폴트는 오프로 지정되어 있다. 그러나 백업 파일 내용의 정당성을 확인하는 것은 시스템의 안정 운용을 위해 매우 중요한 의미가 있다. 따라서 백업 실행 시에는 가능한 한 CHECKSUM 옵션을 지정할 것을 권한다.

불행히도 어떤 원인으로 백업 파일이 파손된 경우 어떤 대처를 생각할 수 있을까? 한마디로 백업 파일의 파손이라고 해도 백업 파일을 보관하던 디스크나 데이터 자체에 물리적으로 액세스 불가능한 장애와, 액세스는 가능해도 백업 파일의 내용에 일부 부정한 부분이 포함되는 장애도 있다.

전자와 같은 하드웨어 장애인 경우는 SQL 서버에서는 대처할 수 없다. 후자의 경우도 SQL 서버 2000까지는 파손된 백업 파일에 존재하는 정상 부분의 데이터를 구제하는 수단은 없었다. 그러나 SQL 서버 2005부터는 설령 파손된 부분가 있다고 해도 이용할 수 있는 부분에 관해서는 데이터를 사용할 수 있는 기능이 구현됐다.

구체적으로는 복원 실행 시에 데이터의 부정합이 검출되면 SQL 서버 2000까지는 복원을 정지해버려 백업으로부터 복구가 되지 않았다. SQL 서버 2005 이후에도 디폴트의 동작은 같지만 다음의 예와 같이 CONTINUE_AFTER_ERROR 옵션을 지정함으로써 파손이 검출된 후에도 복원 처리를 한다. 이 기능으로 적어도 백업 파일 내의 사용 가능한 데이터에는 액세스할 수 있게 됐다(그림 10.A).

```
RESTORE DATABASE 데이터베이스명
FROM DISK = N' 백업 파일의 풀 패스 '
WITH CONTINUE_AFTER_ERROR
```

● SQL 서버 2000까지의 동작

파손된
백업

데이터베이스

파손된 백업의 복원은 실패

● SQL 서버 2000 이후의 동작
CONTINUE_AFTER_ERROR 옵션과 함께 실행

파손된
백업

데이터베이스

파손 부분을 건너뛰고 복원을 계속

현행 SQL 서버에서는
백업 파일이 파손돼도
백업 파일 전체를 사용하지
못하는 일은 없다.

그림 10.A   복원 시의 동작 차이

장애가 발생하면 매우 이용 가치가 높은 기능이기는 하지만 몇 가지 염두해야 할 사항이 있다. 첫째는 소실된 페이지에 관한 개념이다. 파손 부분을 건너뛰고 복원을 계속한다는 것은 데이터베이스 내에 페이지의 결손이 발생하는 것을 의미한다(그림 10.B). 필요한 페이지가 존재하지 않기 때문에 그 페이지에 포함된 데이터는 소실되고 데이터베이스 내 페이지 간의 링크도 정합성을 취하지 못하는 상태이다. 때문에 어떤 식으로든 대처해야 한다.

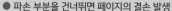
● 파손 부분을 건너뛰면 페이지의 결손 발생

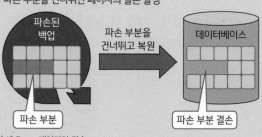

파손된
백업

파손 부분을
건너뛰고 복원

데이터베이스

파손 부분

파손 부분 결손

파손된 백업 파일을
사용한 경우, 백업의
복원으로 결손된 부분이
발생한다.

그림 10.B   페이지의 결손

둘째는 부정합에서 복구하는 방법에 대한 설명이다. 복구 방법의 기본은 DBCC CHECKDB 커맨드이다. 이 커맨드를 실행함으로써 파손 발생 부분과 파손 범위를 지정해서 필요한 대처를 검토한다. 실제로 필요한 대처에 관해서는 다음 장에서 자세하게 설명하겠지만, 대다수의 경우 복구 옵션이 딸린 DBCC CHECKDB 커맨드와 인덱스의 재작성 같은 대처가 필요하다.

10.6 ‖ 백업 파일의 압축

SQL 서버의 데이터베이스 백업 경험이 있는 사람은 알아차렸겠지만, 데이터베이스의 백업 파일 사이즈는 백업 대상이 된 데이터베이스의 사이즈(데이터 파일과 로그 파일의 사이즈 합계 값)보다 작은 것이 대다수이다.

실제의 데이터베이스보다 작은 사이즈라는 것은 SQL 서버가 백업 실행 시에 압축 조작을 하는 걸까?

유감스럽게 대답은 '그렇지 않다'이다. 서드파티의 백업 소프트웨어에는 압축 기능을 갖춘 것도 있지만, SQL 서버 백업 기능은 디폴트 설정으로 실행하면 특별히 압축은 하지 않는다. GAM 페이지를 확인하면서 단순히 사용을 마친 익스텐트를 백업 파일에 기록할 뿐이다. 때문에 데이터베이스의 사이즈에 대해 저장한 데이터량이 적으면 데이터베이스 사이즈와 백업 파일의 사이즈 차이는 커진다. 한편 데이터베이스의 사용률이 100%에 가까울수록 둘의 사이즈도 비슷해진다(**그림 10.10**).

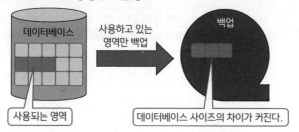

● 데이터베이스 내의 사용 영역이 적은 경우

데이터베이스

사용하고 있는
영역만 백업

백업

사용되는 영역

데이터베이스 사이즈의 차이가 커진다.

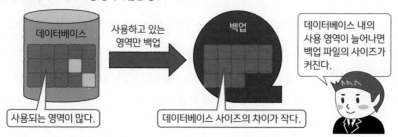

● 데이터베이스 내의 사용 영역이 많은 경우

데이터베이스

사용하고 있는
영역만 백업

백업

데이터베이스 내의
사용 영역이 늘어나면
백업 파일의 사이즈가
커진다.

사용되는 영역이 많다.

데이터베이스 사이즈의 차이가 작다.

그림 10.10　백업 파일의 사이즈

한편 명시적으로 옵션을 지정함으로써 백업 파일의 압축이 가능해진다. 압축 기능의 장점은 우선 백업 파일의 크기 자체가 기존보다 작아지는 점이다. 파일 크기가 작아진다는 것은 디스크 I/O에 필요한 시간이 짧아지는 것을 의미하며, 데이터베이스 백업 시의 파일 기록과 백업 파일 복구 시의 디스크 I/O에 필요한 시간이 짧아진다.

다만 백업 파일 압축 시 및 압축된 백업 파일에서 복원 시에는 지금까지보다 많은 CPU 리소스를 소비할 가능성이 약간 높아진다. 때문에 압축 조작을 수반하는 데이터베이스의 백업을 도입할 때는 고려해야 할 점이 있다.

예를 들면, 지금까지 백업과 동 시간대에 실행하던 처리가 있는 경우, 처리가 완료되기까지 필요한 시간이 길어질 가능성이 있다. 그런 때는 양쪽의 처리 시작 시간 등을 조정할 필요가 있다.

데이터베이스의 백업과 복원

10.7 ‖ BACKUP/RESTORE 이외의 백업

이 장에서는 주로 SQL 서버의 **BACKUP/RESTORE** 커맨드를 이용한 백업에 대해 소개했다. 다만 데이터베이스의 백업을 유지하는 수단은 그 이외에도 존재한다. 여기서는 그 일례인 데이터베이스 파일의 복사를 소개한다.

데이터베이스의 실체인 데이터 파일(**.mdf** 파일)/로그 파일(.ldf 파일)을 복사해 두고 데이터베이스의 백업으로 사용한다. 데이터베이스에 장애가 발생한 경우에는 문제가 있는 데이터베이스와 **sp_detach_db**를 실행해서 잘라내고, 복사한 파일을 **sp_attach_db**를 사용해서 붙여넣기를 한다. 여기에는 BACKUP/RESTORE 커맨드와 비교한 경우에 다음과 같은 이점과 주의사항이 있다.

이점

- 대부분의 경우 RESTORE DATABASE 커맨드보다 붙여넣기가 복구에 필요한 시간이 적다.
- 대다수의 경우 BACKUP DATABASE 커맨드보다 데이터베이스 파일을 복사하는 게 백업에 필요한 시간이 짧다.

주의사항

- 데이터베이스 파일을 복사할 때 데이터베이스를 온라인으로 할 필요가 있다.
- BACKUP DATABASE 커맨드와 비교하면 필요한 디스크 영역이 커질 가능성이 있다 (BACKUP DATABASE 커맨드는 미사용 영역은 백업하지 않는다).

10.8 ‖ 제10장 정리

이 장에서는 백업과 복구에 대해 살펴봤는데, 어땠을까? 언뜻 평범한 기능이기는 하지만 버전업될 때마다 확실히 사용 편의성이 좋아졌다.

특히 백업 파일 자체의 파손에 관해 다양한 대처 방법이 구현되어 있다. 일찍이는 복구를 포기해야 했던 데이터베이스 자체 및 백업 파일의 파손도 냉정하게 대처 방법을 생각하면 복구할 수 있는 가능성이 매우 높아졌다.

그러나 그 전에 가장 중요한 것은 무엇보다 데이터베이스의 백업을 계획적으로 취득하는 것이다. 아직 실행하지 않은 사용자라면 이 기회에 꼭 검토해보기 바란다.

칼럼

최적의 쿼리 실행 플랜을 위해

제8장 8.4항의 모두(p.215)에서 'SQL 서버의 옵티마이저는 optimal(최적)의 쿼리 실행 플랜을 생성하는 것이 아니라 제한 시간 내에 reasonable(타당)한 쿼리 실행 플랜을 생성하는 것을 목적으로 한다'고 설명했는데, 가능한 한 '최적의 쿼리 실행 플랜'에 근접하기 위한 대응을 하고 있다. **지능형 쿼리 처리**[5]라 불리는 개선된 기능에서 구현된 다음의 신기능은 그 성과 중 일부이다.

메모리 허가 피드백

쿼리 실행 플랜 생성 시에는 쿼리를 처리하는 데 필요한 메모리 크기가 계산되고, 그 값이 쿼리 실행 플랜의 프로퍼티로 보관된다. 쿼리 실행 시에는 그 값에 기초해서 메모리가 획득되지만 어떤 이유로 그 값이 적절하지 않은 경우 다음의 문제가 일어날 가능성이 있다.

• 메모리 사이즈의 값이 너무 작은 경우

메모리에 보관되지 않은 데이터가 tempdb에 기록되고 그 결과로 디스크 I/O가 발생해서 쿼리의 퍼포먼스가 저하한다.

• 메모리 사이즈의 값이 너무 큰 경우

본래라면 다른 쿼리에서 사용 가능한 메모리까지 확보해서 메모리 리소스를 필요로 하는 다른 쿼리의 메모리 획득 대기를 발생시킬 가능성이 있다. 이로 인해 SQL 서버 인스턴스 전체에서 생각하면 쿼리의 동시 실행 성능을 훼손하게 된다.

메모리 허가 피드백 기능은 위와 같은 문제가 쿼리 실행 시에 발생한 경우에 쿼리에 필요한 메모리 사이즈를 재계산해서 쿼리 실행 플랜의 메모리 사이즈에 관한 정보를 재기록한다. 이 동작에 의해서 쿼리가 반복해서 실행됨으로써 메모리 사용량이 최적화된다. SQL 서버 2017에서는, 우선 배치 모드에서 메모리 허가 피드백이 구현되고 SQL 서버 2019에서 행 모드에 대응했다.

*5　▼ SQL 데이터베이스의 지능형 쿼리 처리
https://docs.microsoft.com/ko-kr/sql/relational-databases/performance/intelligent-query-processing ?view=sql-server-ver15#batch-mode-memory-grant-feedback

어댑티브 결합

기존 방식에서는 쿼리를 실행할 때 테이블 쿼리 실행 플랜 생성 시에 결합 방식(네스트 루프 결합, 해시 결합 등)이 결정됐다. 설령 그 결합 방식이 쿼리 실행 시에 최적이 아닌 것으로 판명돼도 나중에 변경하지 못했다.

SQL 서버 2017 이후에는 테이블의 결합 방식이 쿼리 실행 시에 결정되는 어댑티브 결합[6]이 구현됐다. 쿼리 실행 시에 결합 대상의 테이블 데이터량 등을 토대로 네스트 루프 결합 또는 해시 결합 중 적합한 하나를 선택한다. 이로써 보다 적절한 결합 방식이 선택되어 리소스의 효율적인 이용과 쿼리 퍼포먼스의 안정화에 기여한다.

위의 2가지 기능이 구현되기 전에는 일단 생성된 쿼리 실행 플랜은 재차 컴파일되기까지 계속해서 재이용됐다. 그 결과 (통계 정보가 최신이 아니라는 등의 이유에서) 생성된 쿼리 실행 플랜의 정도가 높지 않은 경우에는 퍼포먼스 열화를 유발하는 원인이 되는 일도 적지 않았다. 이 문제에 대처하는 방법으로 기존의 개념을 뒤엎은 쿼리 실행 플랜의 동적 조정 기능이 등장한 것에 큰 가능성을 느낀다.

아직 쿼리 실행 플랜에 관해 개선해야 할 점은 많지만 언뜻 심플해 보이는 품질 향상 대응을 통해 앞으로도 최적의 쿼리 실행 플랜에 도달하기 위한 노력이 이어질 것이다.

---

[6] https://docs.microsoft.com/ko-kr/sql/relational-databases/performance/joins?view=sql-server15
#understandiung-adaptive-joins

제 11 장

트러블슈팅

아무런 문제 없이 SQL 서버를 운영할 수 있다면 더할 나위 없겠지만, 많은 경우 여러 가지 문제가 발생하고 그에 대한 대처가 필요하다.

이 장에서는 애플리케이션 개발자와 데이터베이스 관리자가 흔히 직면하는 문제와 그에 대한 대처 방법을 살펴본다.

'SQL 서버에서 실행하는 쿼리가 생각한 처리 시간에 완성되지 않는다' '어느 시점까지는 순조롭게 동작하던 것이 갑자기 처리 시간이 많이 걸리게 됐다' 등. 이와 같은 문제는 많은 사람들이 경험할 것이다. 이러한 사태에 직면했을 때, 해결이 쉽지 않은 요인은 틀림없이 다음의 3가지 이유에서이다.

① 정보 수집에 시간이 걸린다

생각한 퍼포먼스가 실현되지 않을 때는 쿼리 실행 플랜을 비롯해 다양한 정보를 검토할 필요가 있다. 그러한 정보를 하나하나 수집하는 것조차 매우 번거롭고 시간이 소요된다(그런 정보가 필요한지를 판단하는 것조차 어렵다). 어떤 분은 이 작업의 어려움으로 인해 퍼포먼스 튜닝을 단념할지도 모른다(그림 11.1).

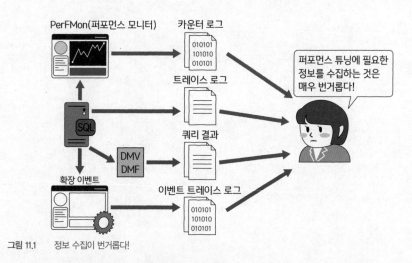

그림 11.1   정보 수집이 번거롭다!

② 퍼포먼스의 비교가 어렵다

어느 시점 이후에 퍼포먼스가 악화한 경우에 가장 효과적인 튜닝 방법은 **퍼포먼스가 양호했던 시점과 퍼포먼스가 악화된 후의 정보를 비교해서 그 변화 지점을 확인**하는 것이다.

다만, 대다수의 경우 퍼포먼스가 양호한 시점의 정보가 보관되어 있지 않다(①의 '해석에 필요한 정보 수집의 어려움'이 정보 보관을 어렵게 한다). 그렇기 때문에 양호한 시점과 악화된 후의 각종 정보를 비교할 수 없게 된다.

③ 정보의 해석이 어렵다

앞서 말한 2가지 장벽을 해결하고 필요충분한 정보를 입수했다고 해도 그것을 토대로 정확한 해석을 실시하려면 어느 정도의 경험과 지식이 필요하다. 그것이 퍼포먼스 튜닝과 퍼포먼스 트러블슈팅을 할 때 마지막이자 가장 큰 장벽이다.

SQL 서버 개발 팀은 이런 상황에 관해 수수방관한 것은 아니다. 퍼포먼스 관련해서 위에 든 장벽을 해결하기 위해 SQL 서버 2016부터 **쿼리 저장소**라 불리는 기능을 구현했다.

11.2 ‖ 쿼리 저장소

11.2.1 실현할 수 있는 것

쿼리 리스트란 쿼리의 실행 이력과 쿼리 실행 플랜을 보관하고 해석을 할 수 있는 기능이다. 쿼리 저장소를 사용함으로써 다음의 것을 할 수 있다.

정보 수집의 자동화

데이터베이스의 사용자가 수고할 필요 없이 필요한 정보를 수집할 수 있다(그림 11.2).

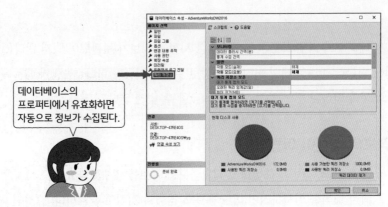

데이터베이스의 프로퍼티에서 유효화하면 자동으로 정보가 수집된다.

그림 11.2   쿼리 저장소

퍼포먼스의 비교

필요한 정보를 자동으로 계속 비교하므로 어느 시점부터 퍼포먼스가 악화한 경우에도 양호한 시점과 악화 후 양쪽의 정보가 보관되어 있다. 때문에 둘을 비교할 수 있다.

원활한 쿼리 해석과 문제점 발견

수집한 정보를 그래피컬 리포트로 확인할 수 있어 쿼리의 해석 및 문제를 기존에 비해 단시간에 발견할 수 있다(그림 11.3).

쿼리의 실행 플랜 강제

어느 쿼리 리퀘스트가 복수의 쿼리 실행 플랜을 보관하고 있는 경우, 쿼리의 실행 시간 등에 큰 차이가 있기도 하다. 그중에 분명히 다른 것보다 효율적인 쿼리 실행 플랜이 있는 경우 그 이후에는 그 쿼리의 실행 플랜만을 사용하게끔 강제할 수 있다.

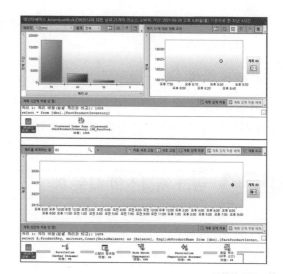

리포트를 사용해서 다양한 관점에서 쿼리의 퍼포먼스를 해석할 수 있다.

그림 11.3   쿼리의 해석

11.2.2   쿼리 저장소의 구조

쿼리 저장소는 다음의 정보를 계속해서 수집함으로써 실현하고 있다(**그림 11.4**).

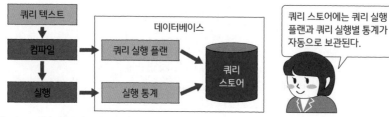

그림 11.4   쿼리 저장소의 동작

쿼리 텍스트

실행된 SQL문의 텍스트를 보관한다.

쿼리 실행 플랜

쿼리 텍스트를 토대로 생성된 쿼리 실행 플랜이 보관된다. 하나의 쿼리 텍스트에 대해 복수의 쿼리 실행 플랜이 존재하는 경우[*1]는 이들도 함께 보관한다.

쿼리 실행 통계

쿼리를 실행했을 때 실행 통계(쿼리의 처리 시간, CPU 사용 시간, 논리 읽어들이기 페이지 수 등)가 쿼리 실행 플랜별로 수집, 보관된다.

11.2.3 쿼리 저장소의 사용 예

쿼리 저장소의 대표적인 사용 예를 소개한다.

시나리오 1

어느 날 갑자기 특정 쿼리의 퍼포먼스가 나빠졌다. 대책을 강구하시오.

① SQL 서버 매니지먼트 스튜디오의 오브젝트 익스플로러로 [데이터베이스명] → [쿼리 저장소] → [회귀된 쿼리] 리포트를 표시한다(그림 11.5).

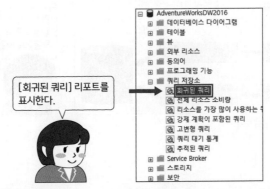

그림 11.5   [회귀된 쿼리] 리포트를 표시

---

*1   쿼리 실행 시의 액세스 대상 상황과 지정하는 파라미터의 내용에 따라서는 이미 존재하는 쿼리 실행 플랜이 사용되지 않고 새로운 것이 생성되는 일이 있다. 그런 경우 하나의 쿼리 텍스트에 대해 복수의 쿼리 실행 플랜이 보관된다.

② 메트릭을 [기간(ms)]로 지정한다(그림 11.6).

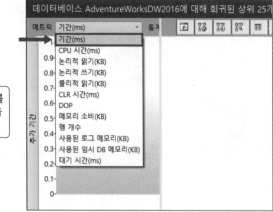

처리 시간이 악화한 쿼리를 확인하는 경우는 메트릭을 [기간(ms)]로 지정한다.

그림 11.6 　 메트릭을 [기간(ms)]로 지정

③ 기간이 상위인 쿼리의 쿼리 실행 플랜을 확인한다(그림 11.7).

③-1

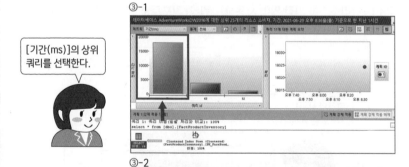

[기간(ms)]의 상위 쿼리를 선택한다.

③-2

쿼리를 실행 플랜의 내용을 확인한다.

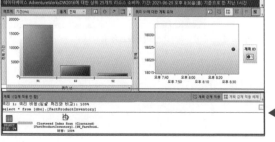

그림 11.7 　 쿼리 실행 플랜 확인

④ 필요에 따라서 퍼포먼스가 좋아진 시점의 쿼리 실행 플랜을 강제한다(그림 11.8).

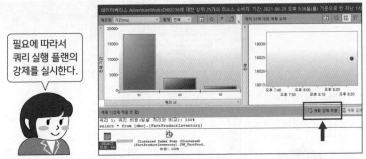

말풍선: 필요에 따라서 쿼리 실행 플랜의 강제를 실시한다.

그림 11.8   쿼리 실행 플랜의 강제

시나리오 2

서버의 CPU 부하가 높으므로 원인이 되는 쿼리를 발견하시오.

① SQL 서버 매니지먼트 스튜디오의 오브젝트 익스플로러로 [데이터베이스명] → [쿼리 저장소] → [리소스를 가장 많이 사용하는 쿼리] 리포트를 표시한다(그림 11.9).

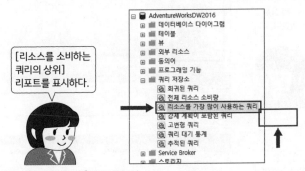

말풍선: [리소스를 소비하는 쿼리의 상위] 리포트를 표시하다.

그림 11.9   [리소스를 소비하는 쿼리의 상위] 리포트를 표시

② 메트릭을 [CPU 시간(ms)]로 지정한다(그림 11.10).

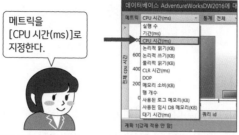

그림 11.10　메트릭을 [CPU 시간(ms)]로 지정

③ 상위의 쿼리 내용과 쿼리 실행 플랜의 내용을 확인한다(그림 11.11).

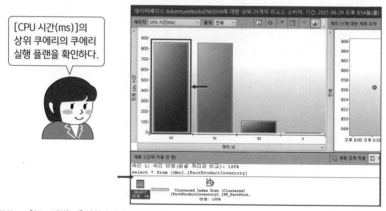

그림 11.11　[CPU 시간(ms)] 상위의 쿼리 실행 플랜을 확인

실제로 있을 법한 2가지 시나리오에 대해 소개했는데, 보다 자세한 쿼리 저장소의
활용 방법은 다음의 마이크로소프트 Docs 사이트를 참조하기 바란다.

▼ 쿼리 저장소 사용 시의 모범 사례

　https://docs.microsoft.com/ko-kr/sql/relational-databases/performance/

　best-practice-with-the-query-store?view=sql-server-2017

11.2.4 쿼리 저장소의 사용과 주의사항

쿼리 저장소는 디폴트 설정에서는 무효화되어 있으므로 사용하려면 다음의 작업이 필요하다.

쿼리 저장소의 사용

① SQL 서버 매니지먼트 스튜디오에서 [데이터베이스명]을 우클릭해서 [프로퍼티] 다이얼로그 박스를 열고 [쿼리 저장소] 페이지를 선택한다(그림 11.12).

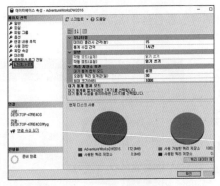

그림 11.12   데이터베이스의 [속성] 박스

② [작동 모드(요청)] 박스에서 [읽기 쓰기]를 선택한다(그림 11.13).

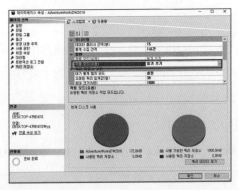

그림 11.13   [쿼리 저장소] 페이지

쿼리 저장소를 사용할 때는 다음의 점에 주의해야 한다.

주의사항

쿼리 저장소의 사이즈

쿼리 저장소가 수집하는 데이터는 각 유저 데이터베이스에 보관된다. 때문에 유저 데이터 이외에 쿼리 저장소용 영역을 사이징 시에 포함할 필요가 있다.

쿼리 저장소에서 수집한 정보의 보관 기관과 쿼리 저장소의 정보를 보관하는 영역의 상한을 설정할 수 있다. 디폴트에서는 다음과 같이 설정되어 있고 어느쪽의 임계값에 도달한 시점에서 보관된 정보가 삭제된다.

- 오래된 쿼리 임계값 : 30(일)
- 최대 크기 : 100(MB)

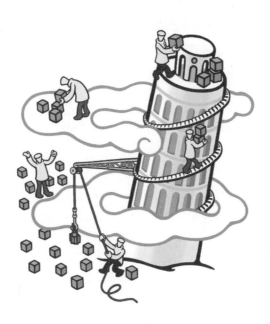

각각의 설정값은 [쿼리 저장소] 페이지에서 변경할 수 있다(**그림 11.14**). 데이터베이스의 용도 필요에 따라서 적절한 값을 설정하기 바란다.

그림 11.14   [쿼리 저장소의 보관 기간]의 [오래된 쿼리의 임계값(일))(보관 기간)과 [최대 크기(MB))(쿼리 저장소 영역의 상한)

강제된 계획

일단 쿼리 실행 플랜이 강제되면 새로운 쿼리 실행 플랜이 생성되지 않는다. 한편으로 데이터 사이즈와 값의 분포 상황이 변화하면 최적의 쿼리 실행 플랜이 변화할 가능성이 있다.

때문에 일정 기간별로 플랜의 강제를 해제해서 쿼리 옵티마이저에 새로이 쿼리 실행 플랜을 생성시켜, 그 내용을 음미해보기 바란다. 또는 강제한 쿼리 실행 플랜보다 양호한 퍼포먼스를 발휘하는 쿼리 실행 플랜이 생성될지 모른다.

다음에서는 자주 있는 트러블과 그 대처 방법을 살펴본다.

트러블 1
SQL 서버에 접속하지 못한다

SQL 서버가 가동하고 있는 서버 내에서는 문제없이 접속할 수 있는데, 어째서인지 리모트 클라이언트에서 SQL 서버에 접속하지 못하는 일이 자주 있다. 여기서는 이러한 트러블 시에 빠질 수 있는 전형적인 유형과 각 유형에 대처하는 방법을 소개한다.

11.3.1 SQL 서버가 대기하고 있는 프로토콜의 확인

SQL 서버가 대기(listen)하고 있지 않은 프로토콜을 사용해서 클라이언트가 접속을 요구하면 당연히 양자의 접속은 성공하지 못한다. 또한 SQL 서버의 에디션에 따라서는 보안의 관점에서 셋업 직후의 디폴트 설정에서는 외부에서 접속할 수 없는 공유 메모리 프로토콜만 대기하는 경우가 있다.

우선 SQL 서버 구성 매니저를 동작해서 SQL 서버가 대기하고 있는 프로토콜을 확인하자(**그림 11.15**). 만약 필요 프로토콜이 '사용 안 함'으로 설정되어 있는 경우는 '사용' 상태로 한다. 이 작업에 의해 SQL 서버 자체의 프로토콜 설정에 기인하

유효로 설정되어 있는 프로토콜은 SQL 서버가 대기하고 있는 것을 나타낸다.

그림 11.15   SQL 서버 구성 매니저 : SQL 서버의 프로토콜

는 문제는 해결된다.

한편 대기하는 프로토콜의 변경을 반영하려면 SQL 서버를 다시 시작해야 한다.

또한 SQL 서버가 정상으로 각 프로토콜을 대기하는 것을 확인하려면 SQL 서버 로그를 참조하면 좋을 것이다. SQL 서버 로그가 존재하는 경우는 다음의 순서대로 확인할 수 있다.

SQL 서버 로그의 참조

① SQL 서버 매니지먼트 스튜디오를 동작한다.
② SQL 서버 데이터베이스 엔진에 접속한다.
③ [관리] 폴더의 SQL 서버 로그 폴더로 이동한다.
④ [현재]를 더블클릭한다.

바르게 대기하고 있는 경우는 다음과 같은 메시지가 출력된다.

```
2020-07-03  00:29:17.30 spid32s Server is listening on [ 'any' <ipv6>
1433].
```

→ IPv6의 TCP/IP 프로토콜이 대기하고 있는 것을 나타낸다.

```
2020-07-03  00:29:17.30 spid32s Server is listening on [ 'any' <ipv4>
1433].
```

→ IPv4의 TCP/IP 프로토콜이 대기하고 있는 것을 나타낸다.

```
2020-07-03 00:29:17.30 spid32s Server local connection provider is
ready to accept connection on [ \\.\pipe\SQLLocal\MSSQLSERVER ].
```

→ 공유 메모리 프로토콜이 대기하고 있는 것을 나타낸다.

```
2020-07-03 00:29:17.30 spid32s Server local connection provider is
ready to accept connection on [ \\.\pipe\sql\query ].
```

→ 네임드 파이프 프로토콜이 대기하고 있는 것을 나타낸다.

클라이언트 컴퓨터의 프로토콜 설정 확인

클라이언트 측의 컴퓨터에서 프로토콜이 바르게 설정되어 있지 않은 경우는 SQL 서버 접속에 실패하는 원인이 되기도 한다. 클라이언트 컴퓨터에서 SQL 서버 구성 매니저를 실행해서 각 프로토콜의 상태를 확인하자. 필요한 프로토콜이 있으면 사용 상태로 하기 바란다(그림 11.16).

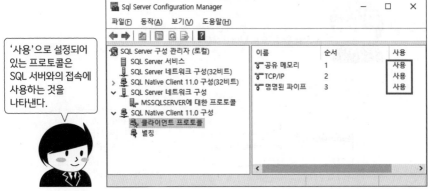

'사용'으로 설정되어 있는 프로토콜은 SQL 서버와의 접속에 사용하는 것을 나타낸다.

그림 11.16   SQL 서버 구성 매니저 : 클라이언트 프로토콜

11.3.3 SQL 서버 브라우저의 상태 확인

만약 SQL 서버의 네임드 인스턴스만으로 리모트 클라이언트에서 접속이 실패하는 경우는 SQL 서버 브라우저가 바르게 동작하고 있는지를 확인하기 바란다. 외부 클라이언트는 네임드 인스턴스가 사용하고 있는 포트 번호를 SQL 서버 브라우저 서비스를 거쳐야만 알 수 있다.

SQL 서버 브라우저 서비스는 보안의 관점에서 디폴트로는 무효로 설정되어 있다. SQL 서버 구성 매니저를 사용해서 SQL 서버 브라우저 서비스를 유효화 및 시작하고 나서 재차 외부 클라이언트에서 접속시키면 문제가 해결되는 경우가 있다(그림 11.17).

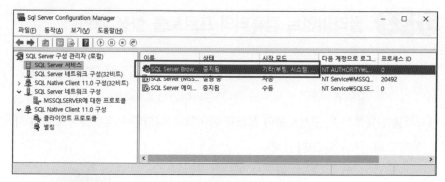

SQL 서버 브라우저 서비스의 상태를 확인한다.
'시작 모드'가 '자동' 또는 '수동' 이외인 경우는
'사용 안 함'으로 되어 있음을 나타낸다.

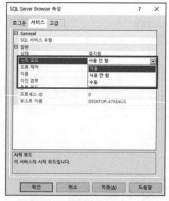

속성의 '서비스' 탭
'시작 모드'를 '자동' 또는
'수동'으로 변경하고 나서
'로그온' 탭의 '시작' 버튼을
클릭하면 서비스의 실행이
가능하다.

그림 11.17   SQL 서버 브라우저의 상태 확인과 시작

11.3.4 윈도우의 보안 설정

SQL 서버가 가동하고 있는 컴퓨터에서 윈도우의 파이어월이 SQL 서버와 SQL
서버 브라우저에의 액세스를 차단하고 있는 경우, 외부로부터의 접속은 불가능하
다. 때문에 다음의 마이크로소프트 Docs 사이트에 게재되어 있는 순서대로 파이어
월의 예외를 구성하기 바란다.

▼ Configure the Windows Firewall to Allow SQL 서버 Access

https://docs.microsoft.com/ko-kr/sql/sql-server/install/configure-the-windows-firewall-to-allow-sql-server-access?view=sql-server-ver15

11.4 ‖ 트러블 2
블로킹 문제

복수의 쿼리가 실행됐을 때 같은 오브젝트에 대해 경쟁하는 락 획득 요구가 있으면 나중에 획득 요구를 한 쪽의 처리가 미리하는 처리가 락을 해제하기까지 대기 상태가 되고, 처리를 계속할 수 없게 된다. 이것이 **블로킹**이라 불리는 상황이다.

블로킹을 완전하게 발생시키지 않도록 하는 것은 매우 힘들다. 그러나 시스템의 상황을 자세하게 파악하고 적절한 대처를 하면 대다수의 경우는 실운용 환경에서도 문제없는 발생 빈도로 억제할 수 있다. 또는 운용상 문제가 없는 길이의 블로킹으로 발생 시간을 단축할 수 있다.

여기서는 블로킹의 상황을 파악하기 위한 팁과 상황을 개선하기 위한 힌트를 소개한다.

11.4.1 블로킹 상황의 해석

사전에 블록하고 있는 처리와 블록되어 있는 처리가 명확하면 그에 대한 대처는 간단하다. 그러나 유감스럽게 그러한 일은 매우 드물다.

SQL 서버 매니지먼트 스튜디오 등으로 감시하고 있으면, 다음에서 다음으로 새로운 블로킹이 발생해서 일정 기간이 경과하면 해결되다 보니, 보통은 어느 블로킹이 문제인지 확실하지 않다. 다시 말해, 일반적으로는 문제가 있는 하나의 트랜잭션만이 장기간에 걸쳐 다른 트랜잭션을 계속 기다리게 하는 게 아니라, 작은 블로킹이 다수 발생할 때가 많다고 할 수 있다.

그러한 상황에서는 개개의 블로킹을 해석하고 우선순위가 높은 것(많은 경우는 블로킹 시간이 긴 것)부터 손을 쓸 필요가 있다. 블로킹의 해석에는 다양한 접근 방법이 있지만, 여기서는 확장 이벤트를 사용한 절차를 소개한다.

확장 이벤트에 의한 블로킹 해석

① SQL 서버 매니지먼트 스튜디오의 쿼리 트리를 사용해서 해석 대상 SQL 서버에 접속한다.

② 다음의 커맨드를 실행한다. '락 시간'에는 락을 검출하는 임계값을 초 수로 설정한다. 10초 이상의 블록을 검출하고 싶을 때는 '10'이라고 지정한다.

```
EXEC sp_configure 'Blocked Process Threshold', 락 시간
GO
RECONFIGURE
GO
```

③ SQL 서버 매니지먼트 스튜디오에서 확장 이벤트의 신규 세션을 실행해서 트레이스 이벤트의 [blocked_process_report]를 선택한다(그림 11.18).

④ 락을 해석하고 싶은 처리를 실행한다.

⑤ 확장 이벤트의 출력 결과를 확인한다. 그림 11.19와 같은 이벤트가 10초 이상의 기간 발생한 모든 블로킹을 출력한다.

확장 이벤트의 신규 세션을
작성한다.

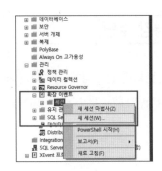

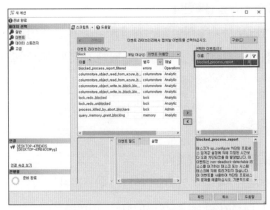

블로킹을 감시하기 위해
[blocked_process_report]를
선택한다.

그림 11.18   확장 이벤트의 신규 세션을 작성하고 트레이스 이벤트를 선택

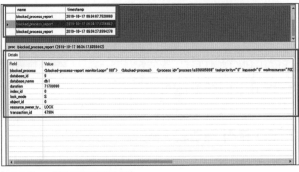

블로킹이 발생하면
[blocked_process_report]
이벤트가 리포트된다.
또한 발생한 블로킹의
상세한 내용도
확인할 수 있다.

그림 11.19   확장 이벤트의 출력 결과

11.4.2 블로킹 경감 수단

블로킹 상황의 해석이 완료되면 블로킹에 관여했던 처리에 대처해야 한다. SQL 서버를 사용한 경우의 일반적인 대처 방법으로는 다음을 들 수 있다.

대처 1

개개의 트랜잭션을 짧게 해서 락 시간을 단축한다

BEGIN TRAN과 COMMIT TRAN 사이에 실행하는 처리를 가능한 한 줄임으로써 개개의 트랜잭션 내에서 락을 보관하는 기간을 단축할 수 있다. 이로써 장기간의 락 획득 대기를 회피할 수 있다.

대처 2

효과적인 WHERE절의 지정 등으로 락 범위를 좁힌다

적절한 인덱스가 정의된 데이터라면 쿼리의 검색 범위를 압축하면 획득되는 락을 최소한으로 억제할 수 있다. 이로써 락의 경쟁이 발생하는 기회를 줄일 수 있다.

대처 3

트랜잭션 분리 레벨의 변경

트랜잭션 분리 레벨[2]을 READ UNCOMMITTED 또는 SNAPSHOT으로 변경하면 블로킹을 줄일 수 있다. 다만 다음과 같은 주의사항이 있다.

READ UNCOMMITTED 분리 레벨의 사용

커밋되지 않은 데이터를 읽어들이는 경우가 있는데 미리하는 갱신 트랜잭션이 롤백한 경우에 데이터가 부정확해질 위험이 있다.

---

[2] 트랜잭션 분리 레벨이란 트랜잭션 내에서 이루어지는 처리의 보호 정도를 나타내는 지수이다. READ UNCOMMITTED/SNAPSHOT 이외의 트랜잭션 분리 레벨에 대해서는 칼럼(p.285)을 참조하기 바란다.

SNAPSHOT 분리 레벨의 사용

데이터의 스냅샷을 관리하기 위해 tempdb에 데이터의 이력(행 버전이라 부른 다)을 저장해야 하는데, 다수의 갱신 처리가 동시 실행되는 부하가 높은 환경에서는 저장되는 행 버전의 양이 증가하고, 그 결과 tempdb의 사이즈가 비대해질 가능성이 있다.

대처 1과 대처 2의 방법에서는 비교적 넓은 범위의 애플리케이션을 수정해야 한다.

또한 대처 3의 방법에서는 애플리케이션 측의 수정은 적은 경우가 많지만 사용 시 주의사항이 있다. 각각의 이점과 단점을 고려해서 대처가 필요한 처리에 맞게 가장 적절한 수단을 선택하는 것이 중요하다.

칼럼

트랜잭션 분리 레벨을 이해한다

트랜잭션 분리 레벨은 트랜잭션 내의 데이터 정합성 및 일관성을 유지하는 레벨을 정의한 것이다. 엄밀성 높은 트랜잭션 분리 레벨을 사용하면 트랜잭션 내 데이터의 일관성은 견고해지지만, 데이터가 보호되는 기간이 길어져 트랜잭션의 동시 실행성이 저하한다. 엄밀성이 낮은 트랜잭션 분리 레벨에서는 동시 실행성은 높아지지만 트랜잭션 내 데이터의 일관성을 유지하기 어렵다. 때문에 애플리케이션이 필요한 데이터의 일관성과 동시 실행성을 신중하게 파악하고 사용하는 트랜잭션 분리 레벨을 선택할 필요가 있다.

SQL 서버에서는 다음의 트랜잭션 분리 레벨을 사용할 수 있다.

READ UNCOMMITTED

미리하는 트랜잭션에 의한 데이터 보호의 영향을 받지 않고 데이터를 읽을 수 있다. 다만 READ UNCOMMITTED 분리 레벨은 일반적으로 **더티 리드**라고도 불리며, 커밋되지 않은 데이터의 읽기를 수행하는 일이 있다.

때문에 미리하는 갱신 계열 트랜잭션이 롤백한 경우 등은 판독한 데이터가 존재하지 않는 상황이 될 가능성이 있다.

READ COMMITTED

SQL 서버의 디폴트 트랜잭션 분리 레벨이다. 트랜잭션 내에서 읽기가 완료한 시점에서 락을 해제하기 때문에 일단 읽은 데이터가 병행해서 실행되는 처리에 의해서 갱신될 가능성이 있다. 때문에 같은 트랜잭션 내에서 동일 조건의 읽기를 여러 번 실행하면 그때마다 값이 변할 가능성이 있다(REPEATABLE READ라고 불리는 사상이다).

또한 **팬텀 리드**(Phantom Read)가 발생할 가능성이 있다. 팬텀 리드란 병행해서 실행된 다른 처리에 의해서 데이터가 추가 또는 삭제됨으로써 트랜잭션 내에서 동일 조건에 여러 번 판독을 했을 때의 결과가 증감하는 현상이다.

REPEATABLE READ

트랜잭션이 계속되는 동안은 판독 대상의 데이터에 락을 계속 유지한다. 이로써 트랜잭션 중에 다른 처리에 의해서 변경되는 일은 없다. 때문에 같은 트랜잭션 중에는 같은 데이터는 몇 번 읽어도 매번 같은 값을 취득할 수 있다(REPEATABLE READ를 방지할 수 있다).

그러나 **팬텀 리드**가 발생할 가능성이 있다.

SERIALIZABLE

트랜잭션 중에 광범위하게 락을 획득하는 가장 엄밀한 트랜잭션 분리 레벨이다. 이로써 트랜잭션 내에서 실행되는 읽기 처리는 항상 같은 결과를 반환한다(**팬텀 리드**를 방지할 수 있다). 한편 다른 처리는 락의 해제를 대기하는 일이 많아져 일반적으로 처리의 동시 실행성은 저하한다.

SNAPSHOT

미리하는 트랜잭션의 영향을 받지 않고 커밋된 데이터를 읽을 수 있다. 데이터의 스냅샷 관리를 위해 tempdb에 데이터의 이력(**행 버전**)을 저장한다. 때문에 다수의 변경 처리가 동시 실행되는 부하 높은 환경에서는 저장하는 행 버전의 양이 증가하고, 그 결과 tempdb의 사이즈가 비대해질 가능성이 있다.

11.5 트러블 3
데드락 문제

SQL 서버에서 쿼리가 실행될 때 액세스 대상의 오브젝트 락을 획득한다. 대다수의 경우 SQL 서버 내에서는 복수의 프로세스 또는 스레드가 처리되고 있고, 각각이 필요로 하는 락을 획득하거나 또는 획득할 때까지 대기하고 있다. 복수의 처리가 같은 리소스에 락 획득을 해야 할 때 데드락이 발생하는 일이 있다. 많은 경우 락 획득과 해제 타이밍, 트랜잭션 범위를 고려하는 등의 방법으로 데드락을 피할 수 있다.

그러나 동시에 실행되는 처리 타이밍에 따라서는 데드락을 피할 수 없는 경우도 있다. 여기서는 전형적인 데드락 유형과 데드락 정보의 해석 방법, 데드락에 대처하는 일반적인 방법을 소개한다.

11.5.1 전형적인 데드락 유형

사이클 데드락

사이클 데드락은 가장 일반적인 유형의 데드락이다. 둘 이상의 클라이언트가 각각의 트랜잭션에서 호환성이 없는 락의 획득 요구를 한 경우에 발생한다.

쉬운 예를 들어 동작을 확인해보자.

① Tran1 내에서 Table1에 대해 배타 테이블 락을 획득한다(그림 11.20①).

② Tran2 내에서 Table2에 대해 배타 테이블 락을 획득한다(그림 11.20②).

③ Tran1 내에서 Table2에 대해 배타 테이블 락 획득을 요구하지만, 이미 Tran2에 의해서 배타 테이블 로직이 획득되어 있어 대기 상태가 된다(그림 11.20③).

④ Tran2 내에서 Table1에 대해 배타 테이블 락 획득을 요구하지만, 이미 Tran1에 의해서 배타 테이블 로직이 획득되어 있어 대기 상태가 된다(그림 11.20④).

⑤ SQL 서버 내의 락 모니터가 데드락을 검출해서 한쪽의 트랜잭션을 롤백시킨다(그림 11.20⑤).

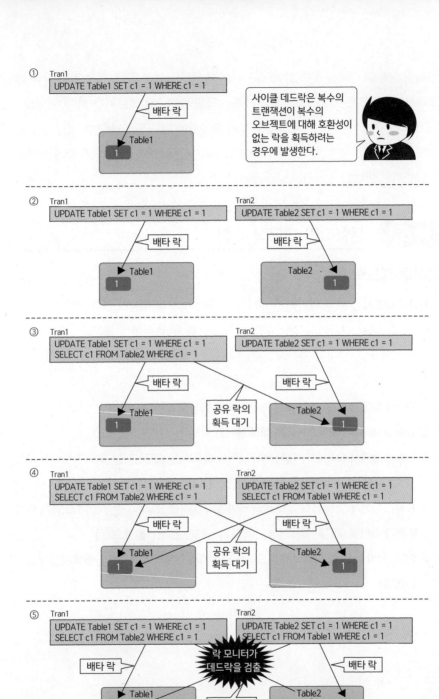

그림 11.20　사이클 데드락

변환 데드락

변환 데드락은 트랜잭션 분리 레벨을 SERIALIZABLE로 설정한 경우 발생하는 다소 생소한 유형의 데드락이다. 변환 데드락의 전형적인 발생 유형을 확인해보자.

① SERIALIZABLE 분리 레벨이 설정된 Tran1에서 Table1에 **공유 레인지 락**[3]이 획득 된다(그림 11.21①).

② SERIALIZABLE 분리 레벨이 설정된 Tran2에서 Table1에 공유 레인지 락이 획득 된다(그림 11.21②).

③ Tran1에서 공유 레인지 락이 획득되어 있는 범위 내에 INSERT를 실행하지만, Tran2에서도 공유 레인지 락을 획득했기 때문에 배타 락을 획득하지 못해 대기 상태 가 된다(그림 11.21③).

④ Tran2에서 공유 레인지 락이 획득되어 있는 범위 내에 INSERT를 실행하지만, Tran1에서도 공유 레인지 락을 획득했기 때문에 배타 락을 획득하지 못해 대기 상태 가 된다(그림 11.21④).

⑤ SQL 서버 내의 락 모니터가 데드락을 검출해서 한쪽의 트랜잭션을 롤백시킨다(그림 11.21⑤).

11

트러블슈팅

---

[3] SERIALIZABLE 분리 레벨 시에 팬텀 리드를 방지하기 위해 획득하는 락이다.

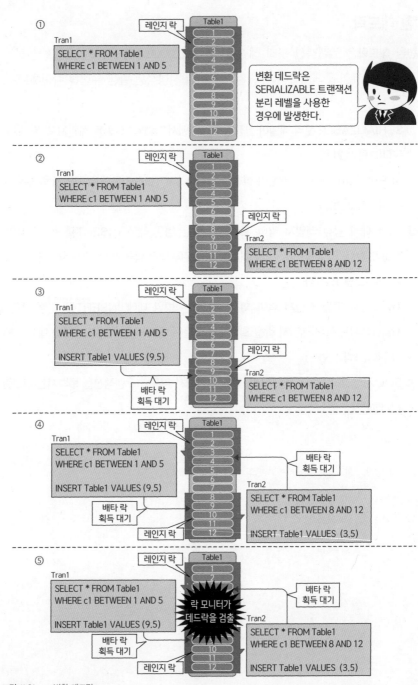

그림 11.21 변환 데드락

11.5.2 데드락 정보의 해석 방법

다음 방법을 사용해서 데드락의 발생 상황을 자세하게 해석할 수 있다.

추적 플래그 1204 사용

추적 플래그 1204를 유효화해서 데드락에 관련한 처리의 자세한 정보를 SQL 서버의 로그에 출력한다. 이 정보를 토대로 각각의 처리에 대처하는 방법을 검토할 필요가 있다(리스트 11.1).

리스트 11.1   데드락 출력 샘플

```
2020-07-03 00:49:19.87 spid10s              Deadlock encountered .... Printing deadlock information
2020-07-03 00:49:19.87 spid10s              Wait-for graph
2020-07-03 00:49:19.87 spid10s                        데드락에 관련한 첫 번째 쿼리에 관련한 정보
2020-07-03 00:49:19.87 spid10s              Node:1
2020-07-03 00:49:19.87 spid10s              KEY: 1:72057594043564032 (8194443284a0) CleanCnt:2
Mode:X Flags: 0x1
2020-07-03 00:49:19.87 spid10s              Grant List 0:
2020-07-03 00:49:19.87 spid10s              Owner:0x0000029E26A34A80 Mode: X Flg:0x40 Ref:0
Life:02000000 SPID:65 ECID:0                 XactLockInfo: 0x0000029E3618C460
2020-07-03 00:49:19.87 spid10s              SPID: 65 ECID: 0 Statement Type: SELECT Line #: 1
2020-07-03 00:49:19.87 spid10s              Input Buf: Language Event: select * from t1 where c1=1
2020-07-03 00:49:19.87 spid10s              Requested by:
2020-07-03 00:49:19.87 spid10s              ResType:LockOwner Stype:'OR'Xdes:0x0000029E2E9BC428
Mode: S SPID:70 BatchID:0 ECID:0 TaskProxy:(0x0000029E1F65AA28) Value:0x26a327c0
Cost:(0/284)
2020-07-03 00:49:19.87 spid10s                        데드락에 관련한 두 번째 쿼리에 관련한 정보
2020-07-03 00:49:19.87 spid10s              Node:2
2020-07-03 00:49:19.87 spid10s              KEY: 1:72057594043498496 (8194443284a0) CleanCnt:2
Mode:X Flags: 0x1
2020-07-03 00:49:19.87 spid10s              Grant List 1:
2020-07-03 00:49:19.87 spid10s              Owner:0x0000029E30555700 Mode: X Flg:0x40 Ref:0
Life:02000000 SPID:70 ECID:0                 XactLockInfo: 0x0000029E2E9BC460
2020-07-03 00:49:19.87 spid10s              SPID: 70 ECID: 0 Statement Type: SELECT Line #: 1
2020-07-03 00:49:19.87 spid10s              Input Buf: Language Event: select * from t2 where c1=1
2020-07-03 00:49:19.87 spid10s              Requested by:
2020-07-03 00:49:19.87 spid10s              ResType:LockOwner Stype:'OR'Xdes:0x0000029E3618C428
Mode: S SPID:65 BatchID:0 ECID:0 TaskProxy:(0x0000029E243D0A28) Value:0x26a345c0
```

```
Cost:(0/284)
2020-07-03 00:49:19.87 spid10s
2020-07-03 00:49:19.87 spid10s            Victim Resource Owner:
2020-07-03 00:49:19.87 spid10s            ResType:LockOwner Stype:'OR'Xdes:0x0000029E2E9BC428
Mode: S SPID:70 BatchID:0 ECID:0 TaskProxy:(0x0000029E1F65AA28) Value:0x26a327c0
Cost:(0/284)
```

추적 플래그 1204의 사용 방법

SQL 서버 인스턴스에 쿼리 트리를 사용해서 접속하고 다음의 커맨드를 실행하면
추적 플래그 1204가 유효화된다.

```
DBCC TRACEON(1204, -1)
```

이 커맨드는 SQL 서버 인스턴스가 재실행되면 효력을 잃기 때문에 재자 실행해
야 한다. 또한 재실행하지 않고 무효화하려는 경우에는 다음의 커맨드를 실행하기
바란다.

```
DBCC TRACEOFF(1204, -1)
```

11.5.3 데드락 대처 방법

데드락에 대처하는 첫걸음은 블로킹 대책이며, 앞에서 소개한 블로킹 대처 방법
은 데드락을 감소시키는 데 효과적이다. 이것은 블로킹이 데드락을 발생시키는 중
요한 원인 중 하나이기 때문이다. 개개의 블로킹에 대처하는 것은 효과적으로 데
드락에 대처하는 것이기도 하므로, 우선은 앞 항의 대처 방법을 도입할 것을 검토
하기 바란다.

또 다른 방지 수단을 강구하는 경우에는 추적 플래그 2014의 출력 결과와 프로
파일러를 토대로 개별 처리에 대한 수단을 강구해야 한다. 여기서는 블로킹 대처
와 중복되는 내용은 생략하고 데드락에 관여한 개별 처리에 대처하는 방법 예를 소
개한다.

오브젝트 액세스 순서 고려

트랜잭션 내에서 테이블 등의 오브젝트에 액세스하는 순서는 데드락의 발생과 큰 관련성이 있다. SQL 서버 내에서 실행되는 모든 처리에 대처하는 것은 곤란한 경우도 있지만, 검증 환경 등으로 여러 차례 데드락을 발생시킨 처리에 대해서만이라도, 오브젝트에 액세스 순서를 고려하면 데드락의 발생 수를 줄일 가능성이 높다.

다음으로 실제 예를 들어 동작을 확인해보자.

나쁜 예

오브젝트 액세스 순서가 일정하지 않는 경우 각 애플리케이션 내(또는 트랜잭션 내)에서 테이블에 대한 락 획득 상황이 일정하지 않다. 어느 테이블에 대한 락은 획득을 했는데 다른 테이블에 대한 락 획득 대기 상태인 경우가 있어 데드락이 발생할 가능성이 높아진다(그림 11.22).

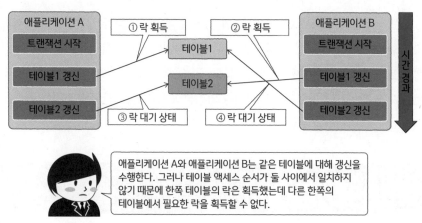

그림 11.22   일정하지 않는 오브젝트 액세스 순서

좋은 예

오브젝트 액세스 순서가 일정한 경우는 각 애플리케이션 내(또는 트랜잭션 내)의 락 획득 상황이 일정하다. 그런 경우는 락 획득을 대기하는 일은 있어도 데드락이 발생할 가능성은 낮다(그림 11.23).

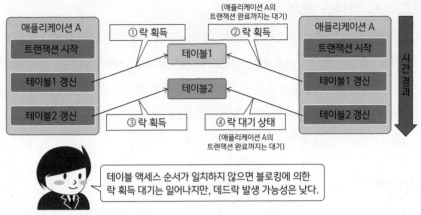

그림 11.23　일정한 오브젝트 액세스 순서

트랜잭션 내의 사용자 입력 대기 회피

OLTP(온라인 트랜잭션 처리) 시스템에서 일련의 처리 흐름 중에서 사용자의 데이터 입력이 필요한 경우도 있을 것이다.

그런 경우는 반드시 트랜잭션의 범위 외에서 데이터 입력을 기다리도록 로직을 짜야 한다. 만약 트랜잭션 내에서 입력 대기를 수행하면 사용자의 입력이 완료하기까지 트랜잭션은 오픈된 채 있게 된다. 그 결과 트랜잭션 내에서 획득된 락은 계속 보관되어, 장기간의 블로킹을 발생시킬 가능성이 있다. 장기간의 블로킹은 결과적으로 데드락 발생률을 높인다.

11.6 ‖ 제11장 정리

이 장에서는 SQL 서버에서 발생하기 쉬운 트러블과 그 대처 방법을 소개했다.

어떤 트러블도 기본적으로는 적절한 정보를 수집하고 이들을 토대로 적절한 대처를 해야 해결(또는 경감)할 수 있다. 여기에 소개한 내용이 여러분의 안정된 SQL 서버 운용에 도움이 되기를 바란다.

다양한 상태의 데이터를 보호하는 보안 기능군

SQL 서버에는 다루는 데이터를 보호하기 위한 기능이 수많이 구현되어 있다. 이들 보안 기능 중 주요한 것을 목적별로 소개한다. 꼭 시스템에 요구되는 보안 기준에 맞는 기능의 이용을 검토하기 바란다.

디스크상에 배치된 데이터베이스의 보호

· 투명한 데이터 암호화

데이터베이스 암호화 키를 사용해서 데이터베이스 파일과 트랜잭션 로그 파일의 암호화를 수행한다. 데이터베이스 파일의 암호화는 페이지 단위로 실시된다. 디스크에 기록되기 전에 암호화되고 메모리에 읽힐 때 암호가 풀린다. 만일 데이터베이스 파일이 반출돼도 데이터베이스 암호화 키를 보호하는 증명서가 없으면 다른 SQL 서버 인스턴스에서 데이터베이스를 사용할 수 없다.

▼ Transparent Data Encryption(TDE)
https://docs.microsoft.com/ko-kr/sql/relational-databases/security/encryption/transparent-data-encryption

클라이언트와 SQL 서버의 통신 보호

· 트랜스포트층 보안

SQL 서버와 클라이언트 간에 송수신하는 데이터를 트랜스포트층에서 암호화함으로써 보안를 강화하는 기능이다.

▼ 데이터베이스 엔진에 암호화된 연결 사용
https://docs.microsoft.com/ko-kr/sql/database-engine/configure-windows/enable-encrypted-connections-to-the-database-engine

데이터 소유자와 데이터베이스 관리자의 분리

· Always Encrypted

데이터베이스 관리자가 '항상 데이터베이스에 저장되어 있는 모든 데이터에 액세스권을 보관해야 한다'고는 할 수 없다. 데이터베이스 관리자는 다양한 관리 업무를 위해 필요한 특권을 갖고 있다. 한편 고객의 신용카드 정보 등에 액세스할 때는 필요최소한의 사용자만 허가돼야 한다. Always Encrypted를 사용하면 그런 권한 분리가 가능하다.

▼ Always Encrypted
https://docs.microsoft.com/ko-kr/sql/relational-databases/security/encryption/always-encrypted-database-engine

제 12 장

새로운 플랫폼으로의 전개

기업이 직접 하드웨어를 준비해서 시스템을 구축하는 것이 당연
했던 시대에서 플랫폼의 가상화를 거쳐 클라우드를 활용하기까
지, 정보 시스템을 둘러싼 환경은 큰 변화를 겪어 왔다. 그런 가
운데 SQL 서버도 기존과는 전혀 다른 기능 확장이 실현됐다.
이 장에서는 큰 흐름으로 자리 잡은 리눅스 OS 대응과 클라우드
전개에 대해 살펴본다.

12.1 ‖ 리눅스에 대응

12.1.1 리눅스 버전 SQL 서버 탄생 경위

대략 30년에 걸쳐 SQL 서버는 윈도우 플랫폼만을 지원 대상으로 하여, 윈도우를 정보 시스템의 기반으로 하는 사용자로부터 큰 지지를 받아왔다. 한편 단일 플랫폼과 단일 데이터베이스만으로 기업의 정보 시스템을 구축하는 것이 주류였던 시대는 이미 종언을 고한 것도 사실이다. 사용자는 다양한 플랫폼상에서 용도에 맞는 복수의 데이터 저장소를 조합해서 필요한 데이터의 저장, 수집 및 분석을 수행하고 있다.

그러한 배경에서 향후 보다 많은 사용자의 선택지로 검토 대상이 되려면 대담한 전략 전환이 필요한 시기가 됐다. 그 일단을 담당하는 것이 리눅스의 지원이다. 대량 데이터의 처리 효율이 뛰어난 하둡(Hadoop)과 오픈소스의 릴레이셔널 데이터베이스는 기본적으로 리눅스를 기반으로 하는 것이 대부분이다. 그러한 데이터 저장소의 기존 사용자가 새로운 데이터베이스를 선정할 때 선택지로서 SQL 서버를 추가함으로써 지금까지보다 넓은 영역에 침투하는 것을 목적으로 하고 있다.

SQL 서버의 지원 대상 OS로서 리눅스를 추가하는 것의 또 다른 이점은 쿠버네티스(Kubernetes)와 도커(Docker) 같은 주로 리눅스에서 발전한 디플로이와 가용성, 관리 운용성이 향상하는 플랫폼과 조합해서 사용할 수 있다는 점이다. 이들을 효과적으로 활용해서 기존과는 다른 방법론으로 SQL 서버의 가능성을 넓힐 수 있다.

12.1.2 최적의 이식 방법

어느 플랫폼에서 이용하기 위해 개발한 소프트웨어를 다른 플랫폼에서 동작시키려면 보통의 경우 **이식**(또는 **포팅**)이라 불리는 소스코드의 재기록이 발생한다. 이것은 '이식 전의 플랫폼에서는 사용할 수 있었던 기능이 이식 후에 지원되지 않는다'는 이유로 발생하는 작업이다(**그림 12.1**).

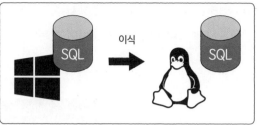

윈도우용으로 개발된 SQL 서버를 리눅스에서 동작시키려면 이식(포팅)이 필요하다.

이식

SQL

SQL

그림 12.1   윈도우에서 리눅스에 이식이 필요

SQL 서버의 경우 C++ 소스코드의 크기는 관련 컴포넌트를 포함하면 4,000만엔이 넘는다. 또한 윈도우에 특화한 형태로 30년에 걸쳐 지속적으로 개발됐기 때문에 SQL 서버 이외의 윈도우 컴포넌트와의 의존관계(윈도우32 API, NT Kernel, 윈도우 Application Libraries)도 존재한다. 때문에 기존의 방법으로 이식을 하면 소스코드 수정 작업이 방대해서 연 단위의 기간이 필요하다. 또한 코드의 수정도 윈도우 버전과 리눅스 버전 양쪽에 적용해야 해서 보수비용도 배증한다.

눈부시게 변화하는 데이터베이스 시장에서 제품 발매에 그렇게 긴 기간이 필요한 것은 도저히 받아들일 수 없다. 그래서 보다 신속하게 대응하기 위해 보다 효율적인 수단의 검토가 시작됐다. 이행 검토 시에 가장 중요한 역할을 담당한 것이 Microsoft Research[1]가 검증한 **드로브릿지(Drawbridge) 프로젝트**[2]였다. 그 성과물 중 하나에 **라이브러리(Library) OS**라 불리는 것이 있다.

라이브러리 OS는 애플리케이션의 포터빌리티를 높이기 위해 가상화된 컨테이너 내에 OS 기능의 일부를 포함하는 기능이다. 이로써 OS 커널과의 거래를 최소화할 수 있다.

또한 OS 고유의 시스템 콜의 차이를 흡수하기 위한 계층으로서 윈도우 및 리눅스 각각의 호스트 익스텐션(Host Extension)을 준비한다. 이로써 같은 소스코드를 다른 플랫폼에서 동작시킬 수 있게 돼, 이식 작업과 코드의 메인터넌스를 크게 줄일 수 있다.

[1] 컴퓨터 사이언스 및 소프트웨어 공학의 기초연구 및 응용연구를 전문으로 하는 마이크로소프트의 기초연구 기관
https://www.microsoft.com/en-us/mscorp/msrao/default.aspx

[2] Microsoft Research가 실시한 애플리케이션 가상화의 새로운 형태를 모색하기 위한 프로젝트
https://www.microsoft.com/en-us/research/project/drawbridge/

이러한 형태로 SQL 서버를 리눅스에서 동작시키는 방침이 결정됐다. 이로써 이식 기간을 크게 단축해서 2017년 10월에 리눅스 버전 SQL 서버가 완성됐다(**그림 12.2**).

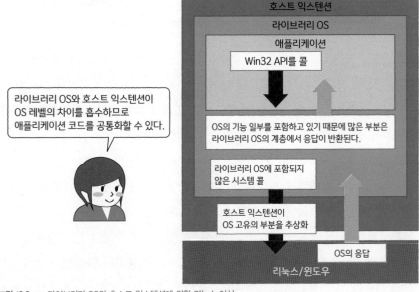

그림 12.2   라이브러리 OS와 호스트 익스텐션에 의한 리눅스 이식

한편 범용적인 가상화를 목적으로 한 라이브러리 OS에는 SQL 서버가 필요로 하지 않는 기능 영역도 포함되어 있었다. 그래서 SQL 서버의 추상화층으로 불필요한 기능을 제거하고, 다시 SQLOS 스케줄러와 조합함으로써 **SQLPAL**(SQL Platform Abstraction Layer)이라 불리는 컴포넌트를 작성했다. SQLPAL에서는 라이브러리 OS를 내포함으로써 Win32 API의 호출에 의한 리소스 관리(메모리의 할당 등)가 가능해지는 동시에 기존의 SQLOS 스케줄러와 동등한 기능(스레드의 스케줄러 등)이 구현되어 있다.

즉, SQLPAL을 핵심 컴포넌트로서, 윈도우 및 리눅스라는 복수의 플랫폼에서 같은 소스코드를 효율적으로 사용해서 SQL 서버를 동작시킨다고 할 수 있다(**그림 12.3**).

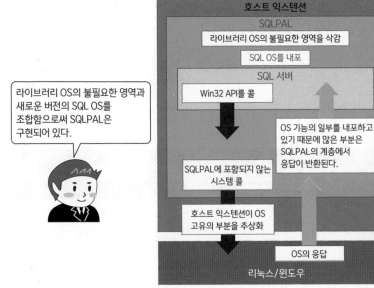

라이브러리 OS의 불필요한 영역과 새로운 버전의 SQL OS를 조합함으로써 SQLPAL은 구현되어 있다.

그림 12.3   리눅스 버전 SQL 서버의 구조

12.1.3 리눅스 버전 SQL 서버를 사용할 때 주의사항

기본적으로는 모든 데이터베이스 엔진의 핵심이 되는 기능군은 리눅스 버전에 이식이 완료됐다. 퍼포먼스에 관해서는 전혀 손색없이[3], AlwaysOn 가용성 그룹 같은 고가용성 기능도 지원되고 있다. 다만 2020년 6월 시점에서는 윈도우 버전 SQL 서버에서 제공되고 있는 모든 기능이 리눅스 버전에서 구현되어 있는 것은 아니다. 새로운 버전이 발매될 때마다 양쪽의 차이는 적어졌지만 채용을 검토할 때에는 리눅스 버전 SQL 서버가 지원하는 기능을 확인하기 바란다.

https://docs.microsoft.com/ko-kr/sql/linux/sql-server-linux-editions-and-components-2019?view=sql-server-ver15

---

[3]   오히려 TCP-H에서는 리눅스 버전 쪽이 상위에 자리매김되는 일도 있다. TCP-H란 트랜잭션 처리 성능 평가회(Transaction Processing Performance Council)에 의해서 정의된 퍼포먼스 지표의 하나. 주로 의사결정 지원 시스템(Decision Support) 등의 대규모 데이터 참조 처리용 지표이다.

또한 SSAS(SQL 서버 Analysis Services), SSRS(SQL 서버 Reporting Services), PBIRS(Power BI Report Server)는 리눅스 버전이 발매될 가능성이 낮기 때문에 대체안을 고려할 필요가 있다. 가령 SSAS라면 클라우드상의 **PaaS**[*4]로서 제공되고 있는 Azure Analysis로 대체할 수 있다. SSRS와 PBIRS라면 클라우드상의 **SaaS**[*5]로 제공되고 있는 Power BI Service를 사용함으로써 보다 세련된 관리 운용이 가능하다.

12.2 ‖ 클라우드로 배포

현재 이미 수많은 서비스를 클라우드상에서 이용할 수 있으며 제공되는 서비스 중에는 데이터베이스 관리 시스템도 포함하고 있다. SQL 서버는 비교적 이른 단계(2008년)부터 PaaS 서비스도 제공하고 있다. PaaS로서 데이터베이스 관리 시스템에서 제공되는 기능에 대해 다양한 시행착오, 기능이 확장되고, 기능 명칭도 몇 번이나 변경됐다[*6]. 그리고 현재도 기능 확장은 계속되고 있다.

클라우드상의 PaaS 서비스의 이점 중 하나로서 기능의 업그레이드 전개가 용이하다는 점을 들 수 있다. 기존의 온프레미스에서 사용하는 패키지 버전 소프트웨어라면 오류 수정과 기능 확장은 갱신 모듈이 발매되는 타이밍을 기다려야 했다. 한편 PaaS 서비스라면 수시 모듈의 대체가 가능하기 때문에 필요할 때 수정 버전 또는 기능 확장 버전 모듈을 발매할 수 있다.

때문에 SQL 서버의 기능 확장은 우선은 PaaS 버전에서 실시된다. 다시 말해 PaaS 버전 사용자가 최초에 첨단 기능을 접할 수 있다. PaaS 버전에서 사용 실적을 올리고 나서 최신 모듈과 신 버전이 발매되는 타이밍에 패키지 버전 SQL 서버에 기능이 구현되는 식의 흐름이다(**그림 12.4**).

[*4] Platform as Service의 약칭. 애플리케이션(데이터베이스 관리 시스템 등도 포함한다)을 실행하기 위한 플랫폼을 인터넷을 거쳐 제공하는 서비스를 말한다.

[*5] Software as a Service의 약칭. 필요한 기능을 필요한 만큼 서비스로 이용할 수 있도록 한 소프트웨어를 인터넷 경유로 제공하는 장치를 의미한다.

[*6] PaaS 버전의 SQL 서버의 명칭은 Windows Azure SQL Server → SQL Azure → Azure SQL Database와 같은 식으로 변화했다. 구현된 기능도 눈부시게 변천했는데, 초기의 Windows Azure SQL Database에서는 SQL 스테이트먼트를 사용하지 못했다!

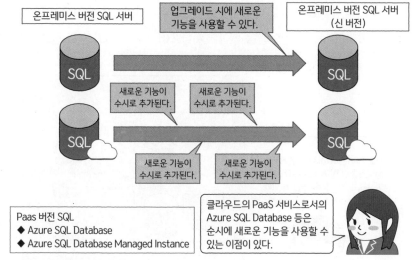

온프레미스 버전 SQL 서버

업그레이드 시에 새로운 기능을 사용할 수 있다.

온프레미스 버전 SQL 서버 (신 버전)

SQL

SQL

새로운 기능이 수시로 추가된다.

새로운 기능이 수시로 추가된다.

SQL

SQL

새로운 기능이 수시로 추가된다.

새로운 기능이 수시로 추가된다.

Paas 버전 SQL
◆ Azure SQL Database
◆ Azure SQL Database Managed Instance

클라우드의 PaaS 서비스로서의 Azure SQL Database 등은 순시에 새로운 기능을 사용할 수 있는 이점이 있다.

그림 12.4　　SQL 서버의 기능 구현 흐름

또한 클라우드상에서 SQL 서버의 다른 이용 형태로 IaaS[*7]의 가상 머신에 SQL 서버를 설치해서 사용하는 방법도 있다. 이 방법을 취하면 기본적으로 패키지 버전과 같은 기능을 SQL 서버에서 사용할 수 있고, 애플리케이션의 보수도 필요최소화하면서 클라우드에 이행 가능하다. 다음 항에서는 각각의 이용 형태별 이점과 고려해야 할 특징을 소개한다.

12.2.1　IaaS로서의 SQL 서버

Microsoft Azure의 가상 머신, Google Cloud Platform의 Compute Engine, Amazon Web Services의 EC2 같은 각 클라우드 벤더의 컴퓨터 리소스에 SQL 서버를 설치해서 이용할 수 있다. 이로써 하드웨어 운용 관리 업무 및 관련된 드라이버와 팜웨어의 업데이트 또는 리소스 기간 마감에 따른 수년 단위의 기기 변경을 하지 않아도 된다(한편으로 OS의 패치 관리와 각 소프트웨어의 갱신 관리는 여전히 필요하다).

[*7]　Infrastructure as a Service의 약칭. 정보 시스템의 가동에 필요한 컴퓨터와 통신회선 등의 기반(Infrastructure)을 인터넷상의 서비스로 이용할 수 있도록 한 것이다.

또한 클라우드 벤더별로 각각이 보유하는 고유의 서비스와 관련해서 운용 관리 작업의 효율화와 보안의 견인성을 높이기 위한 서비스가 마련되어 있다(그림 12.5)[8].

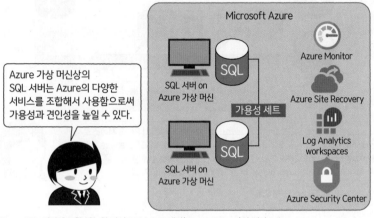

그림 12.5　SQL 서버와 조합 가능한 마이크로소프트 애저(Microsoft Azure)의 서비스

12.2.2　PaaS로 제공되는 SQL 서버

PaaS 버전의 SQL 서버를 사용함으로써 IaaS를 이용할 때의 이점에 추가해 OS 및 SQL 서버에 갱신 모듈의 적용에서 해제된다(그림 12.6). 이로써 사용자는 효율적인 데이터베이스의 설계와 데이터의 이용에 의해 많은 시간을 생략할 수 있다 (인덱스의 재구축 등 데이터베이스 내의 메인터넌스는 필요하다).

---

*8　Microsoft Azure의 경우는 다음과 같은 서비스를 이용할 수 있다.
　　•Azure Moniter(애플리케이션과 기반을 감시하는 서비스군)
　　•보안 센터(애플리케이션과 기반을 보안로 보호하는 서비스군)

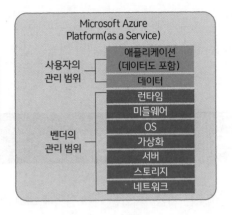

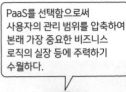

PaaS를 선택함으로써 사용자의 관리 범위를 압축하여 본래 가장 중요한 비즈니스 로직의 실장 등에 주력하기 수월하다.

그림 12.6　사용자의 관리 범위와 벤더의 관리 범위

클라우드상에서 이용 가능한 PaaS 버전 SQL 서버는 **Azure SQL Database**와 Azure SQL Database Managed Instance 2가지가 있다.

Azure SQL Database

많은 부분에서 SQL 서버와 호환성이 있고 릴레이셔널 데이터베이스의 기능을 활용할 수 있다. 온프레미스에 앞서서 의욕적인 기능이 미리 투입되어 의도적으로 업그레이드하지 않고 이들을 이용할 수 있다. 또한 선진적인 전용 서비스가 추가되어 보다 효율적인 데이터베이스의 이용이 가능하다.

한편으로 몇 가지 부분에서 SQL 서버와 크게 다르기 때문에(데이터베이스를 하나밖에 보관할 수 없어 타임 존으로 UTC만이 지원되는 등), 이행할 때는 주변 애플리케이션에 미치는 영향을 신중하게 검토할 필요가 있다.

Azure SQL Database Managed Instance

Azure SQL Database보다 더 많은 기능면에서 SQL 서버와 호환성을 높인 PaaS 서비스이다. 이용할 때 애플리케이션 등의 수정을 최소화할 수 있기 때문에 기존 환경에서 이행하는 것이 보다 용이하다. 또한 Azure SQL Database보다 시스템 구성에 관해 설정 가능한 항목이 많아 필요에 따라서 세세하게 조정할 수 있다.

이용 시에 유의해야 할 점으로는 Azure SQL Database와 비교하면 이용 요금이 비싸다는 점과 퍼포먼스 감시 관련 기능의 일부가 준비되어 있지 않은 점을 들 수 있다.

12.3 ‖ 제12장 정리

이 장에서는 지금까지와는 다른 영역에 대해 수행하는 SQL 서버의 기능 확장을 소개했다. 10년 전이라면 SQL 서버가 리눅스 OS상에서 가동하는 일은 그저 농담에 지나지 않았지만(실제로 그런 농담을 만우절에 게재한 사이트도 있었다!), 이미 현실이 됐다.

앞으로도 SQL 서버를 비롯한 마이크로소프트의 데이터 플랫폼은 시대의 요청에 따라서 다양한 형태로 바뀌면서 다양성을 늘릴 것이다. 이런 새로운 전개는 분명 여러분의 유익한 데이터 활용에 도움이 될 것이다.

Appendix

부록

용어집

AWE(Address Windowing Extensions)

X86 버전의 윈도우 오퍼레이팅 시스템에서 사용자 애플리케이션이 4GB보다 큰 크기의 메모리를 사용할 수 있도록 한 기술. AWE가 유효화된 환경에서는 액세스 가능한 메모리 크기가 64GB까지 확장된다. 다만 AWE를 사용하기 위해서는 애플리케이션 측에서도 전용 API를 사용하는 등의 대응이 필요하다.

Azure SQL Database/Azure SQL Database Managed Instance

마이크로소프트사의 클라우드 서비스에서 동작하는 데이터베이스의 PaaS(Platform as a Service) 서비스.

BPA

SQL Server Best Practice Analyzer(BPA) (p.311) 참조

CreateFile 함수

주로 파일의 작성과 파일 액세스를 수행할 때 사용하는 Win32 API

DBCC CHECKDB 커맨드

데이터베이스 구조의 논리적인 정합성을 확인할 수 있는 커맨드. 이 커맨드로 오류가 보고된 경우는 데이터베이스가 파손됐음을 나타낸다. 또한 복구 옵션과 함께 실행함으로써 데이터베이스의 파손을 복구할 수도 있다. 그러나 지정하는 복구 옵션에 따라서는 데이터가 소실될 가능성이 있으므로 주의가 필요하다.

DBCC MEMORYSTATUS 커맨드

SQL 서버의 메모리 사용 상황을 자세하게 확인할 수 있는 커맨드

DBCC PAGE 커맨드

DBCC PAGE 커맨드를 사용함으로써 데이터베이스를 구성하는 각 페이지의 내용을 탭 출력할 수 있다.

DBCC SHOW_STATISTICS 커맨드

통계 정보의 내용을 확인하기 위해 사용하는 커맨드. 히스토그램과 밀도에 관한 정보를 출력할 수 있다.

dll(동적 링크 라이브러리)

실행 프로그램(SQL 서버의 경우는 'sqlservr. exe')에 따라서 실행 시에 로드되는 모듈

GAM(Global Allocation Map)

미사용 익스텐트를 효율적으로 발견하기 위한 구조에 사용된다. GAM의 페이지 내 각 비트가 익스텐트 상황을 나타낸다. 만약 비트의 값이 1을 나타내는 경우는 대응하는 데이터베이스 내의 익스텐트가 할당되지 않은 것을 나타낸다. 단일 익스텐트에 할당되면 비트의 값은 0으로 설정된다. 1개의 GAM 페이지에서 64000

익스텐트분(4GB)의 상태를 관리할 수 있다.

IAM(Index Allocation Map)

IAM을 참조함으로써 데이터베이스 내의 각 인스텐트가 어느 오브젝트(클러스터화 인덱스, 비클러스터화 인덱스, 히프)로 사용되는지를 확인할 수 있다.

I/O 완료 포트 스레드

SQLOS 스케줄러가 네트워크 I/O와 디스크 I/O의 상황을 적절하게 판단할 수 있도록 다양한 동작을 수행하는 커맨드

I/O 리퀘스트 리스트

I/O 리퀘스트를 수행한 작업자는 I/O가 완료하기까지 CPU를 사용할 필요가 없다. 때문에 스스로는 I/O 완료 대기 리스트(I/O 리퀘스트 리스트)에 등록해서 대기 상태에 들어간다.

Library OS

애플리케이션의 포터빌리티를 높이기 위해 가상화된 컨테이너 내에 OS의 기능 일부를 포함하는 기능. 이로써 OS 커널과의 거래를 최소화할 수 있다.

Lost write

SQL 서버는 WriteFile 함수와 WriteFile Gather 함수를 사용해서 물리 디스크에 헤더를 기록한다. Lost write란 기록 조작이 오류 없이 정상 종료했음에도 불구하고 그 데이터가 물리 디스크상에 존재하지 않는 상황을 나타낸다.

MemToLeave 영역

SQL 서버가 8KB의 메모리 블록에서는 처리하지 못한 오브젝트를 처리할 때 사용하는 메모리 영역

NUMA
(Non-Uniform Memory Architecture)

비교적 대규모 컴퓨터에 탑재되는 메모리를 보다 효율적으로 사용하기 위한 기술. NUMA를 크게 하드웨어가 NUMA를 지원하는 **하드 NUMA**와 지원하지 않는 **소프트 NUMA**로 나뉜다. 하드 NUMA는 하드웨어의 지원하에 소수의 CPU가 그룹이 되고, 각각의 그룹이 독자의 버스와 메모리를 보관할 수 있다. 각 그룹이 보관하는 메모리는 로컬 메모리라 불린다.

각 CPU가 각 로컬 메모리를 사용함으로써 버스당 CPU 수가 줄어 버스 해제 대기 시간이 감소한다. 또한 물리적 버스의 길이도 억제할 수 있다. 소프트 NUMA에서는 하드웨어가 전혀 NUMA에 대응하지 않는 경우라도 SQL 서버의 설정으로 유사적으로 NUMA와 비슷한 동작을 실현할 수 있다.

각 소프트 NUMA 노드에는 지연 라이터 스레드와 I/O 완료 포트 스레드가 준비되어 있다. 이로써 각 컴포넌트의 부하가 매우 높은 환경에서 퍼포먼스가 개선된다.

OLTP(Online Transaction Processing)

소규모 데이터 등록과 데이터 참조 실현이 요구되는 처리. 대다수의 경우 각 데이터 조작은 동시에 대량으로 발생한다.

Appendix

부록

PFS(Page Free Space)

데이터베이스 내 페이지의 사용 상황을 효율적으로 확인하기 위한 장치로 사용된다. PFS 내의 각 1바이트가 각각에 대응하는 페이지의 상황을 나타내고, 8000페이지분의 정보를 보관한다. 페이지의 사용/미사용 정보에 추가해서 페이지 사용률(0, 1~50, 51~80, 81~95, 96~100%)도 확인할 수 있다.

ReadFile 함수

파일에서 데이터를 읽어들일 때 사용하는 Win32 API

ReadFile Scatter 함수

파일에서 읽어들인 데이터를 연속되지 않은 복수의 메모리 블록에 할당할 수 있는 Win32 API. 이 API를 사용하면 파일에서 전송된 데이터에 관해 SQL 서버가 전환과 분배 등의 처리를 수행할 필요가 없어 부하를 줄일 수 있다.

RID Lookup

비클러스터화 인덱스에 포함되지 않은 데이터를 취득하기 위해 데이터 페이지에의 랜덤 I/O를 수행하는 데이터 검색 처리. 대규모 테이블에 대해 실행되는 경우 퍼포먼스의 열화 요인이 된다.

RML(Replay Markup Language) 유틸리티

SQL 서버의 트러블슈팅 등을 효율적으로 수행하기 위한 툴군. 프로파일러로 수집한 트레이스 파일을 해석하는 툴과 트레이스 파일을 토대로 한 스트레스 툴 등이 포함되어 있다.

SGAM (Shared Global Allocation Map)

혼합 익스텐트 사용 상황을 효율적으로 확인하기 위한 장치에 사용된다. SGAM 페이지의 각 비트가 익스텐트의 사용 상황을 나타내고, 비트 값이 1을 나타내는 경우는 혼합 익스텐트로 할당되어 있고, 또한 빈 페이지가 존재하는 것을 나타낸다. 0인 경우는 빈 페이지가 존재하지 않거나 혼합 익스텐트로 할당되지 않은 것을 나타낸다.

SNI(SQL Server Network Interface)

SQL 서버와 클라이언트의 통신에 사용하는 프로토콜 간의 차이(TCP/IP와 네임드 파이프 등)를 보다 상위의 네트워크 계층에서 의식할 필요가 없기 때문에 각 프로토콜을 추상화하는 기능이 있다.

SQL CLR

SQL 서버 내에서 Microsoft .Net 공통 언어 런타임(CLR)을 호스트하기 위한 기술. SQL CLR을 사용하면 매니지 코드로 기술한 처리를 Microsoft SQL 서버 내에서 실행할 수 있다.

SQLIOSim

SQL 서버를 사용하지 않고 SQL 서버의 I/O 조작을 재현할 수 있는 툴. 데이터베이스의 파손이 발생하는 환경 등에서 문제를 분리할 때 사용한다.

SQLOS 스케줄러

구 버전의 UMS 스케줄러의 기능을 보다 세련되게 하고, 메모리의 관리 기능도 통합한 것이다.

SQLPAL
(SQL Platform Abstraction Layer)

SQL 서버를 매치 플랫폼으로 동작시키기 위해 OS의 일부 기능과 기존의 SQLOS 스케줄러를 조합해서 구현한 추상화층

SQL Server Best Practice Analyzer (BPA)

SQL 서버의 설정 상황을 진단해 문제점을 보고하는 툴. 진단 결과로 지적된 각 문제점에 대해 대처함으로써 보다 안정된 운용이 가능하다.

SQL 서버 브라우저 서비스

클라이언트의 접속 요구에 대해 SQL 서버 인스턴스의 포트 번호 등의 정보를 제공하여 적절한 인스턴스에 접속을 지원한다.

Stale Read

SQL 서버는 ReadFileScatter 함수를 사용해서 물리 디스크에서 데이터를 읽어들인다. Stale Read란 읽기 동작 시에 직근에 정상적으로 기록되지 않은 데이터를 물리 디스크에서 수취하는 현상을 가리킨다.

T

TDS(Tubular Data Stream)

원래는 사이베이스에서 고안한 애플리케이션 레벨의 프로토콜이다. Microsoft SQL 서버 7.0 버전부터 마이크로소프트 독자의 구현이 수용됐다. SQL 서버와 클라이언트가 데이터를 거래할 때의 규칙 및 효율적인 통신을 위한 부가 정보 등이 결정되어 있다.

Torn page 검출 기능

데이터베이스의 파손을 조기에 검출하는 기능. 8KB의 페이지를 513바이트 단위로 분할하고 체크용 영역을 배치한다. 체크용 값을 사용해서 데이터가 파손됐을 가능성을 확인한다.

V

VirtualAlloc 함수

가상 어드레스 공간 내의 영역을 조작할 때 사용하는 함수. 장래의 사용에 대비해서 가상 어드레스 공간 내의 영역을 예약(Reserve)하고 또는 실제로 사용하기 위해 커밋(Committed)할 수 있다.

W

WaitForSingleObjectEx 함수

Win32 API로 제공되는 함수 중 하나로, 함수의 호출 시에 지정된 조건에 충족하기까지 스레드를 대기 상태로 한다. 예를 들면, 타임아웃 값으로 30초를 지정하면 스레드는 30초간 대기 후에 복귀한다.

WriteFile 함수

파일에 데이터를 기록할 때 사용하는 Win32 API

WriteFileGather 함수

연속되지 않은 복수의 메모리 블록을 한 번의 명령 실행으로 디스크에 기록할 수 있는 Win32 API. 이 API를 사용함으로써 디스크 I/O용 API의 호출 횟수를 줄여 산재해 있는 메모리 블록을 연속된 영역으로 복사하면 일단 오버헤드를 피할 수 있다.

가비지 컬렉션(인메모리 OLTP)

메모리 최적화 테이블의 불필요 데이터를 메모리에서 삭제하여 메모리 영역을 해제하는 내부 컴포넌트

가상 어드레스 공간

메모리 관리 기법의 일종으로 가상 기억이라 불리는 기술이 있다. 가상 기억이 제공하는 메모리의 하나로, 컴퓨터에 탑재된 물리 메모리보다 큰 영역을 제공하는 점을 들 수 있다. 그 기능을 실현하기 위해 컴퓨터에서 동작하는 프로세스는 가상적인 어드레스가 할당된 메모리 영역을 사용하고, 그 메모리 영역은 가상 어드레스 공간이라 불린다.

가상 로그 파일

트랜잭션 로그 파일을 효율적으로 관리하기 위한 장치. SQL 서버는 트랜잭션 파일을 복수의 로그 파일로 분할해서 사용하고 있고 분할된 각 파일이 가상 로그 파일이라 불린다. 이 장치에 의해서 로그 파일을 쉽게 압축할 수 있다.

네이티브 컴파일 스토어드 프로시저

작성 시에 기계어까지 컴파일이 완료하고, 또한 메모리에 로드도 수행하는 저장소드 프로시저. 메모리 최적화 테이블 액세스에서 고속 퍼포먼스를 발휘한다. 일반 저장소드 프로시저에서 사용 가능한 몇 가지 기능이 지원되지 않기 때문에 주의가 필요하다.

논리 기록

데이터의 변경 조작을 반영하기 위해 버퍼 캐시상의 대응하는 페이지에 대해 이루어지는 쓰기 조작

대칭형 멀티 프로세싱

물리 메모리를 복수의 프로세스에서 공유하고 모든 프로세서에 대칭적으로 처리를 할당하는 병렬 처리 방식

더티 페이지

버퍼 캐시상의 페이지가 변경됐음에도 불구하고 대응하는 물리 디스크상의 페이지가 변경되지 않은 상태를 의미한다.

데이터 웨어하우스(DWH)

축적된 방대한 데이터를 경영 전략을 위한 의사 결정 용도로 다양한 관점에서 분석에 사용하는 플랫폼

데이터 캐시

SQL 서버가 물리 디스크에 저장된 데이터를 메모리상에 전개할 때 사용하는 영역의 명칭

데이터 파일(인메모리 OLTP)

메모리 최적화 테이블의 데이터를 저장하기 위한 파일. 데이터는 항상 최후미에 추가되고 디스크에 순차적으로 액세스한다.

데이터 페이지

테이블에 삽입된 실 데이터가 행 이미지 그대로 저장되어 있다. 히프와 클러스터화 인덱스의 리프 페이지가 데이터 페이지에 해당한다.

델타 저장소(칼럼스토어 인덱스)

칼럼스토어 인덱스에 삽입된 데이터가 열 세그먼트로 변환될 때까지 보관되는 영역

델타 파일(인메모리 OLTP)

메모리 최적화 테이블이 삭제된 데이터에 관한 정보를 저장하기 위한 파일

디스크 I/O

데이터 등의 보관 장소인 디스크에 대한 입력(Input) 및 출력(Output) 조작을 의미한다.

ㄹ

라이트 스루

포스 유닛 액세스(p.319)와 같은 의미

래치

락이 트랜잭션 내의 데이터 정합성을 유지한 채 사용되는 데 대해 주로 데이터의 물리적 정합성을 유지하기 위해 단시간 이용되는 제어 기구

러너블 큐

처리 실행에 필요한 모든 리소스 확보가 완료된 작업자가 스케줄러 사용권을 획득하기 위한 대기 행렬

릴레이셔널 엔진(쿼리 프로세서)

SQL 서버를 구성하는 주요 컴포넌트 중 하나. 주로 클라이언트로부터 받은 쿼리의 구문 해석, 최적화 등을 수행한다. 릴레이셔널 오퍼레이터 트리, 쿼리 트리와 같은 의미

ㅁ

마이크로프로세서

컴퓨터의 연산과 제어 기능을 집적한 반도체 칩

멀티 스레드 프로그래밍

프로그램이 복수의 처리 흐름으로 구성되어 있다. 프로그램 내에서 처리될 필요가 있는 절차는 필요에 따라서 다음과 같이 병렬로 처리된다.

메모리 리크(Memory leak, 메모리 누수)

프로그램이 확보한 메모리가 불필해진 후에도 해제하지 않고 방치하는 것을 나타낸다. 이는 프로그램의 오류이며, 시스템의 메모리가 고갈되는 원인이 된다.

메모리 최적화 테이블

일반 테이블과는 달리 모든 데이터가 메모리 상에 로드되어 있는 테이블. 데이터의 저장 형식은 8KB의 페이지 구조가 아니라 독자의 것을 사용한다. 또한 액세스할 때 락과 래치가 필요 없어 대량의 트랜잭션을 고속 처리할 수 있다.

메모리 클럭

SQL 서버 내에서 관리하는 메모리 영역을 용도별로 묶어서 판별하기 쉽게 명칭을 붙인 것

문맥 교환

하나의 CPU가 복수의 프로세스를 처리하기 위해 CPU의 상태를 보존하거나 복원하는 과정을 나타낸다. 어느 프로세스가 CPU의 사용권을 건넬 때는 그 시점에서 CPU에 로드된 정보를 저장하고, 그 후 CPU 사용권을 획득할 때 재차 CPU에 로드된다.

물리 기록

버퍼 캐시상의 페이지에 대한 변경 조작을 물리 디스크상의 대응하는 페이지에 반영시키기 위한 쓰기 조작

미리 쓰기 로그

SQL 서버가 변경 조작을 할 때 데이터 변경

에 앞서 수행하는 로그의 기록 조작을 의미한다. 이것은 트랜잭션이 아토믹(분할 불가능한 작업 단위)임을 보증하는 동시에 트랜잭션의 일관성을 확보하기 위해 필요한 조작이다.

미리 읽기

실제로 데이터가 필요하기 전에 SQL 서버가 디스크에서 데이터를 읽어들여 버퍼 캐시상에 전개하는 조작. 이로써 쿼리 실행 시의 I/O 보틀넥 발생을 억제할 수 있다.

밀도

열이 보관하는 고유 값의 역수. 예를 들면 '흡연력'이라는 열이 있고, 저장되는 값의 종류는 '유' 또는 '무'인 경우 밀도는 1/2(0.5)이다.

ㅂ

배치 모드

보통의 경우 쿼리의 대상이 되는 데이터는 1자릿수씩 내부적으로 처리되지만, 한 번에 최대 1000행을 한 덩어리로 처리 가능한 처리 모드. 대량 데이터를 처리할 때 다양한 오버헤드를 억제해서 CPU 사용률을 억제하는 효과가 있다.

버퍼

일반적으로는 소프트웨어와 하드웨어 간에서 데이터를 주고받을 때 일시적으로 데이터를 보관해두는 기억장치와 기억 영역을 의미한다. TDS 용어로서의 버퍼는 클라이언트와 SQL 서버가 데이터를 수수할 때 사용하는 영역을 가리킨다. 버퍼는 버퍼 헤더와 버퍼 데이터로 구성되며, 버퍼 헤더에는 관리 정보가 보관되고 버퍼 데이터에는 실제로 주고받는 데이터가 저장되어 있다.

버퍼 캐시 영역

SQL 서버가 사용하는 메모리 영역을 가리키는 명칭. 물리 디스크에서 읽어들인 데이터를 배치하거나 컴파일된 쿼리 실행 플랜 등을 저장하기 위해 사용한다.

변환 데드락

REPEATABLE READ보다 엄밀한 트랜잭션 분리 레벨이 지정된 복수의 트랜잭션이 관여해서 발생한다. 전형적인 예로, 복수의 트랜잭션이 같은 키를 지정해서 값을 참조하고[1] 각 트랜잭션 기간 중에 공유 락을 보관한 채[2], 해당 데이터를 갱신하려고 하면 변환 데드락이 일어난다.

부가 열 인덱스

기존의 비클러스터화 인덱스 리프 페이지에, 인덱스 키에 추가해서 임의의 열을 보관할 수 있기 때문에 인덱스의 비대화를 방지하면서 커버링 인덱스의 적용 범위를 넓힐 수 있다.

블로킹

어느 클라이언트가 자신의 처리를 위해 필요한 리소스에 액세스했을 때 이미 다른 클라이언트가 사용 중인 경우 리소스가 해제되기를 기다릴 필요가 있다. 이처럼 필요한 리소스를 다른 사람이 이미 사용하고 있기 때문에 즉석에서 사용할 수 없는 상황을 블로킹이라고 한다.

비선점형

선점형/비선점형(p.315)를 참조

---

[1] 각각의 트랜잭션은 값에 대해 공유 락을 경쟁하지 않고 취득할 수 있다.

[2] REPEATABLE READ 또는 SERIALIZABLE 트랜잭션 분리 레벨의 동작이다.

사이클 데드락

둘 이상의 트랜잭션이 관여해서 발생한다. 각각의 트랜잭션이 어떤 락을 이미 획득했고 또한 상호의 트랜잭션이 다른 사람에 의해 획득되어 있는 오브젝트에 대한 락이 필요한 경우에 발생한다.

삭제 비트맵

칼럼스토어 인덱스의 데이터가 논리적으로 삭제된 상태를 보관한다.

선점형/비선점형

모두 CPU 관리 수법 명칭. 선점형에서는 OS가 CPU를 관리하지만 비선점형에서는 OS가 CPU 관리하지 않는다. 선점형의 이점은 애플리케이션에 안정된 CPU 리소스의 할당이 가능한 것이고 비선점형의 이점은 OS가 CPU 관리를 하지 않기 때문에 CPU의 부하가 가볍다는 점이다.

싱글 스레드 프로그래밍

프로그램이 단일 처리 흐름으로 구성되어 있다. 프로그램 내에서 처리할 필요가 있는 절차는 다음과 같이 순서대로 처리된다.

절차 A ➡ 절차 B ➡ 절차 C ➡
절차 D ➡ 절차 E

스토어드 프로시저

데이터베이스에 대한 일련의 처리를 통합해서 데이터베이스 내에 보관한 것

열 세그먼트

행 그룹의 데이터를 열별로 분할한 데이터 구조. 데이터는 몇 가지 예외를 제외하고 I/O 조작과 데이터 압축 시에 100만 행을 하나의 덩어리로서 최소 단위로 취급된다.

오브젝트 ID

데이터베이스 내에 존재하는 모든 오브젝트(테이블, 뷰, 인덱스 등)에 대해 하나로 할당된 ID이다.

완전 백업

데이터베이스에 할당된 모든 익스텐트와 트랜잭션 로그의 일부를 백업하는 조작. 트랜잭션 로그의 일부(백업 시작부터 백업 종료까지의 기간) 백업도 함께 취득하는 것은 백업이 실행되고 있는 기간에 갱신된 데이터베이스의 처리도 백업에 포함되기 때문이다.

워크 리퀘스트 큐

극히 드물게 부하가 높은 환경에서는 태스크를 실행하기 위한 작업자를 확보할 수 없는 경우가 있다. 이러한 경우에 태스크가 추가되는, 사용 가능한 작업자의 획득 대기 행렬이다.

웨이터 리스트

처리 지속을 위해 필요한 리소스를 획득할 수 없는 경우에 작업자가 추가되는 대기 행렬 리스트. SQL 서버 내에는 처리 실행에 필요한 다양한 리소스가 존재하고, 이들의 획득 시에 경쟁이 발생하면 각 리소스 웨이터 리스트에 작업자가 리스트된다.

유니크 인덱스

인덱스에 포함되는 열이 저장하는 데이터가 유니크(한 가지)인 것을 보증하는 인덱스

익스텐트

데이터베이스를 구성하는 기본 단위인 페이

지를 보다 효율적으로 관리하기 위해 사용하는 논리 단위. 데이터베이스의 구조상 익스텐트는 페이지보다 상위 레벨에 위치하고 있고 물리적으로 연속된 8페이지로 구성되어 있다. 또한 하나의 오브젝트에 의해서 모든 페이지가 점유되는 단일 익스텐트와 복수의 오브젝트에 의해서 페이지가 공유되는 혼합 익스텐트가 있다.

인덱스 페이지

인덱스 키로 정의된 열의 실제 값과 관리 정보가 저장되어 있다. 관리 정보에는 구조를 나타내는 정보와 인덱스 키 등의 소재 정보가 저장되어 있다. 인덱스의 루트 노드, 중간 노드, 리프 노드(비클러스터화 인덱스만)가 인덱스 페이지에 해당한다.

인메모리 OLTP

인메모리 데이터베이스의 기능을 제공하는 SQL 서버의 컴포넌트

인메모리 비클러스터화 인덱스

메모리 최적화 테이블에 작성할 수 있는 비클러스터화 인덱스. 메모리 최적화 테이블의 범위 스캔 등을 효율적으로 수행하기 위해 사용한다. 인덱스 페이지 간의 관련성을 나타내는 포인터 정보의 보관 방법 등이 일반 비클러스터화 인덱스와는 다르다.

ㅈ

작업자

SQL 서버 내에서 처리(쿼리의 실행 등)가 실행됐을 때 실제의 작업(데이터의 읽기 등)을 담당하는 컴포넌트

작업자 스레드 풀

스케줄러별 사용 가능한 워커의 수를 관리하기 위해 사용된다. 각 스케줄러는 작업자 스레드 풀의 상한값 이상의 워커를 사용해서 처리를 하는 것은 불가능하다.

제로잉

데이터베이스 파일로 사용하는 영역을 초기화하는 동작. 새로이 사용하는 영역을 모두 '0(제로)'로 메우기 때문에 해당하는 영역이 큰 경우는 긴 시간이 필요하다.

지연 라이터

버퍼 캐시에 일정량의 빈 페이지를 준비해두기 위해 더티 페이지의 물리 쓰기를 수행하는 기능이다. 물리 쓰기를 마친 페이지는 프리 리스트에 등록되어 다른 처리가 재이용하는 것이 가능하다. 지연 라이터가 실시하는 이 조작은 지연 기록이라고 한다.

집중 기록

새로운 데이터를 저장하기 위해 필요한 페이지를 물리 디스크상의 데이터 파일에 작성하는 동작과 버퍼 캐시상의 더티 페이지를 물리 기록하는 동작을 병렬로 실행한다.

ㅊ

차등 백업

완전 백업이 취득한 후에 변경된 익스텐트분만 백업하는 조작

체크썸

버퍼 캐시상의 페이지와 로그 블록 디스크에 기록하기 전에 각각의 내용을 토대로 해시값으로 계산하고 그 값을 페이지와 로그 블록의 헤더 부분에 보관한다. 그 후 페이지와 로그 블록이 읽혔을 때 재차 각각의 내용을 토대로 해시값을 계산해서 헤더 부분에 저장된 값과 비교하여

양쪽의 값이 일치하지 않는 경우는 디스크 기록 시에 오류가 발생했다고 판단한다. 또한 메모리 상에 존재하는 데이터도 마찬가지로 검사하는 기능으로 메모리상의 체크썸도 구현되어 있다.

체크포인트 파일 페어(인메모리 OLTP)

데이터 파일과 델타 파일은 반드시 한 쌍의 세트로 취급되며 양쪽을 아울러 체크포인트 파일 페어라고 부른다.

체크포인트 프로세스

버퍼 캐시상의 데이터 페이지를 모두 물리 디스크상의 데이터베이스 파일에 기록하는 조작

추적 플래그 1204

데드락에 관여한 쿼리의 상세 정보를 출력하는 추적 플래그. 실행된 쿼리의 내용과 데드락의 원인이 된 리소스, 데드락의 결과로 롤백된 쿼리 등을 확인할 수 있다.

추적 플래그 818

데이터베이스가 파손되는 원인을 분리하기 위해 사용하는 기능. 이 추적 플래그를 사용하면 SQL 서버는 디스크에 기록 명령이 성공했을 때는 기록한 데이터의 관리 정보를 일정 횟수분(2048회) 보관해둔다. 만약 데이터베이스의 파손이 검출됐을 때는 보관하던 관리 정보와 파손 부분의 관리 정보를 비교한다. 둘의 값이 일치하지 않는 경우는 Stale Read 또는 Lost write가 발생했다고 추측할 수 있다.

ㅋ

칼럼스토어 인덱스

기존의 테이블이 정의된 테이블의 행 단위로 데이터를 보관하는 데 대해 테이블 내의 열 단위로 데이터를 보관하는 데이터 저장 방식이다. 높은 압축률에 의한 효율적인 리소스 사용과 대량 데이터의 처리에 특화한 기능을 구현하여 고속 퍼포먼스가 특징이다.

클러스터화 스토어 인덱스와 비클러스터화 칼럼스토어 인덱스가 있다. 클러스터화 칼럼스토어 인덱스는 테이블 내의 전 데이터를 칼럼스토어 형으로 보관하고, 비클러스터화 칼럼스토어 인덱스는 기존의 테이블에 대해 칼럼스토어 형 데이터 구조를 추가한다.

커버드 쿼리

커버링 인덱스와 같은 의미

커버링 인덱스(커버드 쿼리)

검색 시에 사용되는 비클러스터화 인덱스에 쿼리의 결과 세트에 필요한 열이 모두 포함되어 있는 상황을 나타낸다. 필요한 열이 인덱스의 리프 노드에 포함되기 때문에 데이터 페이지에 액세스할 필요가 없어 쿼리 실행 시의 I/O 수가 절감되어 퍼포먼스가 향상된다.

쿼리 실행 플랜

클라이언트로부터 실행된 쿼리를 효율적으로 실행하기 위해 생성된 내부적인 데이터 처리 방법. 테이블 결합 방식과 데이터의 액세스 방법 등이 포함된다.

쿼리 옵티마이저

논리적 쿼리 트리를 토대로 데이터의 물리적인 배치 상황의 카탈로그 정보 등을 가미해서 실행 가능한 쿼리 실행 플랜 및 물리적 쿼리 트리를 작성한다.

쿼리 워크스페이스

쿼리를 실행할 때 결과 세트 정렬 등의 작업 영역으로 사용되는 메모리 영역

쿼리 저장소

퍼포먼스 관련 트러블슈트를 지원하기 위해 SQL 서버 2016부터 구현된 기능

쿼리 트리(릴레이셔널 오퍼레이터 트리)

클라이언트에게 받은 쿼리를 해석하여 쿼리의 구성 요소(입력 데이터, WHERE절 등)를 트리 구조로 재구성한 것으로 최적화 시에 사용된다.

쿼리 프로세서

릴레이셔널 엔진(p.313)과 같은 의미

클러스터화 인덱스

테이블에 작성하는 인덱스의 일종. 인덱스의 리프 노드에 키 순으로 정렬된 실 데이터를 보관하고 있기 때문에 키 순서대로 일정 범위를 검색하는 용도에서 효과를 발휘한다. 한편 리프 노드에 키 값과 실제의 데이터 포인터만을 저장하고 있는 비클러스터화 인덱스는 검색 조건에 주어진 키를 토대로 실행되는 소규모 검색에 적합하다.

E

토큰

보다 자세하게 TDS를 거쳐 건네는 버퍼 데이터 내에 포함되어 있는 데이터를 식별할 필요가 있을 때 부가되는 정보. 1바이트로 구성되며 각 비트의 배열로 버퍼 데이터에 저장되어 있는 내용을 나타낸다.

통계 정보

실제의 데이터를 참조하지 않고 데이터의 분석 상황을 파악하는 장치. 히스토그램과 밀도에 의해서 데이터의 분포 상황을 표현한다.

튜플 무버

델타 저장소 내에 축적된 데이터량을 정기적

으로 확인하고 칼럼스토어 세그먼트로 변환이 필요한 데이터량이 축적되어 있는 경우, 데이터의 인코드 및 압축을 수행하여 델타 저장소 내의 데이터를 열 세그먼트로 변환하는 기능

트랜잭션 로그

데이터베이스에 대해 실행된 갱신 조작이 기록된 로그. SQL 서버는 트랜잭션 로그를 사용함으로써 데이터의 논리적인 정합성을 유지할 수 있다.

트랜잭션 로그 백업

데이터베이스의 트랜잭션 로그를 백업하는 조작. 물리 로그 파일 내의 가상 로그 파일을 순차 백업한다. 만약 데이터베이스의 복구 모델로 일괄 로그 모델이 선택된 경우 일괄 조작이 수행된 익스텐트도 백업에 포함된다.

ㅍ

파라미터화 쿼리

조건문 등이 변수화되어 보다 범용적으로 사용할 수 있는 형태로 돼 있는 쿼리

파일 차등 백업

파일 완전 백업을 취득한 후에 파일 내에서 변경된 익스텐트분만 백업하기 위한 조작. 다시 말해 파일 백업 데이터베이스의 임의의 파일만 백업하는 조작이다. 완전 백업과 마찬가지로 트랜잭션 로그의 일부(백업 시작부터 백업 종료까지의 기간)를 백업한다.

패리티

RAID5에서 디스크 장애가 발생했을 때 오류 복구를 수행하기 위해 필요한 정보

팬텀 리드

병행해서 실행된 다른 처리에 의해서 데이터가 추가 또는 삭제됨으로써 트랜잭션 내에서 동

일 조건으로 여러 차례 읽기를 했을 때 결과가 증감하는 현상

페이지

SQL 서버가 데이터베이스에 액세스할 때의 기본 단위. 페이지의 크기는 8KB이고 변경은 불가능하다. 8KB로 구분된 데이터베이스 내 각 페이지의 1~96바이트는 페이지 헤더라고 부른다. 페이지 헤더는 실 데이터의 저장이 아니라 페이지의 관리 정보를 보관하기 위해 사용된다.

페이징

가상 기억을 실현하기 위한 기능 중 하나. 물리 메모리가 부족한 경우 오퍼레이팅 시스템에 의해서 그 시점에서 불필요하다고 판단한 메모리상의 데이터가 페이지 단위로 하드디스크상의 페이지 파일에 기록된다. 페이지 파일에 기록된 페이지는 다른 데이터를 물리 메모리상에 읽어들이는 빈 영역으로 사용된다. 다시 필요하면 페이지 파일에서 물리 메모리에 읽어들인다.

포스 유닛 액세스

파일에 기록 동작을 할 때 물리 디스크까지의 사이에 존재하는 캐시를 사용하지 않고 쓰기를 완료시키는 조작

프로시저 캐시

저장소드 프로시저와 쿼리의 컴파일 완료 실행 플랜을 저장하기 위한 메모리 영역이다.

프리 리스트

데이터가 새로이 물리 디스크에서 읽혔을 때 저장하기 위한 빈 페이지를 버퍼 캐시상에서 효율적으로 찾아서 할당하는 장치. 물리 디스크에서 데이터를 읽을 때마다 데이터 저장소가 되는 빈 페이지를 찾아 매회 버퍼 캐시를 스캔하는 게 아니라 사전에 사용 가능한 빈 페이지를 프리 리스트라 불리는 링크 리스트에 등록해둔다. 이로써 데이터의 저장소를 프리 리스트에 등록되어 있는 빈 페이지에서 찾아낼 수 있다.

플랜 캐시

SQL 서버가 사용하는 메모리의 일부로 사용한 쿼리 실행 플랜을 일정 기간 보관해두기 위해 사용한다. 보관된 쿼리 실행 플랜은 조건이 충족하는 경우에 재이용되고 그 결과로서 쿼리의 퍼포먼스가 향상된다.

ㅎ

해시 인덱스

메모리 최적화 테이블에만 작성할 수 있는 인덱스. 테이블의 데이터는 해시 함수에 의해서 해시 버킷에 링크된다. 기존의 인덱스와는 달리 B-Tree 형식이 아니라 해시 버킷을 토대로 데이터가 링크된다.

해시 버킷(버퍼 캐시)

데이터 캐시 내 각 데이터 페이지의 해시 값과 위치를 보관하고 있다.

해시 버킷(인메모리 OLTP)

해시 인덱스의 실체. 해시 인덱스의 키와 관련된 메모리 최적화 테이블의 데이터 위치를 나타내는 포인터를 보관한다.

행 그룹

열 단위의 덩어리로 데이터를 보관하는 칼럼 스토어형 데이터의 구조로, 행으로서의 관련성을 보관하기 위한 개념 및 물리 구조

히스토그램

테이블에 저정한 열 데이터의 상황을 도수분포에 의해서 표현한다. 데이터를 일정한 기준에

따라 분할하고, 각각의 분할 단위별로 속한 데
이터의 수를 보관한다.

히프
클러스터화 인덱스가 작성되어 있지 않은 테
이블의 데이터 페이지

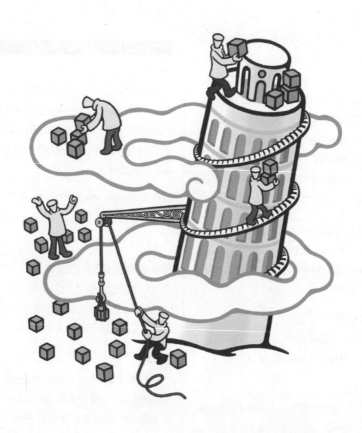

Index 찾아보기

Index

찾
아
보
기

Index

찾아보기

Index

Index

찾아보기

그림으로 이해하는
SQL 서버의 구조

2021. 11. 9. 초 판 1쇄 인쇄
2021. 11. 16. 초 판 1쇄 발행

지은이 | 히라야마 오사무
감역 | 오윤기
옮긴이 | 김기태
펴낸이 | 이종춘
펴낸곳 | **BM** ㈜도서출판 **성안당**

주소 | 04032 서울시 마포구 양화로 127 첨단빌딩 3층(출판기획 R&D 센터)
 | 10881 경기도 파주시 문발로 112 파주 출판 문화도시(제작 및 물류)

전화 | 02) 3142-0036
 | 031) 950-6300
팩스 | 031) 955-0510
등록 | 1973. 2. 1. 제406-2005-000046호
출판사 홈페이지 | **www.cyber.co.kr**
ISBN | 978-89-315-5751-0 (93000)
정가 | 19,000원

이 책을 만든 사람들
책임 | 최옥현
진행 | 권수경, 김혜숙
교정·교열 | 양가희
본문 디자인 | 임진영
표지 디자인 | 디엔터
홍보 | 김계향, 이보람, 유미나, 서세원
국제부 | 이선민, 조혜란, 권수경
마케팅 | 구본철, 차정욱, 나진호, 이동후, 강호묵
마케팅 지원 | 장상범, 박지연
제작 | 김유석

성안당 Web 사이트

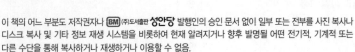

■ **도서 A/S 안내**

성안당에서 발행하는 모든 도서는 저자와 출판사, 그리고 독자가 함께 만들어 나갑니다.
좋은 책을 펴내기 위해 많은 노력을 기울이고 있습니다. 혹시라도 내용상의 오류나 오탈자 등이 발견되면 **"좋은 책은 나라의 보배"**로서 우리 모두가 함께 만들어 간다는 마음으로 연락주시기 바랍니다. 수정 보완하여 더 나은 책이 되도록 최선을 다하겠습니다.
성안당은 늘 독자 여러분들의 소중한 의견을 기다리고 있습니다. 좋은 의견을 보내주시는 분께는 성안당 쇼핑몰의 포인트(3,000포인트)를 적립해 드립니다.
잘못 만들어진 책이나 부록 등이 파손된 경우에는 교환해 드립니다.